Wenn die Liebe ein Spiel ist,
sind dies die Regeln

# CHÉRIE CARTER-SCOTT

# Wenn die Liebe ein Spiel ist, sind dies die Regeln

Ins Deutsche übertragen
von Anne Katrin Gudat

WILHELM HEYNE VERLAG
MÜNCHEN

Die Originalausgabe erschien 1999 unter dem Titel
IF LOVE IS A GAME, THESE ARE THE RULES.
Ten Rules for Finding Love and Creating Long-Lasting Relationships
im Verlag Broadway Books, New York

*Umwelthinweis:*
Dieses Buch wurde auf chlor- und säurefreiem Papier gedruckt.

2. Auflage 2001
Copyright © 1999 by Chérie Carter-Scott, Ph. D.
First Published by Broadway/Doubleday Publishers, New York, N.Y.
All Rights Reserved.
Copyright © 2001 der deutschen Ausgabe
by Wilhelm Heyne Verlag GmbH & Co. KG, München
Umschlaggestaltung: Hauptmann und Kampa Werbeagentur, Zug
Satz: Leingärtner, Nabburg
Druck und Bindung: Wiener Verlag, Himberg
Printed in Austria

ISBN 3-453-18708-3

# Widmung

*Ich widme dieses Buch Louis Untermeyer, meinem Onkel, der mir seine Liebesgedichte vorlas, während ich zu seinen Füßen saß. Er war der erste Mensch, der mir Schreiben und Liebe als Einheit nahe brachte.*

*In gleicher Weise widme ich dieses Buch Michael, meinem Seelengefährten, Ehemann und Geliebten, der sich entschied, mit mir zusammen den Weg der Wahrhaftigkeit zu gehen und auf der Abenteuerreise durch dieses Leben meine Hand zu halten. Ohne die Erfahrung, ihn zu lieben und von ihm geliebt zu werden, hätte ich dieses Buch nie geschrieben.*

# Inhalt

# Vorwort

von Dr. phil. Harville Hendrix

Dieses Buch entspricht genau meinen Gefühlen und meinem Lebensziel. Ich wünsche mir von ganzem Herzen, dass die Partner in einer Beziehung sich verstehen und in der Lage sind, ihre Liebe in Aufrichtigkeit zu leben. Diesem Thema habe ich meine Workshops und Seminare sowie mehrere Bücher gewidmet.

Die steigenden Scheidungsraten machen deutlich, dass Frauen und Männer heute, auch aufgrund des veränderten Rollenverständnisses, mehr denn je auf Hilfe angewiesen sind, damit die Liebe einen gebührenden Platz in ihrem Leben einnimmt und auch behält. Wir lernen bestenfalls aus den Beziehungen in unserem nächsten Umfeld, doch da lässt der Modellcharakter ja bekanntermaßen häufig zu wünschen übrig. Wir machen Fehler, fangen wieder von vorne an und fragen uns dabei immer: Was muss ich tun, um eine Beziehung aufzubauen, die mich wirklich erfüllt und bereichert?

Wir versuchen ein Leben lang, intakte Partnerschaften aufzubauen und zu erhalten, doch bislang fehlte uns eine geeignete Anleitung, wie wir dies mit Erfolg tun können. Wir kennen zwar die notwendigen Bausteine – gegenseitiger Respekt, Kommunikation, Verhandlung, Toleranz und natürlich Romantik und Vertrauen –, doch wie können wir diese Elemente in unsere alltäglichen Beziehungen integrieren?

Dr. Chérie Carter-Scott liefert uns nun nicht nur die Regeln, sondern darüber hinaus auch ganz klare Anweisungen. *Wenn die Liebe ein Spiel ist, sind dies die Regeln* ist ein wundervoller Leitfaden, der uns deutlich die Richtung weist und uns das »Hätscheln und Pflegen« erklärt, das wir zur Aufrechterhaltung gesunder, lebendiger Partnerschaften brauchen. Dieses handliche und leicht verständliche Buch steckt voller Weisheiten; es liefert uns die Landkarte für das Territorium der Liebe, die jeder ernsthaft Suchende immer bei sich haben sollte. Ich teile ihre Meinung im Hinblick darauf, was Paare brauchen, um ehrliche Beziehungen zu entwickeln und zu erhalten. In vielerlei Hinsicht decken sich Dr. Carter-Scotts Arbeitsbereiche mit den meinen, und ich betrachte ihr neuestes Werk als ideale Ergänzung zu meinen Büchern *Getting the Love You Want* und *Keeping the Love You Find*.

Für Mumi

# Einführung

1998 wurde *Das Leben ein Spiel, und hier sind die Regeln* veröffentlicht, in dem das Leben als eine Art Spiel vorgestellt wird, bei dem tagtäglich und aus jeder Erfahrung Lektionen gelernt werden. Das Buch wurde in der Absicht geschrieben, den Menschen auf ihrem Weg zur Selbstfindung, Persönlichkeitsentwicklung und Bewusstseinserweiterung zu helfen.

Da die Suche nach einem Partner die menschliche Erfahrungswelt entscheidend prägt, war es nur natürlich, das nächste Buch dem Thema Liebe zu widmen. *Wenn die Liebe ein Spiel ist, sind dies die Regeln* erweitert das Spiel jetzt um einen Partner, der nach denselben Regeln spielt wie Sie. Das Spiel allein zu spielen ist eine Sache, doch sobald ein Partner hinzukommt, erweitern sich die Lernmöglichkeiten um ein Vielfaches. Mit einem Partner als Ergänzung lautet die Gleichung plötzlich 1+1=3, denn Sie haben Ihre eigenen Erfahrungen, die Ihres Partners und die Erfahrungen, die Sie gemeinsam machen. Beim Eintritt in die Arena der

Liebe stehen Sie mit Ihrem Partner vor einer ganzen Reihe neuer Lektionen, die das Leben von Ihnen beiden unendlich bereichern können.

Die intime Beziehung ist ein Prozess, in dem zwei Menschen ihr persönliches Wachstum im Kontext einer Partnerschaft fortsetzen. In den letzten 25 Jahren habe ich zahlreiche Workshops für Paare veranstaltet, die sich authentische Beziehungen wünschten, d. h. Beziehungen auf der Grundlage von Ehrlichkeit, Respekt, Kommunikation und tiefer Bindung. Ich war dabei, als sie ihre Ziele und Erwartungen, Visionen und Wertvorstellungen definierten und ihren Willen bekundeten, über ihre zwei voneinander getrennten »Ich-Einheiten« hinauszugehen, um ein gemeinsames »Wir« zu schaffen. Ich habe miterlebt, wie Bindungen entstanden, wuchsen und perfektioniert wurden.

Da ich auch als Laie in der Kirche tätig bin, hatte ich schon häufig die Ehre, Zeremonien vorzunehmen, in denen der Welt offiziell die Liebe zweier Menschen kundgetan wird. Dabei fiel mir immer wieder auf, wie sehr Männer und Frauen sich danach sehnen, ihr Leben mit einem anderen Menschen zu teilen. Gleichzeitig wurde mir aber auch bewusst, wie viel Mühe, Geduld und Kraft notwendig sind, damit die Beziehungen tatsächlich funktionieren. All diese Erfahrungen, ergänzt durch die Lektionen, die ich in meinem eigenen Leben gelernt habe, machten mir klar, dass die Liebe an sich ganz natürlich und eigentlich nicht schwierig ist; tatsächlich gefordert werden wir erst durch die Beziehung.

Wahre Liebe verlangt mehr Tiefgang als die betörende Verliebtheit, beginnt erst nach dem großen Ansturm der Hormone und macht es manchmal auch notwendig, dass man sich über die Erwartungen der Familie, der Freunde und der Gesellschaft hinwegsetzt. Authentische Liebe setzt voraus, dass Sie Ihr wahres »Ich« ergründen und annehmen, um dann mit Ihrem echten inneren Selbst die Person an sich zu binden, mit der Sie Hand in Hand durch das Abenteuer des Lebens gehen wollen.

Doch was genau verbirgt sich denn nun hinter dem Begriff der authentischen Liebe?

Wahre Liebe bedeutet, dass Sie Ihren Partner, wenn Sie sich für ihn entscheiden, so sehen, wie er wirklich ist; dass Sie dann mit all Ihrer Energie hinter dieser Entscheidung stehen und der Beziehung magische Kraft verleihen, anstatt nach Gründen zu suchen, warum sie nicht funktionieren kann. Liebe bedeutet, dass Sie Ihren Partner in seinen Entscheidungen unterstützen und ihn drängen, sich seine Herzenswünsche zu erfüllen und seinen Träumen nachzugehen.

Echte Liebe heißt, dass Sie die Ansichten Ihres Partners akzeptieren und nur das Allerbeste für ihn wollen. Anstatt kontrollieren oder besitzen zu wollen, sollten Sie seinen einzigartigen Lebensweg respektieren und ihm vertrauen. Liebe ist auch der Mut, die Wahrheit zu sagen, vor allem wenn Sie glauben, dass sie unaussprechlich ist.

Authentische Liebe bedeutet, die eigenen Grenzen zu kennen und die des Partners zu respektieren; die Hand auszustrecken, obwohl Sie es eigentlich nicht wollen; zu kommunizieren, statt Vermutungen anzustellen; Fragen zu stellen, anstatt vorschnelle Schlüsse zu ziehen. Authentische Liebe bedeutet, Dinge aufzuarbeiten, statt zu kämpfen, zu kämpfen statt wegzugehen, Missverständnisse, verletzte Gefühle und Enttäuschungen in der Gewissheit zu ertragen, dass mit gutem Willen alles zu lösen ist. Aufrichtig zu lieben heißt, dass Sie durchhalten, wenn Sie eigentlich aufgeben wollen, und dass Sie sich an die Vereinbarung halten, Schwierigkeiten gemeinsam mit Ihrem Partner aufzuarbeiten.

Aufrichtig zu lieben bedeutet, dass Sie sich immer wieder klar machen, was Sie an Ihrer Beziehung schätzen und wofür Sie dankbar sind. Es bedeutet, dass Sie sich mehr auf die Lösungen und weniger auf die Probleme konzentrieren. Es bedeutet, dass Sie Ihrem Partner Aufmerksamkeit schenken und ihn jeden Tag wissen lassen, wie viel er Ihnen bedeutet. Es bedeutet, dass Sie Ihren Geliebten wie einen Schatz behandeln und niemals als Selbstverständlichkeit betrachten.

Authentisch zu lieben bedeutet, auf Urteile zu verzichten, damit die Wahrheit in einem Gefühl der Sicherheit erzählt werden kann. Es bedeutet, jeden Tag mit Ihrem Partner so zu leben, als wäre es Ihr letzter. Es ist die Bereitschaft, man selbst zu sein und in Harmonie miteinander zu leben.

Wie sieht nun eine authentische Beziehung aus? Sie wirkt echt und fühlt sich auch so an. Sie basiert auf Ehrlichkeit und erstrahlt im Licht der Wahrheit. Eine aufrichtige Beziehung ist flexibel, passt sich den wechselnden Bedürfnissen und veränderten Situationen beider Partner an und übersteht auch Krisenzeiten mit Würde. Beide Partner fühlen sich dem Wachstum und der Entwicklung beider Individuen auf ihrem jeweiligen Lebensweg verpflichtet. Ganz ähnlich wie der Diamant, der gern als Symbol für den Bund der Ehe verwendet wird, funkelt und glänzt eine authentische Beziehung im Licht, während sie im Inneren fest und beständig ist. In einem solchen Umfeld kann wahre Liebe wachsen und gedeihen.

Dies ist natürlich das Ideal. Das große Vergnügen – und die Chance – besteht nun darin, sich auf den Weg zu diesem Ziel zu machen. *Wenn die Liebe ein Spiel ist, sind dies die Regeln* liefert Ihnen das notwendige Rüstzeug für Ihre Reise, auf der Sie lernen, wie man in der Liebe gewinnt. Im Gegensatz zu anderen »Regelbüchern« zum Thema Liebe brauchen Sie diese Regeln nicht zu studieren und zu lernen. Es handelt sich vielmehr um universelle Wahrheiten, die Sie in Ihrem tiefsten Inneren längst wissen. Vielleicht haben Sie sie einfach nur vergessen, als Sie dem Zauber der Liebe verfielen. Liebe kann eine unbändige Kraft entwickeln, die nicht selten Vernunft und gesundes Urteilsvermögen ausschaltet. Die Erfahrung einer neuen Liebe gehört zu den süßesten Freuden des Lebens, doch sie stellt auch eine Herausforderung dar: Inmitten Ihrer Euphorie müssen Sie sich an die universellen Wahrheiten über das Funktionieren von Beziehungen erinnern. Ich hoffe, dieses Buch kann Ihnen beim Bewältigen dieser Aufgabe helfen.

Ich habe diese Regeln nicht erfunden; sie existieren seit Anbeginn der Zeiten. Mir kommt lediglich die Rolle zu, sie Ihnen zu präsentieren, damit Sie sich an die fundamentalen Weisheiten erinnern, die aus Liebesbeziehungen intakte, glückliche und befriedigende Partnerschaften werden lassen. Sie wieder zu entdecken wird Ihnen eine große Hilfe sein, wenn Sie sich aufmachen, wahre und dauerhafte Liebe zu finden, zu gestalten und zu erhalten.

Ob Sie auf der Suche nach einem Seelengefährten sind oder einer bereits bestehenden Beziehung mehr Nähe und Tiefe geben wollen, in diesem Buch werden Sie genau die richtigen Antworten auf Ihre Fragen finden. Möge Ihr Weg mit viel Freude gepflastert sein!

# MAN MUSS ZUERST
# SICH SELBST LIEBEN

♥

*Die Beziehung zum eigenen Ich dient als Muster für alle anderen Beziehungen. Selbstliebe ist die Grundvoraussetzung für eine erfolgreiche authentische Verbindung zu einem anderen Menschen.*

Die Beziehung zum eigenen Ich ist die zentrale Beziehung in Ihrem Leben. Im Mittelpunkt all der Elemente, die Ihre Lebenserfahrung ausmachen – Familie, Freunde, Liebesbeziehungen, Arbeit – stehen Sie. Deshalb beginnt dieses Buch über die Regeln der Liebe nicht mit Ihrer Beziehung zu anderen Menschen, sondern mit der, die Sie zu sich selbst unterhalten.

Es gibt einen Unterschied zwischen »Ihnen« und Ihrem »Selbst«. Ihr Selbst ist der Kern Ihres Daseins, Ihr eigentliches Wesen, das unabhängig von Ihrer Persönlichkeit, Ihrem Ego, Ihren Meinungen und Ihren Gefühlen existiert. Es ist der kleine heilige Raum in Ihnen, der Ihren Geist und Ihre Seele beherbergt. »Sie« sind der Beobachter, Trainer, Redakteur und Kritiker, der Ihre Gedanken, Worte, Gefühle und Verhaltensweisen überwacht und bestimmt, wie viel Sie anderen Menschen von Ihrem eigentlichen Wesen offenbaren.

Die Qualität der Beziehung zwischen Ihnen und Ihrem Selbst ist von höchster Wichtigkeit, denn sie ist die Basis für alle anderen Beziehungen, die Sie unterhalten. Die Beziehung zum eigenen Ich liefert die Schablone, nach der alle Bindungen in Ihrem Leben geformt werden; sie bestimmt über Qualität, Intensität und Struktur der Bande zwischen Ihnen und anderen. Sie hat Modellcharakter für das Geben und Empfangen von Liebe.

Die Tiefe und Qualität der Verbindung zwischen Ihnen und Ihrem Selbst ist ausschlaggebend für den Erfolg Ihrer Beziehungen zu anderen. Wenn Sie eine authentische Liebesbeziehung anstreben, müssen Sie als Erstes lernen, sich selbst als wirklich wertvolles und liebenswertes Wesen zu lieben, zu ehren und zu schätzen.

## DAS FEHLENDE PUZZLETEIL

Im Laufe der Jahre kamen Tausende von Menschen in meine Workshops über Persönlichkeitsentwicklung, um zu erfahren, wie man die Liebesbeziehung findet, die man sich wünscht. Normalerweise beginne ich damit, dass ich die TeilnehmerInnen auffordere, detailliert zu beschreiben, wie diese Person, die ihnen vorschwebt, sie behandeln würde, wie sie sich in deren Anwesenheit fühlen würden und wie ihre ideale Beziehung zu diesem Menschen aussehen würde. Die Antworten sind natürlich von Mensch zu Mensch verschieden, doch einige Punkte tauchen immer wieder auf: Die meisten sagen, sie wünschen sich jemanden, der freundlich, aufmerksam und liebevoll ist; der sie mit Respekt behandelt, sie bedingungslos akzeptiert und offen für ihre Wünsche, Ziele und Träume ist; jemanden, der ihnen das Gefühl gibt, etwas ganz Besonderes und Wertvolles zu sein; der sich mit ihnen über Erfolge freut; jemanden, mit dem sie offen und ehrlich umgehen können und dem sie sich mit Herz, Geist, Körper und Seele vollkommen verbunden fühlen.

Wenn ich dieselben Leute frage, wie viele dieser gewünschten Verhaltensweisen und Wohltaten sie sich selbst angedeihen lassen, geben die meisten verschämt zu, dass sie da so gut wie keine nennen könnten. Viele bekennen, dass sie ihren eigenen Mängeln sehr kritisch gegenüberstehen, viele ihrer Bedürfnisse einfach übergehen, ihre positiven Eigenschaften und Leistungen als Selbstverständlichkeit betrachten und im Allgemeinen wenig Zeit und Aufmerksamkeit darauf verwenden, mit ihrem Herzen und ihrem inneren Wesenskern in Verbindung zu treten. Dieselben Menschen, die wahre Liebe suchen, haben kaum eine Vorstellung davon, wie sie diese Art Liebe sich selbst geben können.

Der Raum in Ihnen, der Selbstliebe erzeugt, ist genau derselbe Raum, der die authentische Liebe anderer Menschen anzieht.

Wenn diese Quelle nur spärlich tröpfelt, sieht es mit Ihrer Fähigkeit, eine Beziehung aufzubauen, die im magischen Funken der Liebe erstrahlt, ebenso mager aus. Um diese innere Quelle zum Sprudeln zu bringen, müssen Sie erst einmal lernen, wie Sie sich selbst das geben können, was Sie von anderen Menschen erwarten. Liebe schafft mehr Liebe, und wenn Sie Ihr eigenes inneres Liebeslicht zum Leuchten bringen, öffnen Sie sich damit gleichzeitig für die wundervolle Erfahrung einer tiefen und kraftvollen Bindung zu einem anderen Wesen.

## SELBSTLIEBE LERNEN

Selbstliebe ist im Grunde genommen nichts anderes als der Glaube an den eigenen Wert. Dazu gehört ein gesundes Maß an Selbstachtung und die feste Überzeugung, ein wichtiges Glied in der universellen Kette zu sein. Selbstliebe bedeutet, dass Sie sich aktiv um alle Facetten Ihres Wesens kümmern. Das muss in all Ihren Handlungen sichtbar werden, angefangen beim Anziehen eines Pullovers, um sich vor einer Erkältung zu schützen, bis hin zum Kündigen eines Jobs, der Sie nicht befriedigt. Sich selbst zu lieben heißt, dass Sie auf Ihre eigenen Wünsche und Bedürfnisse eingehen und ihnen die gleiche Aufmerksamkeit zuteil werden lassen, die Sie auch von einem Partner erwarten würden.

Doch ein hohes Maß an Selbstachtung oder ein gutes Selbstwertgefühl fallen den wenigsten Menschen einfach in den Schoß.

Im Gegenteil, die meisten von uns müssen ein Leben lang mehr oder weniger hart daran arbeiten. Jeder Mensch empfindet sich in dem einen oder anderen Bereich als unzulänglich, sei es körperlich, geistig, finanziell oder im Umgang mit anderen Menschen, in Bezug auf emotionale Reife oder spirituelles Wachstum. Doch sich selbst zu respektieren, zu umsorgen, zu ehren und zu schätzen ist Ihr Menschenrecht und außerdem erlernbar.

Eigenliebe ist die beste Art zu lernen, *wie* man liebt. Liebe erfordert bestimmte Einsichten, Fertigkeiten und Fähigkeiten. Durch das Einüben von Selbstliebe bereiten Sie sich auf die nächst höhere Stufe vor – das Lieben eines anderen Menschen.

Erst wenn Sie den Lernschritt »Rücksichtnahme auf die eigenen Bedürfnisse« erfolgreich absolviert haben, wissen Sie, wie man diese Aufmerksamkeit auch auf andere ausdehnen kann. Wenn Sie die Rechtmäßigkeit Ihrer eigenen Gedanken und Gefühle anerkennen, können Sie diese Betrachtungsweise auch auf andere übertragen. Wenn Sie tief in sich von Ihrem eigenen Wert überzeugt sind, können Sie auch einem Partner echte Zuneigung entgegenbringen.

Wenn Sie im Spiel der Liebe gewinnen wollen, müssen Sie als Erstes lernen, sich selbst zu lieben. Bevor Sie die Würfel in die Hand nehmen oder auch nur Ihre Spielfigur auf das Brett setzen, müssen Sie in die tiefsten Bereiche Ihres Herzens und Ihrer Seele vordringen und Ihren eigenen Wert entdecken.

## GANZ SEIN

Liebe kann viel für Sie tun: Sie kann Ihnen Freude schenken, Ihnen wachsen helfen und Sie in einer Art und Weise bereichern, die Sie nie für möglich gehalten hätten. Aber eines kann Liebe nicht: Sie ganz machen. Ganzheit können nur Sie allein erschaffen.

Viele Menschen glauben an den Mythos, irgendwo da draußen laufe ihre »bessere Hälfte« herum. Diese Vorstellung impliziert, dass wir unvollständig sind und einen Partner brauchen, der uns vervollständigt, außerdem nährt sie das, was ich das »Loch-in-der-Seele-Syndrom« nenne – die innere Überzeugung von der eigenen Mangelhaftigkeit, die zu Gefühlen von Leere und Nutzlosigkeit sowie zu Selbstvorwürfen führt. Aufgrund dieser Gefühle suchen wir dann nach einem Partner, der diese Löcher stopfen kann.

Die große Ironie dabei ist jedoch, dass genau dieses Gefühl der Bedürftigkeit, das uns nach Liebe suchen lässt, dem Gedeihen der Liebe im Wege steht. Wer sich wahre Liebe wünscht, zieht sie an, wer sie hingegen braucht, stößt sie ab. Wollen signalisiert einen Wunsch auf der Basis von Selbstzufriedenheit; Brauchen hingegen deutet auf Unvollkommenheit und Abhängigkeit hin. »Ich *brauche*« schafft einen Vakuumeffekt, der einen zwingt, zu klammern, zu kleben, andere Menschen festzuhalten und zu vereinnahmen; »ich *will*« lässt einen in aller Offenheit forschen, betrachten und Beziehungen formen. Nur wenn man auf der Basis von Ganzheit agiert, kann man Liebe finden, die sich auf *Wollen* und nicht auf *Brauchen* gründet.

Victoria wuchs in einem Haushalt auf, in dem es Luxus zur Genüge, aber keine Zuwendung gab. Ihr Vater war ein sehr erfolgreicher internationaler Geschäftsmann, der den Großteil seiner Zeit damit verbrachte, von einer Konferenz zur anderen zu fliegen, während ihre Mutter mit allerlei Wohltätigkeitsveranstaltungen und sozialen Aufgaben beschäftigt war. Als Kind sehnte sich Victoria schmerzlich nach jemandem, der von ihr Notiz nähme und ihr die Aufmerksamkeit schenken würde, nach der sie sich verzehrte. Sie verbrachte viele Stunden allein in ihrem Schlafzimmer und malte sich in ihrer Fantasie das Bild eines berühmten Musikers aus, der ihr in eigens für sie komponierten, wunderschönen Balladen seine unsterbliche Liebe erklärte. Sie träumte davon, dass er sie heiraten und aus ihrer Einsamkeit befreien würde. Sie glaubte, wenn sie den Geliebten erst einmal gefunden hätte, würde sie sich innerlich nicht mehr so leer fühlen und endlich glücklich sein.

Als Erwachsene ging Victoria von Beziehung zu Beziehung, doch jene idealisierte Person, die ihr tiefes Verlangen nach Liebe stillen würde, konnte sie nicht finden. Die Verehrer blieben jeweils nur kurze Zeit bei ihr und verließen sie immer mit der gleichen Beschwerde: Egal was sie taten, es war nie genug. Victoria war in dem Kreislauf gefangen, immer wieder andere Menschen suchen zu müssen, die das Loch in ihrer Seele ausfüllen würden. Sie war wie ein Fass ohne Boden und saugte so lange sämtliche Energie und Vitalität aus ihren Partnern heraus, bis diese sie schließlich völlig ausgepumpt verließen. Dann machte sie sich sofort auf die Suche nach einer neuen nichts ahnenden Seele, mit der sich aber nur wieder das alte Muster wiederholte.

Wenn Sie, wie Victoria, Defizite im Bereich der Eigenliebe haben, gestaltet sich Ihre Suche nach einem Liebespartner so, als wollten Sie einen löchrigen Tank füllen. Niemand wird je in der Lage sein, diesen Tank komplett zu füllen, denn das Leck am Boden schafft einen endlosen Bedarf. Egal wie viel Bewunderung, Aufmerksamkeit und emotionale Unterstützung Ihnen jemand angedeihen lässt, Sie werden immer noch mehr brauchen – und noch mehr und noch mehr –, denn die Liebe, die Sie von einem anderen Menschen bekommen, kann niemals die Liebe ersetzen, die Sie sich selbst schulden.

## MAN SELBST ENTWIRFT DAS MODELL FÜR DIE ANDEREN

Wenn es ein Grundgesetz der Liebe gibt, lautet es so: *Genau so wie man sich selbst wahrnimmt und behandelt, wird man auch von anderen wahrgenommen und behandelt.*

Tagtäglich teilen Sie unbewusst anderen Menschen mit, wie Sie zu behandeln sind, ohne auch nur ein einziges Wort zu sagen. Da Sie selbst Ihr wichtigster Fürsorger sind, suchen die anderen bei Ihnen nach dem Richtwert, wie viel Liebe Sie zu bekommen haben. Sie geben ihnen den Schlüssel in die Hand; Sie bestimmen, wie andere Menschen mit Ihnen sprechen, wie sie Sie behandeln, was sie von Ihnen denken und was sie von Ihnen erwarten. Ob es Ihnen bewusst ist oder nicht: Sie sind der Mensch, der anderen das Modell vorgibt, wie sie mit Ihnen in Beziehung treten sollen.

### *Negative Erwartungshaltung*

Ariella, eine beeindruckende und geschmackvoll gekleidete Frau Ende dreißig, kam zu mir, weil auf ihren Beziehungen, wie sie selbst sagte, ein »Fluch« laste. Als ich sie fragte, ob sie ihre Situation vielleicht unbewusst selbst heraufbeschworen habe, blockte sie ab und wies meine Vermutung weit von sich. Sie bestand darauf, dass ihre Lebensumstände durch Pech verursacht seien, weshalb ich mich zurücklehnte und sie bat, mir ihre Geschichte zu erzählen.

Ariella ließ sich nur selten mit Männern ein, und wenn, dann waren es immer Partner, die entweder nicht verfügbar waren oder nicht zu ihr passten. So geriet sie beispielsweise an verheiratete Männer, die nur sehr begrenzt Zeit für sie hatten, an sehr viel jüngere Männer, denen es an Reife fehlte, oder an Männer, die Fürsorge brauchten – die drogenabhängig waren, auf der Suche nach einer Mutter oder emotional unterentwickelt. Ariella erzählte mir ihre ganze Leidensgeschichte und beklagte sich, das Schicksal stehe ihrem Glück im Wege und ließe sie nicht den ersehnten Liebespartner finden. Zum Schluss verkündete sie: »Wahrscheinlich werde ich für immer allein bleiben.«

Ich stellte Ariella einige grundlegende Fragen zu ihrer eigenen Person, und schon nach kürzester Zeit kamen die eigentlichen Probleme zum Vorschein. Ariella arbeitete als Einkäuferin in einer exklusiven Boutique – ein Job, der sie langweilte; sie blieb dort, weil sie glaubte, keine bessere Stelle finden zu können. Sie räumte ein, dass sie eigentlich schon seit langem auf eine Designerschule gehen wollte, jedoch nie ernsthafte Schritte in dieser Richtung unternommen hatte. Sie hetzte von einer Verpflichtung zur nächsten und nahm sich nur wenig Zeit für sich selbst. Sie lebte von Diät-Limonaden, Fertiggerichten und Unmengen Kaffee; körperliche Aktivitäten hatten Seltenheitswert. Kurzum, Ariella tat wenig bis gar nichts für sich selbst.

Ariella war überrascht, als ich ihr erklärte, dass sich die Art, wie sie sich selbst behandelte – nachlässig, respektlos und unfreundlich – in der Art widerspiegelte, wie sie von den Männern in ihrem Leben behandelt wurde. Sie brauchte niemandem mitzuteilen, wie wenig sie von sich hielt; ihr Selbstverständnis drückte sich allein schon in ihrem Verhalten aus. Ihre Partner reagierten lediglich auf die von ihr ausgesandte Botschaft, wie sie zu behandeln sei.

### *Der Teufelskreis von Erwartung und Bestätigung*

Als ich spürte, dass Ariella sich dieser neuen Sichtweise langsam öffnete, ging ich noch einen Schritt weiter. Ich erklärte ihr, dass unsere inneren Überzeugungen zwei Auswirkungen haben: erstens bestimmen sie unser Verhalten, und zweitens erzeugen sie in

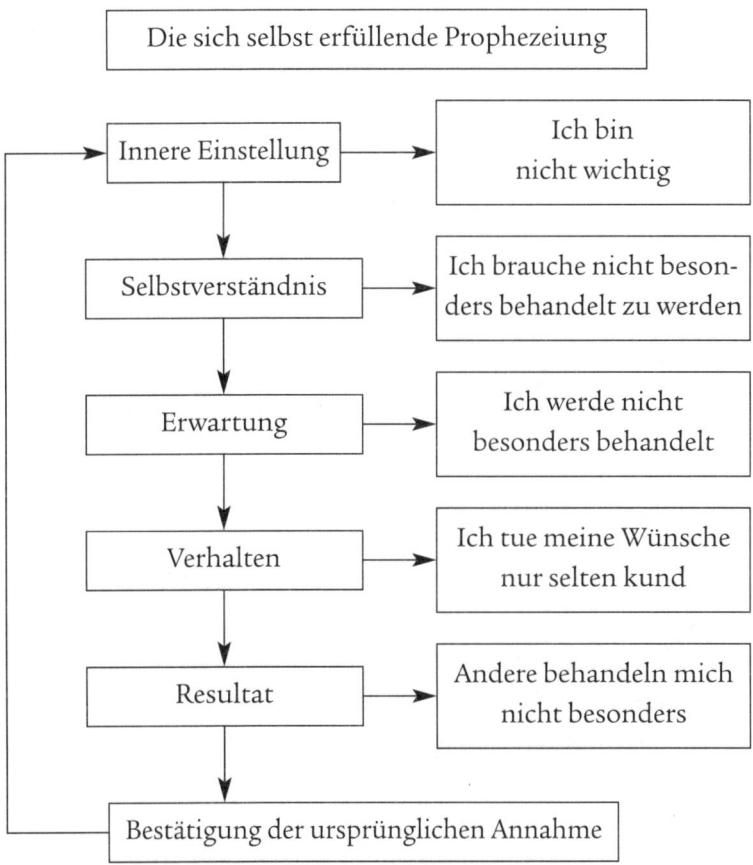

Die sich selbst erfüllende Prophezeiung

| Innere Einstellung | → | Ich bin nicht wichtig |
| Selbstverständnis | → | Ich brauche nicht besonders behandelt zu werden |
| Erwartung | → | Ich werde nicht besonders behandelt |
| Verhalten | → | Ich tue meine Wünsche nur selten kund |
| Resultat | → | Andere behandeln mich nicht besonders |

Bestätigung der ursprünglichen Annahme

unserem Kopf eine Erwartung bezüglich der Behandlung, die wir verdient haben. Unser Verhalten vermittelt anderen unser Selbstbild und dient ihnen als Modell, wie wir zu behandeln sind;

unsere unbewusste Erwartung wird zwar etwas unterschwelliger vermittelt, ist deshalb jedoch nicht weniger wirkungsvoll. Unsere Mitmenschen orientieren sich an dem Modell, das wir ihnen vorgeben, und an der Erwartungshaltung, die wir vermitteln; das Resultat bestätigt und verstärkt dann wiederum unsere ursprüngliche Annahme.

In Ariellas Fall funktionierte der Teufelskreis folgendermaßen: Ariella hatte unbewusst ein bestimmte Einstellung sich selbst gegenüber (Ich bin nicht wichtig). Diese Einstellung diktierte ihr Verhalten (Ich brauche mich selbst nicht besonders zu behandeln) und ihre Erwartung, wie sie von anderen behandelt werden würde (Ich werde auch von niemandem sonst als etwas Besonderes behandelt). Ihr Verhalten zeigte ihren Partnern, wie sie zu behandeln sei (Ich messe mir selbst keine Bedeutung zu, also brauchst du es auch nicht zu tun) und vermittelte auch ihre Erwartungen (Ich verdiene und erwarte keine besondere Behandlung). Demzufolge wurden ihr weder Respekt noch Ehre noch Bedeutung zugestanden; somit wurde ihre ursprüngliche negative Einstellung bestätigt und verstärkt.

Ariella wurde klar, dass Ausstrahlung und Anziehung nach bestimmten Regeln funktionieren. Was Sie von sich selbst glauben, wird in die Welt hinausprojiziert und manifestiert sich in Ihren Beziehungen. Es heißt, dass Personalchefs sich bei Einstellungsgesprächen unbewusst zu den Bewerbern hingezogen fühlen, die ihnen selbst am ähnlichsten sind. Genauso fühlen auch Sie sich bei der Partnersuche zu denjenigen hingezogen

– und ziehen diejenigen an –, die Sie so behandeln, wie Sie sich selbst.

Diese grundlegende Erkenntnis gab Ariella den Schlüssel in die Hand, mit dem sie ihr Muster der Selbstverachtung und Vernachlässigung durchbrechen konnte. Plötzlich begriff sie, dass sie bei sich selbst anfangen musste – Gefühle von Liebe und Respekt für ihre eigene Person zu entwickeln, bevor sie erwarten konnte, von anderen geliebt und respektiert zu werden.

Ein solches Vorhaben ist natürlich nicht so leicht zu realisieren, denn es bedeutet, dass Sie die volle Verantwortung dafür übernehmen, was in Ihrem Leben passiert und wen Sie daran teilhaben lassen. Doch den Kreislauf von innerer Einstellung, Erwartungshaltung und tatsächlicher Behandlung kann man bereits in dem Moment durchbrechen, in dem er einem bewusst wird und man seine Einstellung sich selbst gegenüber korrigiert.

Wenn Sie glauben, Sie seien es nicht wert, geliebt zu werden, werden Sie Partner anziehen, die Sie behandeln, als wären Sie es tatsächlich nicht wert. Sind Sie der Meinung, Sie seien unbedeutend, haben Sie beste Aussichten, dass sich Ihr Partner dieser Meinung anschließt. Gehen Sie mit sich selbst geizig um, sei es in Bezug auf Geld, Zeit oder Aufmerksamkeit, so werden Sie höchstwahrscheinlich einen Begleiter bekommen, dem es Ihnen gegenüber an Großzügigkeit mangelt. Wenn Sie Ihre physische Erscheinung vernachlässigen, können Sie von Ihrem Partner kaum erwarten, dass er Ihren Körper als Tempel betrachtet. Wenn

Sie sich selbst streng beurteilen, wird es Ihnen Ihr Gefährte nach kürzester Zeit gleichtun.

Bringen Sie sich selbst jedoch Respekt, Liebenswürdigkeit, Fürsorge und Aufrichtigkeit entgegen, so schaffen Sie damit die Voraussetzungen, dass andere das auch tun. Können Sie sich selbst verzeihen, so verstehen auch die anderen, dass es nicht zulässig ist, Ihnen Ihre Fehler anzukreiden. Respektieren Sie Ihre eigenen Bedürfnisse, so wird Ihr Partner es auch tun. Hören Sie auf Ihre inneren Botschaften und verschaffen ihnen Raum, so wird sich auch Ihr Partner auf Ihren inneren Radar einstellen. Ihre inneren Überzeugungen und Erwartungen spiegeln sich in der Außenwelt wider und lösen eine entsprechende Behandlung aus.

## SELBSTAKZEPTANZ

Eine der wichtigsten Fähigkeiten, die Sie beim Aufbau einer authentischen und liebevollen Beziehung zu sich selbst erlernen können, ist Akzeptanz. Vorbehaltlose Liebe entspringt aus der Bereitschaft, nichts von dem, was Ihr Partner sagt, fühlt oder ausdrückt, zu verurteilen. Wenden Sie diese Art der Akzeptanz auf sich selbst an, so werden Sie auch fähig sein, Ihrem Geliebten dieses Maß an Toleranz zu gewähren.

Wenn Sie Ihre eigenen Unzulänglichkeiten akzeptieren, werden Sie auch für die Schwächen anderer Menschen mehr Toleranz aufbringen. Akzeptieren Sie Ihre eigenen Fehler, so werden Sie auch die der anderen eher verzeihen. Wenn Sie aus eigenen Lektionen lernen können, dann schaffen Sie auch für andere in Ihrem Umfeld Raum zum Lernen.

### Sie müssen zuerst sich selbst akzeptieren

Ben hatte ein Problem: Es fiel ihm nicht schwer, viel versprechende Beziehungen anzuknüpfen und in Gang zu bringen, doch dann war er nicht in der Lage, sie aufrechtzuerhalten. Wenige Wochen nach dem Kennenlernen begannen in Bens Kopf immer die »Hubschrauberblätter« zu surren. An allem, was seine Partnerin tat, fand er etwas auszusetzen, und er zerfetzte sie im Geiste in tausend Stücke. Erst hielt sie die Gabel falsch, dann machte sie zu viele Grammatikfehler und als Nächstes empfand er ihr Lachen als störend. Die festgestellten Mängel nahmen dann in seinen Gedanken dermaßen viel Raum ein, dass die Fortsetzung der Partnerschaft zu einer echten Herausforderung wurde.

Wie nicht anders zu erwarten, konnte sich Ben aber auch seine eigenen Fehler und Schwächen nicht verzeihen. Ich forderte ihn auf, sich eine Woche lang selbst zu beobachten und alle Urteile aufzuschreiben, die er während dieser Zeit in Bezug auf seine eigene Person fällte. Am Ende der Woche zeigte Ben mir seine Liste und stellte erschrocken fest, wie hart er mit sich selbst ins Gericht gegangen war. Ihm war gar nicht klar gewesen, wie streng er mit sich selbst umging, welch endlosen Strom von Verurteilungen und Kritiken er auf sich selbst niederprasseln ließ. Da war es kein Wunder, dass Ben den Unzulänglichkeiten anderer mit der gleichen Intoleranz begegnete. Ganz darauf getrimmt, eigene Fehler und Mängel aufzudecken, übertrug er diesen Mechanismus automatisch auf seine Partnerinnen.

### *Wohin ein Mangel an Selbstakzeptanz führt*

Mangelnde Selbstakzeptanz kann langsam, aber sicher die Liebesbeziehung zu einem anderen Menschen zerstören, denn die negative Einstellung sich selbst gegenüber wird unweigerlich auch den Partner in Mitleidenschaft ziehen. Negativität ist wie ein Krebsgeschwür, das wächst, sich auf den Partner überträgt und schließlich die gesamte Beziehung vergiftet.

Als Betsy Nick heiratete, wusste sie, dass er leichte Schwierigkeiten mit seinem Selbstwertgefühl hatte. Er zweifelte des öfteren an seinen Fähigkeiten, doch sie war der festen Überzeugung, die Kraft ihrer Liebe würde ihn davon kurieren. In den acht Jahren ihres Zusammenlebens ging es mit Nicks Selbstachtung mal besser und mal schlechter, bis Betsy nach Jahren harter Arbeit plötzlich Karriere in ihrem Beruf machte. Eine große Zeitschrift brachte einen sehr positiven Bericht über ihren Catering-Service, und sie bekam Aufträge aus dem ganzen Land. Da begann Nick, Betsys Arbeit offen zu kritisieren; ihren Erfolg tat er als glücklichen Zufall ab, und sie selbst bezichtigte er der Wichtigtuerei.

Seine eigene Unsicherheit rumorte in ihm und äußerte sich in Angriffen auf seine Partnerin und deren Glück. Obwohl Betsy mit Geduld, Aussprachen und zu guter Letzt auch therapeutischem Beistand versuchte, ihre Ehe zu retten, drehte sich die Spirale der Negativität und emotionalen Angriffe unaufhörlich weiter, bis sie Nick schließlich verließ, um ihr eigenes Selbstbewusstsein vor Schaden zu bewahren.

Im Extremfall kann geringe Selbstachtung dazu führen, dass Menschen Liebesbeziehungen fast automatisch ablehnen oder sabotieren. Gefühle von Selbstverachtung und Scham können so tief gehen, dass manche Menschen anderen einfach nicht erlauben können, sie zu lieben, auch wenn diese sich noch so sehr bemühen. Entweder können sie aufrichtige Liebe nicht als solche erkennen, weil sie keinen Bezugsrahmen haben, in den sie diese Erfahrung einordnen könnten, oder sie lehnen den potenziellen Partner ab, weil sie sich nicht vorstellen können, dass irgendjemand von Wert sie tatsächlich will. Der alte Witz von Groucho Marx, dass er keinem Club angehören möchte, der ihn als Mitglied akzeptieren würde, hört sich zwar lustig an, thematisiert aber ein echtes Problem. Wir alle kennen Menschen, deren Selbstwertgefühl so schlecht ist, dass jeder, der sich um sie sorgt, genau dafür attackiert wird. Wer ihnen Interesse entgegenbringt, macht sich verdächtig, weil sie selbst nichts Liebenswertes an sich entdecken können.

## WIE MAN SELBSTLIEBE AUFBAUT

Für die meisten Menschen ist das Erlernen von Selbstliebe ein lebenslanger Prozess. Diese Art Liebe ereilt einen nicht einfach über Nacht oder ist wie von Zauberhand plötzlich da, sondern muss langsam entwickelt und täglich trainiert werden, so als würde man eine neue Sportart erlernen. Zuerst muss man die Bewegungen kennen lernen und diese dann immer wieder üben, bis sie für einen so selbstverständlich sind wie die Tatsache, dass man atmet. Von großem Vorteil ist dabei, dass alle Menschen ein Leben lang Zeit haben, sich in der Selbstliebe zu üben.

Es ist nicht notwendig, dass man es in der Eigenliebe schon bis zur Meisterschaft gebracht hat, bevor man sich an die Liebe zu einem anderen Menschen heranwagt, aber man muss zumindest aktiv auf dem Weg dorthin sein. Anleitung und Ermutigung in dieser Richtung findet man allenthalben; glücklicherweise leben wir ja in einer Welt und in einer Zeit, die der Persönlichkeitsentwicklung und dem Aufbau von Selbstbewusstsein einen hohen Stellenwert einräumt. Da es sich in diesem Buch schwerpunktmäßig um Beziehungen und nicht speziell um die Steigerung des Selbstwertgefühls handelt, will ich hier nur ein paar meiner Lieblingstechniken zum Erlernen von Selbstliebe nennen und Sie ansonsten ermutigen, die Reise auf eigene Faust fortzusetzen.

Eigenliebe steht zuerst einmal als unspezifischer und abstrakter Begriff im Raum, deshalb sollten Sie einfach damit beginnen, ganz konkrete Aufgaben anzugehen. Zum Beispiel jeden Abend eine »Lobliste« erstellen. Diese Liste sollte mit dem Wort »Ich« beginnen und all das aufzählen, was Sie im Laufe des Tages vollbracht haben. Dabei können die einzelnen Punkte so geringfügig sein wie beispielsweise ein mutiges Auftreten in der chemischen Reinigung, die Ihnen Ihren Lieblingspullover ruiniert hat, oder die Fertigstellung eines Projekts, das Sie aufgeschoben hatten, oder das Kochen einer Riesenkanne Kaffee; auch kleine Leistungen können dazu beitragen, Ihnen Ihren Wert vor Augen zu führen. Zielsetzung dieser Liste ist es, den Scheinwerfer in Ihrem Kopf, der bislang automatisch die Negativseiten beleuchtet hat, auf Ihre positiven Aspekte zu richten. In unseren Workshops sagen wir immer »Zehn Mal Schulterklopfen pro Tag vertreibt die Selbstzweifel«. Eine Handlung muss allerdings 21 Mal wiederholt werden, um zur Gewohnheit zu werden; wenn Sie sich also 21 Tage lang immer wieder selbst loben, müssten Sie schon eine merkliche Besserung Ihres Selbstvertrauens und Ihrer Selbstwahrnehmung verspüren. Ihre Gedanken werden sich nicht mehr automatisch um all das drehen, was Sie falsch machen, sondern endlich um die Dinge kreisen, die Sie richtig machen!

Eine weitere Methode zur Steigerung des Selbstwertgefühls ist das Verwöhnen. Dazu müssen Sie die Beziehung zu sich selbst einfach nur genauso sorgfältig pflegen, wie Sie es mit einer lieben Freundin oder einem Geliebten tun würden. Der Akt des Verwöhnens ist eine Demonstration für Sie selbst, von Ihnen selbst, dass Sie wichtig und den Aufwand an Zeit, Energie, Mühe oder Geld wert sind. Fertigen Sie eine Liste von Dingen an, die Sie regenerieren und Ihnen gut tun; das kann alles Mögliche sein, angefangen bei Sinnesfreuden über körperliche Aktivität bis hin zu spirituellen Praktiken, die Sie mit neuer Energie versorgen. Listen Sie nur Dinge auf, die Ihnen ein Gefühl von Besonderheit vermitteln. Dinge wie:

- Den Sonnenuntergang anschauen
- Ein Bad nehmen
- Massiert werden
- Einen Tag im Bett bleiben, ohne krank zu sein
- Eine Radtour machen
- Mit einer Freundin Kaffee trinken
- Etwas ganz besonders Leckeres essen
- Ihre Lieblingsduftkerze anzünden
- Meditieren
- Ihre Lieblingsmusik hören

Nun wählen Sie sich jeden Tag mindestens eine dieser Aktivitäten aus und gönnen Sie sich diese, auch wenn es Ihnen am Anfang vielleicht schwer fällt. Sie werden diesen ungewohnten Luxus recht bald genießen; Dinge aus Ihrer Liste auszuwählen und in die Tat umzusetzen wird Ihren Tagesablauf mit ganz neuen Glanzlichtern versehen.

Fangen Sie bei sich selbst an. Sie haben heute. Sie haben sich. Sie haben alles, was Sie brauchen, um sich selbst zu lieben. Fangen Sie an, sich selbst und anderen zu zeigen, welche Behandlung

Ihnen zusteht, und schon bald werden Sie verstehen, was wahre, bedingungslose und authentische Liebe bedeutet. Haben Sie diesen Punkt erst einmal erreicht, dann sind Sie bereit für die wundervolle Erfahrung des Liebens und Geliebtwerdens, die Ihnen wie ein großartiges Geschenk erscheinen wird.

Es spielt keine Rolle, auf welche Art und Weise Sie Ihr Selbstwertgefühl aufbauen. Wichtig ist nur, dass Sie genügend Zeit und Energie aufwenden, um die Person lieben zu lernen, die Ihnen auf jeden Fall für den Rest Ihres Lebens erhalten bleibt – Sie selbst.

# MAN MUSS
# DIE PARTNERSCHAFT WOLLEN

♥

*Ob Sie in einer Partnerschaft leben oder nicht, entscheiden Sie selbst.*
*Sie sind in der Lage, einen Liebespartner zu finden und*
*die Beziehung aufzubauen, die Sie sich wünschen.*

Liebeslieder wollen uns immer wieder weismachen, die Bande der Liebe würden vom Schicksal gewoben. Die Dichter lehren uns, die Liebe sei etwas überirdisch Unfassbares, das wie ein Rauchfetzen heranweht und auf ebenso kapriziöse Weise wieder entschwindet. Freunde erzählen uns vielleicht, es sei nur eine Frage der Zeit, bis uns die Liebe begegnet, während die Werbung uns einzureden versucht, die ewige Liebe lasse sich finden, indem man ein sexy Auto fährt, die richtigen Jeans trägt oder für perlweiße Zähne, frischen Atem und duftendes Haar sorgt. Das kann ganz schön verwirrend sein.

Doch die wahre Antwort darauf, wie man in den Genuss authentischer Liebe kommen kann, findet man nicht in seinem Arzneischrank, und auch das Schicksal oder die Zeit braucht man nicht zu bemühen. Man findet sie einzig und allein im eigenen Bewusstsein.

Was antworten Sie spontan, wenn ich sage »Es liegt an Ihnen, ob Sie der Liebe begegnen oder nicht«? Trauen Sie sich zu, Ihr Ideal von einer Liebesbeziehung aus eigener Kraft zu realisieren? Wenn ja, dann können Sie diese Regel getrost überspringen und bei Nummer drei weitermachen. Wenn jedoch irgendein Teil von Ihnen glaubt, es liege nicht in Ihrer Macht und Sie hätten keine Kontrolle darüber, ob Sie Ihren Herzenspartner finden, sollten Sie vielleicht doch noch ein Stück weiterlesen.

Liebe fällt nicht einfach vom Himmel. Sie muss erschaffen werden, genauso wie Sie auch andere Dinge erschaffen würden. Nehmen wir einmal an, sie wollten eine Mahlzeit zubereiten. Als Erstes würden Sie sich wahrscheinlich Gedanken darüber machen, was Sie überhaupt essen möchten. Dann würden Sie abwägen, wie viel Zeit Sie haben und was Sie in dieser Zeit machen können; Sie würden sich für ein bestimmtes Essen entscheiden, die Zutaten dafür organisieren, sich an das Rezept halten und schließlich essen. Sie würden bestimmt nicht einfach in Ihrer Küche sitzen und sich wünschen, dass auf irgendeine wundersame Weise plötzlich ein Essen erscheint.

Beim Zustandekommen von Liebe verläuft der Prozess gar nicht so anders. Auch die Liebe ist ein Produkt Ihrer Vorstellungskraft, Ihrer Intention und Ihres Engagements. Viele Menschen unterliegen dem Irrglauben, Liebe einfach nur zu *wollen* sei dasselbe wie Liebe zu *suchen*. Als meine Freundin Alex noch ein Kind war, wollte sie unbedingt Freunde haben, aber sie war sehr schüchtern und ging nie zu irgendwelchen geselligen Veranstaltungen. Ihre Mutter sagte ihr immer, sie würde nie Freunde finden, wenn sie nur zu Hause säße und darauf wartete, dass die Party an ihre Tür klopft. Heute, im Alter von 41 Jahren, sitzt Alex immer noch zu Hause und wartet auf ihren Idealpartner. Wie nicht anders zu erwarten, hat er bisher aber noch nicht angeklopft. Da sitzt sie nun, wie viele andere, und wartet darauf, dass plötzlich wie im Märchen der Traumprinz erscheint, mit dem sie bis ans Ende ihrer Tage glücklich sein wird. Doch leider funktioniert dieses Modell nicht. Damit die Liebe einen Platz in Ihrem Leben bekommt, müssen Sie wissen, welche Voraussetzungen Sie selbst mitbringen müssen, um den Prozess in Gang zu setzen.

Bestimmte Schritte können den diffusen Wunsch nach einer Partnerschaft Realität werden lassen. Die Befolgung dieser Schritte verwandelt Ihre Suche nach Liebe von einem Glücksspiel in ein Spiel der logischen Zusammenhänge.

## WAS PARTNERSCHAFT BEDEUTET

Bevor Sie sich nun überlegen, ob Sie überhaupt einen Partner wollen oder nicht, ist es vielleicht ganz hilfreich, erst einmal zu klären, worin echte Partnerschaft eigentlich besteht. Eine Partnerschaft ist die Verbindung zwischen zwei Personen. Partnerschaften jedweder Art werden gebildet, wenn zwei Menschen der Auffassung sind, die Energien, Talente und Ressourcen beider Seiten zu vereinigen sei gewinnbringender als getrennt zu bleiben.

Auf dem Tummelplatz der Liebe entstehen Partnerschaften, wenn zwei Menschen zusammenkommen, um eine neue Realität zu erschaffen. Da beide Personen aufeinander zugehen und sich im physischen, emotionalen, geistigen und spirituellen Bereich miteinander verbinden, wird aus den zwei vormals getrennten »Ich«-Realitäten langsam eine kombinierte »Wir«-Realität, in der beide »Ichs« zu dem größeren »Wir« beitragen. Keines der beiden »Ichs« wird ausgelöscht; beide werden durch die Fusion mit dem Partner einfach nur erweitert und vergrößert. Eine »Wir«-Realität entstehen zu lassen bedeutet, ein Team zu bilden, dessen Zielsetzung es ist, mit vereinten Kräften durchs Leben zu gehen.

### *Die Vor- und Nachteile einer Partnerschaft*

Selbstverständlich ist auch die Partnerschaft eine Medaille mit zwei Seiten. Sie kann sowohl positive als auch negative Veränderungen in Ihrem Leben bewirken und verlangt von Ihnen, nach

Möglichkeiten zu suchen, wie Sie diese zwei Polaritäten ausbalancieren können. Positiv sind natürlich der Liebestaumel und die Romantik, wie wir sie aus Kinofilmen und Romanen kennen. Dieser wunderbare Adrenalinrausch des Verliebtseins, das Schwindel erregende Gefühl, verehrt zu werden, die Schmetterlinge im Bauch, wenn Sie die geliebte Stimme hören, und dieses wohlige Gefühl von Sicherheit, wenn er oder sie Ihnen aus einer großen Menschenmenge zulächelt.

Für die meisten Leute besteht der Hauptvorteil darin, dass sie nicht mehr allein sind, weil sie jemanden haben, mit dem sie ihre Zeit verbringen und ihr Leben teilen können. Einen Partner zu haben, bringt einige ganz wunderbare Vorteile mit sich: Man hat jemanden, der einen liebt, der einem Aufmerksamkeit schenkt, der sich um einen sorgt, der einen begleitet, der einem die sexuellen Wünsche und Bedürfnisse erfüllt, der etwas mit einem unternimmt und ganz allgemein mehr Spaß ins Leben bringt. Ein Partner kann einen stützen, wenn man Halt braucht, kann einem Mut machen, wenn man Angst hat, kann einen wieder aufbauen, wenn man den Glauben an sich selbst verloren hat. Auf der höchsten Stufe kann eine Partnerschaft ein heiliger Bund sein, in dem man sich gegenseitig die größten Geheimnisse offenbart, Schwächen zugeben kann, zu neuer, überraschender Größe heranwachsen und Hoffnungen und Träume miteinander verflechten kann.

Doch der Hauptvorteil einer Partnerschaft ist zugleich auch die Kehrseite der Medaille: Man ist nicht mehr allein. Wenn man nicht mehr allein ist, heißt das, man ist auch nicht mehr vollkommen unabhängig. Man ist kein alleinstehendes Wesen mehr. Man muss sich mit Unterschieden zwischen sich selbst und dem Partner auseinander setzen – im Stil, im Tempo, in der Art zu kommunizieren, bei Gewohnheiten und Vorlieben. Die alltäglichen Belange eines anderen Menschen betreffen plötzlich auch einen selbst. Schließlich hat der Partner Gefühle, Wünsche, Gewohnheiten, Eigenarten und Probleme, die genauso respektiert werden wollen wie die eigenen. Anders ausgedrückt: Man muss in seinem Leben für ein anderes menschliches Wesen Platz schaffen. Wenn man Entscheidungen trifft und Beschlüsse fasst, muss man eine andere Person in seine Überlegungen mit einbeziehen; man kann nicht einfach tun, was man will und wann man es will, ohne die Wünsche der anderen Person zu berücksichtigen. Alles muss besprochen werden, angefangen bei der Frage, wie viel Platz im Bett einem zusteht, bis hin zur Einteilung des Geldes. Man muss bereit sein, sich anzupassen, damit beide Teile glücklich und zufrieden sind.

Nehmen wir zum Beispiel Gail, die mit ihrer Tochter Urlaub auf einer Insel machte und sich bei der Gelegenheit eine Timesharing-Wohnung anschaute, die zum Verkauf stand. Die beiden verliebten sich sofort in die Immobilie, und Gail leistete in ihrer Begeisterung auch gleich eine Anzahlung. Sie dachte nicht eine Sekunde daran, sich vielleicht mit ihrem neuen Mann Victor abzustimmen, weil sie sich in den Jahren zuvor daran gewöhnt hatte, ganz nach eigenem Gutdünken zu entscheiden. Als Gail von der Reise zurückkehrte, war Victor allerdings sehr verletzt und verärgert darüber, dass er in einer so bedeutenden Angelegenheit nicht gefragt worden war. Er sagte ihr, dass er sich durch ihre Handlungsweise ausgeschlossen und nicht als integraler Bestandteil ihrer Beziehung fühle.

Gail wurde klar, dass sie einen Fehler gemacht hatte und dass sie Victors Gefühle und Vorlieben genauso beachten musste wie ihre eigenen, wenn sie Entscheidungen traf, die sie beide angingen. Wenn sie sich gemeinsam eine Ferienwohnung kauften, dann mussten ihrer beider Präferenzen – Ort, Preis, Art der Wohnung – berücksichtigt werden.

Partnerschaft bedeutet auch, dass man hin und wieder bereit sein muss, seine Pläne zu ändern, um auf die Nöte, Bedürfnisse oder Wünsche des anderen einzugehen. In einer Partnerschaft muss man ein Stück Selbstbestimmung aufgeben, ebenso wie den Anspruch, immer alles nach seiner eigenen Fasson zu machen. Solange man noch allein war, konnte man immer machen, was man wollte und wann man es wollte. Das alles ändert sich plötzlich, wenn ein Gefährte ins eigene Leben tritt. Die Partnerschaft bringt ein gewisses Maß an Komplikation und Anpassung ins Leben, mit dem man vielleicht nicht gerechnet hatte.

Um eine funktionierende Partnerschaft aufzubauen, muss man Mittel und Wege finden, die negativen und die positiven Seiten miteinander in Einklang zu bringen. Man wird die Harmonie gegen den Streit, die Triumphe gegen die Niederlagen und die Bereicherung gegen die Einengung aufwiegen müssen. Partnerschaft ist im Wesentlichen ein Geschäft auf Gegenseitigkeit, das man nicht halbherzig betreiben kann; es erfordert alle Ressourcen, Willenskräfte und Balancefähigkeiten, und man braucht die ganze Stärke seiner Überzeugungen als Unterstützung auf seinem Weg.

## DIE ENTSCHEIDUNG FÜR EINE PARTNERSCHAFT

Die Welt scheint größtenteils für Paare eingerichtet zu sein; zumindest ist unsere ganze Gesellschaft so organisiert. Wir erwarten, dass die Menschen paarweise durchs Leben gehen, so als müssten wir morgen wieder die Arche Noah besteigen. Die Zweierbeziehung wird in jeder Hinsicht unterstützt und gefördert, sei es direkt, z. B. durch Steuervorteile für Verheiratete, oder indirekt, z. B. durch die Schaffung eines Tages zu Ehren der Liebe und der Partnerschaft. Manch einer ist gegen Partnerschaften und bevorzugt andere Formen der Beziehung. Doch wie verschieden die Auffassungen auch sein mögen, dahinter verbirgt sich immer die Erwartung, dass wir *alle* uns um einen Partner bemühen wollen und sollen; in einer Partnerschaft zu leben ist also gar nicht in erster Linie eine persönliche Wahl, sondern vielmehr ein gesellschaftlicher Auftrag.

Es kommt häufig vor, dass mein Mann mich auf Geschäftsreisen nicht begleiten kann, weshalb ich manchmal allein in Restaurants esse. Jedes Mal wenn ich ohne Begleitung ins Restau-

rant komme und nach einem Tisch frage, schaut mich der Ober-
kellner erstaunt an und fragt: »Nur *eine* Person?« Wenn ich dann
am Tisch sitze, fragt er oder sie für gewöhnlich, ob ich eine Zeitschrift haben möchte, wobei still schweigend unterstellt wird,
dass ich in meiner Situation ganz gut ein wenig interessanten
Lesestoff gebrauchen könnte. Dahinter steckt natürlich die Vermutung, das Essen müsse für mich aufgrund der mangelnden
Gesellschaft eine ziemlich trostlose Angelegenheit sein. Lustig
dabei finde ich, dass es gar nicht die fehlende Gesellschaft ist, die
Trübsal verbreitet, sondern vielmehr die Haltung des Kellners!

Ganz allgemein sind die Leute der Ansicht, wer allein durchs
Leben gehe, trage ein schweres Schicksal. Es wird ein gewisser
Druck ausgeübt, sich in eine Partnerschaft zu begeben, um in
das »Muster zu passen« und den Lebensweg absolvieren zu können, der durch die Konventionen vorgegeben ist.

Doch dieser Druck kann auch gefährlich sein, denn Beziehungen brechen häufig auseinander, weil die Partnerschaft für einen
der Beteiligten oder auch für beide gar keine echte, persönliche
Willensentscheidung war. Der Grund war vielleicht Druck sei-
tens der Familie oder auch einfach das Bedürfnis, der Einsamkeit
zu entfliehen. Doch Partnerschaften, die durch ein äußeres »du
solltest« und nicht durch ein inneres »ich will« zu Stande kommen, sind meistens unbefriedigend. Sich einen Partner zuzule-
gen, nur um einen Tischnachbarn für Dinner-Partys zu haben,
ist keine sehr tragfähige Basis für eine authentische Verbindung.

### *Vernunft contra Bauch*

In meinem letzten Buch *Das Leben ein Spiel, und hier sind die Regeln* habe ich erklärt, was passiert, wenn unsere Handlungen von der Ratio und nicht von unserem »Bauch« gesteuert werden. Das gleiche Modell findet auch hier Anwendung, und ich bin der Meinung, dass es sich bei dieser Unterscheidung um ein Schlüsselelement zur Schaffung erfolgreicher, authentischer Beziehungen handelt. Das Modell sieht folgendermaßen aus:

> *Wollen* führt zu einer *inneren Entscheidung,*
> die wiederum zu *echter Bindung* führt.
> *Sollen* führt zu einem *rationalen Beschluss,*
> der dann ein *Opfergefühl* nach sich zieht.

Wenn man sich aus seinem *Wesenskern* heraus für eine Partnerschaft entscheidet, nimmt man eine freiwillige Verpflichtung auf sich. Man ist innerlich bereit dazu und will wirklich Teil einer Zweierbeziehung werden. Wenn einem die Partnerschaft hingegen von der *Ratio* diktiert wird, spielen dabei vielleicht Gedanken wie »Na ja, warum eigentlich nicht?« eine Rolle. Ein solch vernunftgesteuerter Beschluss enthält also eine gewisse Unsicherheit, ob man nun wirklich einen Partner will oder nicht, was recht häufig zu unbefriedigenden Ergebnissen führt.

### *Wohin die Ratio führen kann*

Als ich 21 war, lebte ich mit meinem Kommilitonen Bill zusammen. In jenem Jahr starb meine Mutter, und kurz darauf setzte mein Vater die Familie davon in Kenntnis, dass er unser Elternhaus verkaufen und nach Florida ziehen wolle. Ich war entsetzt, denn ich hatte mir immer vorgestellt, eines Tages mit meinem Ehemann im Haus meiner Kindheit zu wohnen, weshalb Bill und ich ganz rational überlegten, dass wir eigentlich genauso gut auch jetzt schon heiraten könnten. Ich fand Bill sehr charmant, wir waren die besten Freunde, und er war insgesamt einfach ein toller Mensch. Nach Abwägen aller Umstände erschien mir das Heiraten damals genau als das Richtige.

Mit der Zeit stellte sich aber heraus, dass wir nicht zusammenpassten. Wir waren einfach nicht füreinander geschaffen. Uns verband zwar eine herzliche Kameradschaft, aber es fehlte das Prickeln und der zündende Funken. Wir waren kein echtes Liebespaar, sondern eher wie Bruder und Schwester. Wir wussten, dass wir, um zusammen zu bleiben, beide unsere innere Wahrheit würden opfern müssen genauso wie unseren Wunsch, mit jemandem zusammen zu sein, für den wir echte Leidenschaft empfänden – das jedoch wollte keiner von uns. Glücklicherweise verlief die Trennung in aller Freundschaft, und Bill zählt auch heute noch zu meinen teuersten Freunden. Letztes Jahr habe ich seine Trauung vorgenommen, und seine jetzige Frau ist wirklich wie für ihn geschaffen.

*Sich gegen eine Partnerschaft entscheiden*

Sam war der einzige aus seiner Clique, der noch ein Singledasein führte. Er war Anfang 30 und galt damit in seinen Kreisen schon als »überfällig«. Niemand konnte sich erklären, was denn nun falsch gelaufen war, denn Sam sah gut aus, war intelligent und auch allgemein beliebt. Die meisten seiner Freunde hatten bereits ein Kind oder sogar zwei und drängten ihn gemeinsam mit seiner Familie dazu, endlich »sesshaft« zu werden.

Doch seine Freunde und seine Familie übersahen dabei, dass Sam sich gerade mitten in einer Phase der beruflichen Umorientierung befand, die all seine Zeit und Aufmerksamkeit erforderte. Er wollte erst beruflich auf sicheren Füßen stehen, bevor er die Verpflichtung einer lebenslangen Beziehung auf sich nahm, und hatte sich deshalb ganz bewusst dafür entschieden, eine Heirat erst in Erwägung zu ziehen, wenn er seine Karriere im Griff hätte.

Als ich Sam fragte, wie er sich bei all dem fühle, rollte er in spielerischer Verzweiflung mit den Augen und sagte: »Niemand scheint zu verstehen, dass es bei mir gar nicht um Angst vor einer festen Bindung oder einer Heirat geht. Ich bin in meinem Leben schon einigen Frauen begegnet, die für eine Heirat durchaus infrage gekommen wären. Wenn ich bis jetzt nicht geheiratet habe, dann ganz einfach deshalb, weil ich in meinem tiefsten Inneren immer wusste, dass ich noch nicht bereit dazu bin. Sobald ich diese Bereitschaft verspüre und mir dann auch noch

die richtige Person dazu begegnet, werde ich es allen Leuten mitteilen!«

Ich fand Sams Auffassung sehr erfrischend, denn es ist weiß
Gott nicht einfach, gegen den Strom zu schwimmen. Es erfordert sehr viel innere Stärke, dem Druck der Familie zu widerstehen und den inneren Überzeugungen treu zu bleiben. Sam wusste instinktiv, was viele Leute erst nach langen Jahren begreifen:
dass jeder Mensch seinen individuellen Lebensweg und Zeitplan
hat und dass die Entscheidung für eine Partnerschaft auf
Lebenszeit eine Richtungsänderung bedeutet, die aus dem in-
nersten Wesenskern heraus kommen muss, wenn die Beziehung
ehrlich und echt sein soll.

### Ist eine Partnerschaft das Richtige für Sie?

Das Zusammenleben in einer Partnerschaft ist nicht für jeden
das Richtige. Ideal ist es für diejenigen, die durch und mit einem
anderen Menschen wachsen möchten, die bereit sind, die verschiedenen Elemente ihres Lebens mit denen einer anderen Person zu kombinieren. Für manche ist Partnerschaft ganz selbstverständlich und erstrebenswert. Andere hingegen sind noch
unsicher oder wissen genau, dass diese Art von Beziehung in
ihrem jetzigen Lebensabschnitt nicht das Richtige für sie ist.

Es ist ein Unterschied, ob man sagt, man wolle eine Partnerschaft, oder ob man es wirklich empfindet. Nur allein die Worte
auszusprechen ist nicht genug. Man muss wissen, ob diese Worte

auch tatsächlich die tiefste, innere Wahrheit widerspiegeln. Ist das der Fall, so ist auch die Bereitschaft dazu absolut. Ist dem aber nicht so, dann wird ein inneres Zögern zu entsprechenden Ergebnissen führen.

Wenn Sie sich nicht sicher sind, ob Sie wirklich eine Partnerschaft wollen, dann stellen Sie sich folgende Fragen:

- Was löst die Vorstellung, in einer Partnerschaft zu leben, in mir aus?
- Bin ich bereit, meine derzeitige emotionale Bequemlichkeit aufzugeben?
- Will ich meine Zeit (oder meine Räumlichkeiten oder mein Geld etc.) mit einem anderen Menschen teilen?
- Bin ich bereit, mich anzupassen und Zugeständnisse zu machen?
- Bin ich willens und in der Lage, der Kommunikation oberste Priorität einzuräumen?

Wenn Sie durch diese innere Befragung zu dem Schluss kommen, dass Sie entweder noch nicht bereit oder nicht willens sind, sich auf eine Partnerschaft einzulassen, dann werden Sie diese Erkenntnis auch anderen in einer Weise klar machen können, die ihnen hilft, Ihren Standpunkt zu respektieren. Als Sams Freunde und Familienangehörige ihn immer weiter wegen seines Singledaseins bedrängten, erklärte er ihnen schließlich mit aller Entschiedenheit, dass er mit seinem derzeitigen Lebenswandel sehr zufrieden sei und sie rechtzeitig in Kenntnis gesetzt würden, wenn sich eine ernsthafte Partnerschaft anbahne. Da gaben sie es endlich auf. Seine Mutter fragt zwar hin und wieder immer noch, ob er eine Beziehung hat, und seine Freunde erlauben sich auch freundliche Späße mit ihm, aber die aggressive Einmischung in Form von unerwünschten Vorschlägen und neugierigen Befragungen bezüglich seines Status gehören endgültig der Vergangenheit an.

Wenn Ihnen vollkommen klar geworden ist, was eine Partnerschaft bedeutet, und wenn Sie dann mit Ihrem Herzen entscheiden, sich auf die Suche nach dieser Erfahrung zu machen, dann haben Sie den ersten wichtigen Schritt der – wie ich meine – aufregendsten und bereicherndsten Reise Ihres Lebens bereits hinter sich gebracht. Ich bin natürlich eine überzeugte Verfechterin von Liebesbeziehungen, sonst würde ich nicht ein ganzes Buch darüber schreiben. Ich glaube, dass echte Liebe der glänzende Juwel in der eigenen Krone und die Quelle der größten Freude im Leben sein kann. Sie zu finden, mag einem einiges an Arbeit abverlangen, aber die Mühe lohnt sich in jedem Fall.

Die bewusste Entscheidung für eine Partnerschaft erhöht Ihre Chancen, eine aufrichtige und echte Bindung zu finden, ganz erheblich. Wenn diese Wahl Ihrem inneren Wesenskern entspringt, der genau weiß, was gut und richtig für Sie ist, teilen Sie damit dem Universum mit, dass Sie auf eine authentische und ernsthafte Partnerschaft eingestellt sind, weshalb Sie dann in Situationen kommen werden, die zu Ihren Absichten passen.

Die Bereitwilligkeit, die Sie aufgrund dieser inneren Entscheidung an den Tag legen, ermöglicht es Ihnen, mit dem Spiel der Liebe zu beginnen. Sie rücken jetzt auf das Startfeld vor und können anfangen zu würfeln und auf dem Spielbrett weiter vorrücken. Ihr inneres »Ja« setzt in Ihnen – und um Sie herum – eine Energie frei, die Sie vorantreiben und auf Ihrer Suche nach authentischer Liebe unterstützen wird.

## IN AKTION TRETEN

Nehmen wir an, Sie haben sich entschieden, sich auf die Suche nach einer authentischen Beziehung zu machen. Sie wissen in Ihrem tiefsten Herzen, dass Sie bereit sind, sich mit allem, was eine solche Bindung an positiven und negativen Auswirkungen hat, auseinander zu setzen und sich vorwärts zu bewegen. Was dann?

Sie können Folgendes unternehmen, um den gewünschten Liebespartner in Ihr Leben zu bringen:

1. Feststellen, was Sie wollen.
2. Ihre Vision erschaffen.
3. Eventuelle Hindernisse erkennen.
4. Die Absicht realisieren.

Kann ich dafür garantieren, dass Sie auf diesem Wege die Liebe Ihres Lebens finden werden? Nein, aber ich kann Ihnen sagen,

dass die Erfolgsquote bei dieser Methode nach dem, was ich miterlebt habe, sehr hoch ist und dass Sie sehr gute Chancen haben,
mit Hilfe dieser Schritte die authentische Beziehung zu finden,
nach der Sie suchen.

### Schritt Eins: Feststellen, was Sie wollen

Sie können nicht bekommen, was Sie wollen, ohne zu wissen,
was Sie wollen. Wissen Sie es nicht, können Sie zwar *irgendwas*
bekommen, aber dann müssen Sie eben das wollen, was Sie
bekommen.

Wenn Sie wissen, was Sie von einer Beziehung erwarten, aber
keinerlei Vorstellung davon haben, welche Voraussetzungen
der dazugehörige Partner mitbringen sollte, dann müssen
Sie einige Kandidaten durchprobieren, um festlegen zu können, was Sie *nicht* wollen, und so herauszubekommen, was Sie
wollen. Doch das ist wahrscheinlich nicht die angenehmste
Methode, Liebe zu finden; es hört sich im Gegenteil eher anstrengend an. Ich kenne einen Mann, der sich im Laufe des letzten Jahres mit unzähligen Frauen eingelassen hat und immer noch nicht genau weiß, was er eigentlich sucht. Er könnte
eine Menge Zeit sparen, wenn er einmal festlegen würde, was er
will.

Es gibt eine schnellere und mühelosere Methode, den gewünschten Gefährten zu finden, als mit Dutzenden potenziellen
Partnern anzubändeln und sie anschließend wieder fallen zu las-

sen. Sie beginnt damit, dass Sie für sich selbst innerlich feststellen, wer Sie sind, was Sie vorhaben und – ganz wichtig – was Sie eigentlich wirklich wollen.

### *Erkennen Sie, wer Sie sind*

Der erste Schritt auf Ihrem Weg besteht darin, dass Sie sich selbst kennen lernen. Herauszufinden, wer Sie sind, bedeutet, dass Sie Kontakt zu Ihrem Wesenskern aufnehmen. Es bedeutet, dass Sie sich darüber klar werden, was Ihr Herz in Schwingung versetzt, was Ihnen Freude macht, was Sie ärgert, welche Lebensumstände Ihnen zusagen und welche nicht, was Sie zu tolerieren bereit sind und was nicht. Es bedeutet, dass Sie sich Ihrer inneren Zielsetzungen, Konflikte und Überzeugungen bewusst werden und erkennen können, was Sie von einer Beziehung erwarten. Es bedeutet, dass Sie ganz zielgerichtet Ihren gewünschten Lebensweg einschlagen, anstatt unzähligen Fährten zu folgen, die nirgendwohin führen.

Wenn Sie mit sich selbst im Einklang sind, können Sie auch definieren, welchen Ansprüchen ein Partner und eine Beziehung genügen müssen, um für Sie authentisch zu sein. Erst die Selbsterkenntnis befähigt Sie dazu, einen Menschen auszuwählen, der wirklich gut zu Ihnen passt. Je besser Sie sich selbst kennen und verstehen, desto größer sind Ihre Chancen auf Erfolg in einer Beziehung. Nehmen Sie es zum Anlass, sich selbst einmal gründlich zu erforschen. Ihr Ziel ist, sich selbst gegenüber aufrichtig zu sein, damit Sie eine(n) Geliebte(n) finden können, der/die Ihnen gegenüber ebenso aufrichtig ist.

Sich selbst zu erkennen und zu verstehen ist nicht besonders schwierig, doch der Prozess erfordert eine gewisse Investition an Zeit und Energie. Dinge über sich selbst herausfinden können Sie, indem Sie lesen, sich mit anderen unterhalten, Listen erstellen, Tagebuch schreiben, meditieren, beten, an Workshops oder Kursen teilnehmen, sich auf die Suche nach Visionen machen, einen Therapeuten, Astrologen, Persönlichkeitstrainer oder irgendeinen anderen Berater aufsuchen. Sie müssen entschlossen sein, sich selbst kennen zu lernen, Ihre Toleranzen, Ihre Leidenschaften, Ihre Neigungen, Ihre Ängste und Ihre Bedürfnisse. Die Methode, die Sie zur Selbsterkenntnis auswählen, sollte Ihnen in jedem Fall die wesentlichen Informationen liefern, die Sie zum Aufbau einer tiefen Bindung zu einem anderen Menschen brauchen.

### Festlegen, was Sie von Ihrem Partner erwarten

Sobald Sie eine klare Vorstellung davon haben, wer Sie sind, können Sie den nächsten Schritt in Angriff nehmen, nämlich festzustellen, was für ein Mensch zu Ihnen passen würde. Das Universum um einen Liebespartner zu ersuchen, ohne irgendwelche näheren Angaben zu machen, ist so, als würden Sie in ein Restaurant gehen und einfach irgendetwas zu essen bestellen. Die Gefahr, dass Ihnen das Falsche serviert wird, ist ziemlich groß, weil Sie überhaupt keinen Anhaltspunkt mitgeliefert haben. Nun könnten Sie zum Beispiel einfach etwas Leckeres bestellen, doch die Definition von »lecker« ist sehr subjektiv. Sie müssten also klar und deutlich Ihre Wünsche äußern, um zu bekommen, was Sie wollen.

Als Teenager wusste Ginger genau, welche Kriterien der Begleiter ihrer Wahl zu erfüllen hatte. Er musste gut aussehen, gut gekleidet sein, beliebt sein und gut küssen können. Das richtige Auto war zwar keine Voraussetzung, verschaffte ihm aber einen Bonus. Sie wurde älter und reifer, versäumte es dabei aber, ihre Kriterien aus der Teenagerzeit zu revidieren, weshalb es für sie zunehmend schwieriger wurde, eine echte Bindung zu den Männern aufzubauen, die sie anzog und die alle ihren ursprünglichen Kriterien entsprachen. Sie war mittlerweile Mitte 20 und überprüfte jeden neuen Kandidaten immer noch anhand ihrer Checkliste aus der Jugend. Entsprach der Mann nicht ihren Standards – was meistens der Fall war –, so ließ sie ihn sofort wieder fallen. Doch dann hielt sie plötzlich inne und überlegte: »Vielleicht sind meine Kriterien überholt. Ich habe meine Liste nie verändert; vielleicht brauche ich eine neue.«

Ginger dachte darüber nach, und am Ende kam eine Liste heraus, die von ihrer Mutter hätte stammen können: ein guter Ernährer, ein guter Ehemann, ein guter Vater, ein Kirchgänger, ein kluger Investor, sparsam etc. Sie schaute sich die Liste an und dachte: »Das ist meine Mutter, die da spricht, nicht ich. Was will *ich* denn?« Sie musste sich jetzt endlich eine neue

Erwachsenen-Liste zusammenstellen, aber das erforderte einiges Nachdenken.

Gingers neue Kriteriensammlung war dann ganz anders als ihre Teenager-Liste und die Liste ihrer Mutter. Dort stand zuerst: »Er besteht mit mir die Abenteuer des Lebens.« Als weitere Punkte folgten: »angesehen, freundlich, humorvoll, in legerer Freizeitkleidung ebenso zu Hause wie im Smoking, kommunikativ und ein guter Partner«. Sie war erstaunt, wie sehr sie sich verändert hatte und wie genau sie nach dieser kurzen Bedenkzeit wusste, was sie wollte.

### Eine Kriterienliste erstellen

Die beste Methode herauszufinden, was Sie von einem Partner erwarten, ist das Erstellen einer Kriterienliste. Wenn Sie Ihre Kriterien aufschreiben, wird Ihnen bewusst, was Sie suchen. Viele Menschen haben eine vage Vorstellung davon, was sie wollen, doch erst das Aufschreiben macht die Sache konkret. Wenn Sie diese Liste tatsächlich in Abstimmung mit Ihrem inneren Selbst verfassen, sind Sie besser gegen die Fallstricke der Hormone und der Verliebtheit gefeit, die Sie immer wieder in Versuchung bringen, eine Beziehung mit einem Menschen einzugehen oder fortzusetzen, der gar nicht zu Ihnen passt.

Idealerweise besteht ihre Liste aus drei Teilen. Der erste Teil umfasst die Grundvoraussetzungen, die nicht verhandelbar sind. Dazu zählen Eigenschaften, Vorzüge, Verhaltensweisen, Fähigkeiten, Einstellungen, Überzeugungen und Hobbys, die Sie in Ihrem Geliebten verkörpert wissen möchten, die Ihr Partner unbedingt mitbringen muss. Nehmen wir das Beispiel Kim, eine 31-jährige, lustige Frau voller Schwung und Ausgelassenheit, die für ihr Leben gern lacht. Bei ihr ist Sinn für Humor eine unbedingte Voraussetzung, die ihr Partner mitbringen muss. Sie weiß, dass sie, um glücklich zu sein, jemanden braucht, der Spaß versteht.

Der zweite Teil ist Ihre verhandelbare Wunschliste. Hier finden sich Qualitäten, die Sie für nicht unbedingt erforderlich halten, sich von einem Idealpartner aber dennoch wünschen würden. So setzt zum Beispiel Mack als passionierter Sporttaucher auf seine Wunschliste den Punkt »Begeistert sich für Sporttauchen«. Er würde eine Frau nicht ablehnen, nur weil sie kein Interesse am Tauchen hat, aber seine Welt wäre perfekt, wenn er eine echte Wassernixe fände, mit der er die Tiefen des Meeres erforschen könnte.

Der dritte Teil Ihrer Liste umfasst die inakzeptablen, nicht verhandelbaren Aspekte, oder wie ich es nenne, die »Knockout-Kriterien«. Für manche Leute ist ein solches Knockout-Kriterium beispielsweise Alkoholismus oder Drogensucht. Für andere ist es vielleicht ein boshafter Charakter. Für jemanden wie Bonnie, die unbedingt eines Tages Mutter werden möchte, ist es jemand, der keine Kinder haben will. Sie weiß, sie könnte keine dauerhafte Beziehung zu einem Mann aufbauen, der keine Familie gründen möchte. Jeder Mensch hat seine individuellen Grenzen, die absolut nicht überschritten werden dürfen; nur Sie allein wissen, wo die Ihren verlaufen.

Ihre Liste hilft Ihnen herauszufinden, was Sie von einem Lebensgefährten erwarten. Sie bringt die Kriterien, die irgendwo in Ihrem Kopf existieren, in eine greifbare Form, so dass aus dem nebligen »ich glaube zu wollen« die zielgerichtete Vision »ich weiß, was ich will« entsteht. Sie kreieren reale Standards und Qualifikationen für die Position »mein Partner«, die Sie davor bewahren, jede beliebige Person in diese Rolle einpassen zu wollen. Legen Sie diese Liste in eine Schublade oder an irgendeinen sicheren Platz, damit Sie sie zu Rate ziehen können, wenn ein potenzieller Partner in Ihrem Leben auftaucht.

### Eine Musterliste

Kürzlich kam eine Frau Anfang 30 namens Jennifer in meinen Workshop, um ihre Kriterienliste für Beziehungen zu erstellen. Die Liste, die Jennifer zusammenstellte, enthielt einige der wohldurchdachtesten Kriterien, die ich je gesehen hatte, weshalb ich sie Ihnen gern als anregendes Muster vorstellen möchte. Ihre Kriterien können natürlich ganz anders aussehen, und ich biete Ihnen Jennifers Liste auch nur an, damit Sie anfangen können, darüber nachzudenken, was für Sie richtig wäre.

### *Jennifers Liste*

*Grundvoraussetzungen*

1. Ein kluger und intellektuell anregender Mensch, der genau wie ich gern über Ideen diskutiert.
2. Ein spiritueller Mensch oder ein Mensch, der Interesse daran hat, seine Persönlichkeit und ein spirituelles Leben zu entwickeln.
3. Ein guter Mensch mit einem großen Herzen, der freundlich und liebevoll ist.
4. Ein Mensch, der sich um seinen Beruf und seine Finanzen kümmert.
5. Ein Mensch, der sich der Beziehung verpflichtet fühlt und bereit ist, daran zu arbeiten.
6. Ein Mensch, der mich in meinen Zielen und Träumen unterstützt und mir hilfreich zur Seite steht, wenn ich harte Zeiten durchlebe oder einen schlechten Tag habe. Ein Mensch, der seinerseits Hilfe von mir annimmt und nicht davonläuft oder sich versteckt, wenn er Beistand braucht.
7. Ein leidenschaftlicher Mensch, der Freude am Leben hat.
8. Ein Mensch, der sich von meiner Selbstsicherheit nicht täuschen lässt und meine Verletzbarkeit erkennen und akzeptieren kann.
9. Ein Mensch mit einem ausgeprägten Sinn für Rechtschaffenheit.
10. Ein Mensch, der eines Tages Vater werden möchte.

*Wunschliste*

1. Ein Mensch, der gern reist.
2. Ein Mensch, der gern liest und Filme sieht.
3. Ein Mensch, der mich zum Lachen bringt.
4. Ein Mensch, der gern Gäste hat.
5. Ein Mensch, der gut mit meinen Freunden auskommt.
6. Ein guter Liebhaber, der natürlich, liebevoll, rücksichtsvoll und offen ist.
7. Groß – zumindest größer als ich.


*Knockout-Kriterien*

1. Ein Mensch, der nicht offen und kommunikativ sein will und sich zurückzieht, wenn Probleme auftauchen.
2. Ein Mensch, der weit entfernt lebt – mit dem ich nur eine Wochenendbeziehung unterhalten könnte.
3. Ein Mensch, der bekanntermaßen untreu ist.
4. Ein Mensch, der meine Familie nicht mag oder den meine Familie nicht mag.
5. Ein Mensch, der seine Freundschaften geringschätzt und nicht pflegt.
6. Ein Mensch, der mich körperlich nicht anzieht.

Jennifer ist immer noch auf der Suche nach dem richtigen Mann und zieht des Öfteren ihre Liste zu Rate, wenn sie wieder einmal versucht ist, aus lauter Verzweiflung, aus Einsamkeit oder aufgrund starker körperlicher Anziehungskraft eine neue Beziehung einzugehen. Ihre Liste gibt ihr die Möglichkeit, innezuhalten, neue Bewerber richtig einzuordnen und gegebenenfalls abzulehnen, wenn sie nicht zu ihr passen, um über den nötigen Freiraum zu verfügen, falls der Richtige auftaucht.

Sobald Sie Ihre eigene Liste erstellt und im Geiste das Bild Ihres Idealpartners entworfen haben, können Sie zum zweiten Schritt übergehen: Die Vision von Ihrer Wunschbeziehung erschaffen.

### *Schritt Zwei: Ihre Vision erschaffen*

Genauso wie Sie die Silhouette Ihres Idealpartners gezeichnet haben, müssen Sie nun auch Ihre Vorstellungen von einer idealen Beziehung konkretisieren, damit Sie wissen, wonach Sie suchen. Die von Ihnen erschaffene Vision wird Ihnen fortan als Vergleichsgröße dienen. Sobald es zu einer engeren Verbindung kommt, werden Sie feststellen können, ob es sich um »Denjenigen welchen« handelt.

Um Ihre Vision zu entwerfen, müssen Sie erst einmal die grundsätzliche Richtung festlegen. Mel zum Beispiel strebt eine traditionelle Verbindung mit Heirat, Kindern und einem Haus in der Vorstadt an. Er würde nicht zu Kathleen passen, die jemanden sucht, mit dem sie sich ein schönes Leben machen kann und der nicht unbedingt Wert darauf legt, die Partnerschaft mit einem Trauschein zu besiegeln. Sherry bezeichnet das, was ihr vorschwebt, als das »Modell bester Freund«, worunter sie sich einen Mann vorstellt, der ihr bester Gefährte und engster Vertrauter ist und mit dem sie viel zusammen unternehmen kann. Joel hingegen wünscht sich eine Frau, die Verständnis für seinen anstrengenden Beruf aufbringt und ihm den Rücken frei hält. Marci sucht jemanden zum Ausgehen, während Robert eine Frau vorschwebt, die ihm bei der Pflege seiner zahlreichen Geschäftsbeziehungen hilft. Keines dieser Beziehungsmodelle ist besser oder schlechter; jedes spiegelt einfach nur wider, was die einzelnen Personen für sich als passend empfinden.

### *Faktoren, die zu beachten sind*

Wenn Sie Ihre Vision entwerfen, gilt es zahlreiche Faktoren zu berücksichtigen. Fangen wir mit der Art der Bindung zwischen Ihnen und Ihrem Idealpartner an. Wünschen Sie sich eine enge, vertraute Beziehung wie Sherry oder eine mit mehr Freiraum wie Joel? Wie viel Rechenschaft wollen Sie Ihrem Partner ablegen, und wie viel erwarten Sie von ihm? Wie soll Ihre Beziehung zueinander aussehen?

Als Nächstes sind Fragen des Lebensstils zu beachten. Wo würden Sie beide leben? Welchen Lebensstil würden Sie pflegen? Wie sähe Ihr gesellschaftliches Leben aus? Was würden Sie gemeinsam machen? Würden Sie reisen?

Die Lebensplanung ist natürlich auch wichtig. Wollen Sie Kinder haben? Wie viele? Wann? Wollen Sie sich in einem bestimmten Alter aus dem Berufsleben zurückziehen, und was wollen Sie dann machen? Erwarten Sie von Ihrem Partner, dass er dabei mitmacht?

All diese Dinge sind wichtig, wenn zwei Menschen zueinander passen sollen. Legen Sie diese Kriterienliste in die Schublade neben die für Ihren Idealpartner, damit Sie alles wiederfinden, wenn Ihnen jemand begegnet und Sie anfangen zu überlegen, ob er oder sie der Richtige für Sie sein könnte. Kommt es dann tatsächlich zu einer Beziehung mit einem potenziellen Partner, dienen Ihnen die festgelegten Punkte als Ideale, die kundgetan und diskutiert werden können.

### *Schritt Drei: Eventuelle Hindernisse erkennen*

Sie wissen, wer Sie sind. Sie wissen, was Sie von einem Partner erwarten. Sie haben die Vision von Ihrer Idealbeziehung entworfen. Jetzt kommt der schwierige Teil: Das Erkennen und Ausmerzen möglicher Hindernisse.

Wenn Sie jetzt spontan sagen: »Das Einzige, was mich behindert, ist die Tatsache, dass ich nicht den richtigen Partner finde«, so möchte ich Sie an den Abschnitt der Regel eins erinnern, in dem wir darüber gesprochen haben, wie sich unsere inneren Überzeugungen auf unser Verhalten, unsere Erwartungen und letztendlich auf die Resultate auswirken. Das, was

Ihnen im Wege steht, ist Ihr Glaube, Sie könnten nicht finden oder bekommen, was Sie suchen.

### *Unbewusste Überzeugungen*

Unbewusste Überzeugungen sind sehr mächtig. Eine beliebte Psychologenweisheit lautet: »Ob du denkst, du schaffst es, oder ob du denkst, du schaffst es nicht, du hast immer Recht«, womit wir wieder bei der *self-fulfilling prophecy* – der Prophezeiung, die sich selbst erfüllt – angekommen wären. Gemeint ist, dass wir Situationen mit bestimmten Vermutungen, Überzeugungen und Vorstellungen angehen, wodurch das, was wir für wahr halten, Tendenzen hat, sich zu bewahrheiten.

Nehmen wir als Beispiel meine Freunde Matthew und Andrea, die verheiratet sind und ganz in der Nähe von Denver wohnen. Als ich kürzlich in Denver zu tun hatte, wohnte ich eine Zeit lang bei ihnen. Ich fuhr des Öfteren mit einem der beiden in die Stadt, während der andere zu Hause blieb.

Wenn ich mit Matthew fuhr, fanden wir immer einen Parkplatz. Jedes Mal wenn wir ankamen, fuhr gerade jemand aus einer Parklücke; es schien alles ganz einfach zu sein. Matthew sagte jedes Mal: »Es ist ganz einfach, in der City einen Parkplatz zu finden«, und er hatte Recht.

Andrea hingegen wurde schon nervös, sobald wir die Stadtgrenze erreichten. »In der Stadt findet man nie einen Parkplatz«, beschwerte sie sich immer. »Es gibt einfach zu viele Leute und zu viele Autos. Es ist unmöglich.« Und wissen Sie was? Sie hatte Recht. Mit Andrea kurvte ich oft eine Dreiviertelstunde herum, ohne einen Parkplatz zu finden.

Ich fand es eigenartig und faszinierend, dass unter den gleichen Voraussetzungen und in derselben Stadt beide Recht hatten, obwohl sie diametral entgegengesetzte Standpunkte vertraten. Es versteht sich von selbst, dass ich immer versuchte, meinen Zeitplan so zu gestalten, dass ich mit Matthew statt mit Andrea in die Stadt fahren konnte. Wer will schon eine Dreiviertelstunde damit verbringen, nach nicht vorhandenen Parkplätzen Ausschau zu halten?

Genau so verhält es sich auch, wenn Sie sich auf die Suche nach Liebe machen und glauben, für Sie gäbe es so etwas nicht oder bei Ihnen würde das alles nicht funktionieren. Eben das werden Sie dann bestätigt finden. Nehmen Sie sich die Zeit, Ihre Überzeugungen zu erforschen und zu prüfen, ob sie mit Ihrem gewünschten Ergebnis übereinstimmen. Sie können viel Zeit verlieren, wenn Sie sich einer Aufgabe widmen, an deren Bewältigung Sie von vornherein gar nicht glauben.

### Innere Widerstände

Wenn so viele Menschen sich eine Liebesbeziehung wünschen, woher kommt dann die Diskrepanz zwischen dem, was sie nach eigener Aussage wollen, und dem, was sich tatsächlich in ihrem Leben abspielt? Viele Leute haben versteckte Blockaden, die ihnen den Weg zur Liebe versperren. Ich nenne es das »Außen ja, innen nein-Syndrom«. Wenn zwischen dem, was Sie nach eigenen Worten wollen und dem, was Sie haben, eine Lücke klafft, dann antwortet irgendetwas in Ihnen ganz automatisch und unbewusst mit »Nein«, wenn es um die Frage geht, ob Sie bereit sind, eine Partnerschaft einzugehen.

Diese versteckten Hindernisse lauern im Unterbewusstsein und verhindern, dass sich die Liebe, die wir uns nach eigener Aussage wünschen, manifestieren kann. Wenn Sie das Gefühl haben, dass Ihnen beim Anknüpfen und Aufrechterhalten von authentischen Liebesbeziehungen immer wieder Knüppel zwischen die Beine geworfen werden, dann sollten Sie sich die Zeit nehmen, einmal die verborgensten Winkel Ihres Herzens, Ihres Hirns und Ihrer Seele auszuleuchten, um den Vermutungen, Befürchtungen, Sorgen oder Zweifeln auf die Spur zu kommen, die der Liebe den freien Zugang zu Ihnen verwehren könnten. Diese Hindernisse bestimmen weder Ihr Schicksal noch entscheiden sie über Ihren Erfolg oder Misserfolg im Spiel der Liebe. Sie stellen einfach nur Hürden dar, die Sie nehmen müssen, wenn Ihr Wunsch nach einer authentischen Beziehung Wirklichkeit werden soll.

### Die Angst vor dem Verletztwerden

Trix' unbewusste Blockade bestand in der Angst vor dem Verletztwerden. Sie hatte lange Jahre in einer demütigenden Ehe zugebracht und schließlich den Mut und die Kraft gefunden, ihren Mann zu verlassen. Nach einem Jahr der Heilung, das sie sich eingeräumt hatte, nahm sie wieder Kontakt zum anderen Geschlecht auf, doch sie fühlte sich immer wieder zu Männern hingezogen, die aus verschiedenen Gründen nicht verfügbar waren – der eine wollte keine Nähe, der andere hatte Bindungsängste, der nächste war homosexuell. Sie war drauf und dran, den Mut zu verlieren.

Als Trix langsam erkannte, dass sich das gleiche Schema immer wiederholte, führten wir ein Gespräch miteinander. Ich fragte sie, ob es vielleicht irgendetwas gäbe, was ihr im Wege stehen könnte. Darauf wusste sie anfänglich keine Antwort. Für sie stand fest, dass sie sich eine gesunde Beziehung wünschte und nur der richtige Mann bisher noch nicht aufgetaucht war.

Ich bohrte noch ein wenig weiter: »Haben Sie vielleicht irgendwelche Gedanken, Vorstellungen oder Ängste, die Sie unbewusst bremsen?«

Als sie mir direkt in die Augen sah, liefen plötzlich Tränen über ihre Wangen. »Ja«, flüsterte sie. »Ich habe solche Angst davor, wieder verletzt zu werden. Ich will diesen Horror nie wieder erleben.«

»Vielleicht«, bemerkte ich, »sagt ein Teil von Ihnen ›Ja‹, während ein anderer Teil von Ihnen gleichzeitig ›Nein‹ sagt. Vielleicht senden Sie die Botschaft aus ›Komm näher, aber nicht zu nah; geh weg, aber nicht zu weit weg‹. Die Männer, die Ihre Botschaft empfangen, sind höchstwahrscheinlich verwirrt von diesen widersprüchlichen Signalen.«

Trix schaffte es, die Angst, die ihr im Wege stand, zu überwinden; sie war nun in der Lage, sich der Überzeugung zu nähern, dass Liebe nicht unweigerlich zu Schmerz führen musste. Nachdem sie ihre Ängste erkannt und artikuliert hatte, verflüchtigten sie sich, wie Ängste es häufig tun, wenn wir sie erst einmal ans Licht geholt haben. Schon bald tauchte ein geeigneter Kandidat auf, der sie seiner unsterblichen Liebe zu ihr versicherte. Sie war überrascht und hocherfreut.

Viele Menschen werden durch die Angst vor Verletzungen daran gehindert, die ersehnte Liebesbeziehung zu finden. Sie sagen vielleicht, dass sie Liebe wollen, doch was sie wirklich wollen, ist garantierte Liebe. Fragen Sie sich selbst: Suche ich nach einer Beziehung oder nach einer Rundumversicherung für meine Gefühle?

### Die Angst vor dem Verlust der Liebe

George hatte Angst davor, die einmal gefundene Liebe nicht halten zu können. Als wir uns trafen, hatte er bereits eine Reihe von Misserfolgen hinter sich. Partnerschaften waren nicht seine starke Seite. Er war Pilot und kannte sich mit Flugzeugen bestens aus, aber bei Frauen war das etwas anderes. Janice, eine Flugbegleiterin, schlug ihm vor, Kontakt zu mir aufzunehmen.

»Ich habe einfach das Gefühl, dass ich nichts zu bieten habe«, sagte er. »Ich bin immer unterwegs, und wenn ich zu Hause bin, schlafe ich, bilde Piloten aus oder gehe fischen.« Ich fragte ihn, was er wolle, und er sagte, dass er liebend gern eine Gefährtin, eine Kameradin, eine beste Freundin und Geliebte hätte, ihm dieses Glück aber bisher verwehrt geblieben sei. Ich fragte ihn, ob er vor irgendetwas Angst habe. Er antwortete: »Bei der hohen Scheidungsrate heutzutage sind die Aussichten auf Erfolg ja eher gering. Ich kenne Leute, die viel besser kommunizieren können als ich und deren Ehen trotzdem geschieden wurden. Da habe ich doch erst recht keine Chance.«

Ich fragte George, ob er mit einer potenziellen Partnerin offen über seine Ängste sprechen könne. Das hielt er für möglich. »Wenn Sie mit der von Ihnen geliebten Person ehrlich über Ihre Ängste und Sorgen reden können und sie um Unterstützung bitten«, sagte ich ihm, »dann haben Sie, glaube ich, gute Aussichten auf Erfolg. Nun gehen Sie und schauen Sie, ob ich Recht habe.« George brauchte über ein Jahr, um seine Auserwählte zu finden, aber er fand sie. Er schickte mir eine Postkarte aus der Türkei und schrieb: »Wir sind zusammen. Sie reist für ihr Leben gern, und wenn ich rede, hört sie mir zu. Es klappt! Tausend Dank. George.«

Mittlerweile ist es zwei Jahre her, dass ich diese Postkarte erhielt, und George ist immer noch glücklich mit der Dame seines Herzens. Entgegen seinen ursprünglichen Befürchtungen war George sehr wohl in der Lage, eine Beziehung und die einmal gefundene Liebe aufrechtzuerhalten.

Ist es in erster Linie die Angst vor dem Verlust der Liebe, die Sie daran hindert, sie zu finden? Wenn ja, dann sammeln Sie all Ihren

Mut, fassen Sie sich ein Herz und geben dem Glück eine Chance. Jede neue Liebe bringt Risiken mit sich, doch die Früchte können Sie nur ernten, wenn Sie Ihre Ängste überwinden und der anderen Person – und sich selbst – eine Chance geben.

### Unerfüllbare Erwartungen

Unrealistisch hohe Erwartungen an einen Partner zu haben, ist ein weiteres Abschreckungsmanöver, das letztendlich auf Ängsten beruht. Wenn Sie unerreichbare Anforderungen stellen, gehen Sie kein Risiko ein, jemals von irgendjemandem verletzt zu werden, weil Sie erst gar niemanden finden. Diesem Phänomen begegnete ich in einem Gespräch mit Roger.

Als Roger seine Idealfrau beschrieb, fiel mir auf, dass es sich dabei um eine Bündelung verschiedener Fantasiegestalten in einer einzigen Person handelte. Sie sollte die Figur von Barbie haben, die Power von Xena und den Liebreiz von Dorothy aus *Der Zauberer von Oos*. Sittsam und charmant wie Prinzessin Diana sollte sie sein, dabei aber so sexy wie ein Playboy-Bunny und so intelligent wie Barbara Walters. Liebenswürdig, angenehm und umgänglich sollte sie sein, aber auch eine interessante Gesprächspartnerin.

Ich fragte ihn rundheraus, ob er sich eigentlich für James Bond halte. Er lachte und sagte: »Nein.« Doch als ich ihn fragte, ob er nach der perfekten Frau suche, antwortete er: »Ja. Hört sich unmöglich an, oder?«

Ich erklärte Roger, dass es einen Unterschied zwischen einer Idealpartnerin und einer übermenschlichen Traumgestalt gibt. Dadurch dass er seine Erwartungen so unermesslich hoch schraubte, hinderte er sich selbst daran, jemals eine reale Beziehung einzugehen, da kein Mensch seine Kriterien erfüllen konnte.

Sind Ihre Kriterien realistisch? Wenn die Beschreibung Ihres Idealpartners eher an Superman oder Wonder Woman erinnert als an ein menschliches Wesen, sollten Sie sich vielleicht mal überlegen, ob Sie unerfüllbare Anforderungen stellen, um sich selbst zu beweisen, dass es auf dieser Welt niemanden für Sie gibt.

### Das Ziehen zu enger Grenzen

Joy befand sich insofern in einer ähnlichen Situation wie Roger, als auch sie sich selbst daran hinderte, eine gute Beziehung zu finden, allerdings lag es bei ihr daran, dass sie viel zu enge Grenzen zog. Für sie kamen nur dunkelhaarige, sportliche Rechtsanwälte und Ärzte zwischen 35 und 40 in Frage, die in der Upper East Side von Manhattan wohnten. Da war die Auswahl natürlich nicht sehr groß, und nachdem sie schließlich alle Männer dieser Kategorie kennen gelernt und für untauglich befunden hatte, erklärte sie ihre Situation für hoffnungslos. Ich wies Joy darauf hin, dass ihr Anforderungsprofil ein wenig eng gefasst sei, und schlug ihr vor, noch einmal in sich zu gehen und sich zu fragen, ob sie eigentlich wirklich einen Partner wolle.

Joy nahm meinen Rat an und fand schließlich heraus, dass sie im Grunde genommen Angst davor hatte, jemanden zu finden, weil sie glaubte, dann ihre Unabhängigkeit aufgeben zu müssen. Es gefiel ihr, nur sich selbst Rechenschaft schuldig zu sein, und ihr wurde klar, dass sie noch weit entfernt davon war, die Frage nach einer ernsthaften Beziehung zu einem anderen Menschen mit einem überzeugten »Ja« zu beantworten.

Haben Sie Ihre Grenzen zu eng gesteckt? Wenn Sie meinen, Sie hätten schon alle Menschen kennen gelernt, die Ihre Kriterien erfüllen, dann sollten Sie vielleicht einmal Überlegungen in dieser Richtung anstellen. Fragen Sie sich, warum Sie sich selbst nicht erlauben, sich über die engen Grenzen Ihrer Definition von einem Wunschpartner hinauszuwagen; vielleicht werden Sie zu Ihrer eigenen Überraschung feststellen, dass es ein Mangel an Bereitschaft ist, der Sie daran hindert, die alten strengen Kriterien aufzuweichen.

Es ist so einfach, äußere Umstände oder das Schicksal dafür verantwortlich zu machen, dass Ihre Wunschbeziehung nicht zustande kommt. Doch fast immer liegt die Ursache für unerfüllte Liebesträume in uns selbst. Sie brauchen lediglich in sich hineinzuschauen und sich zu fragen: »Bin ich eigentlich wirklich bereit, eine Partnerschaft einzugehen?«

## *Schritt Vier: Die Absicht realisieren*

Was bis hierher Traum, Wunsch oder Zielsetzung war, soll nun in ein greifbares Resultat umgewandelt werden. Sie richten Ihre Intention auf ein ganz spezielles und genau definiertes End-ergebnis und machen sich dann an die Realisierung Ihrer Absicht.

Im rein energetischen Sinne bedeutet diese Umsetzung, dass Sie das, was Sie begehren, magnetisch anziehen. Dadurch dass Sie dem Universum Ihre Absicht kundtun, setzen Sie die Räder der Energie in Bewegung und bekommen vielleicht genau das, was Sie sich gewünscht haben.

Ihren Idealpartner reale Gestalt annehmen zu lassen, hat ein klein wenig mit Zauberei zu tun, aber so viel Hokuspokus, wie Sie vielleicht meinen, ist gar nicht dabei. Manchmal lässt sich das gewünschte Ergebnis allein schon dadurch herbeiführen, dass Sie Ihre Intention offenbaren, doch meistens ist eine Kombina-tion aus Intention und tatsächlichen, zielgerichteten Anstren-gungen vonnöten. Manchmal kann es sogar sein, dass auch diese Kombination aus Intention und Anstrengung noch nicht aus-reicht; dann müssen Sie schwerere Geschütze auffahren und »alle Register ziehen«.

Stellen Sie sich vor, Sie suchen einen neuen Job. Beim Tennis-spielen erzählen Sie Ihrem Freund davon, und der sagt Ihnen, dass er jemanden kennt, der genau so jemanden wie Sie sucht. Voilà! Allein das Kundtun Ihrer Absicht hat schon genügt, um einen Job zu finden.

Nehmen wir jetzt einmal an, das Finden eines Jobs sei ein wenig schwieriger. Auch in diesem Fall würden Sie Ihre Absicht deklarieren, jetzt aber kombiniert mit Bemühungen. Sie könnten zum Beispiel möglichst vielen Freunden und Bekannten davon erzählen, dass Sie einen Job suchen, die Stellenanzeigen in der Zeitung durchschauen und ein paar Bewerbungen abschicken. Wenn Sie auf diese Weise zu einem Job kommen, dann haben Sie Ihr Ziel durch Intention plus Anstrengung erreicht.

Nehmen wir nun einmal an, es sei schon einige Zeit vergangen und Sie haben immer noch keinen Job. Sie würden Ihre Absicht weiterhin kundtun und sich bemühen, nur müssten Sie jetzt auch dazu übergehen, »alle Register zu ziehen«. Sie könnten zum Beispiel ein Praktikum machen, um Erfahrung in dem von Ihnen gewünschten Berufsfeld zu gewinnen, an einem Bewerbungstraining teilnehmen oder Kontakt zu Headhuntern aufnehmen. Mit anderen Worten, Sie würden alle Hebel in Bewegung setzen, um Ihr Ziel zu erreichen. Wenn Sie mittels solcher Maßnahmen zu einem Job kommen (was normalerweise der Fall ist, wenn Sie nicht irgendwelche versteckten, inneren Hindernisse blockieren), dann ist es Ihnen durch eine Kombination von Intention, Anstrengung und allem, was sonst noch notwendig war, gelungen.

Wenn Sie sich auf die Suche nach dem richtigen Partner begeben, verläuft der Prozess ganz genau so. Jodi ist das beste Beispiel dafür, dass allein das Kundtun der Absicht manchmal genügen kann, um die geliebte Person zu finden. Sie erzählte ihrer Freundin Evelyn, dass sie auf der Suche nach dem Mann fürs Leben sei, und Evelyn erwiderte, sie kenne da einen ganz wunderbaren Menschen, mit dem sie einmal ein Rendezvous arrangieren werde. In dem Moment, als Jodi die Tür öffnete und Scott erblickte, fühlte sie sich sofort mit ihm verbunden. Sie haben letztes Jahr geheiratet.

Bei Rosemary hingegen war ein wenig mehr Anstrengung nötig. Sie erstellte eine Kriterienliste und ließ ihre Freunde bei Gelegenheit wissen, dass sie auf der Suche nach einem neuen Partner sei. Als kein Kandidat auftauchte, fing sie an, zu Partys und anderen geselligen Zusammenkünften zu gehen, um dort vielleicht jemanden zu treffen. Sie lernte mehrere mögliche Kandidaten kennen, aber der richtige war nicht darunter. Nach fast einem Jahr war sie schon ziemlich frustriert, doch sie ließ in ihren Bemühungen nicht nach und zwang sich, weiterhin an Partys, Wohltätigkeitsveranstaltungen und am Kulturprogramm ihres Lieblingsmuseums teilzunehmen. Schließlich traf sie dann auf einer exklusiven Wohltätigkeitsveranstaltung Jeffrey und war angenehm überrascht, wie viele ihrer Kriterien er erfüllte.

Bei Julie sollte es sich als notwendig erweisen, sämtliche Register zu ziehen. Ihre bisherigen Absichtsbekundungen und Bemühungen hatten nur zu enttäuschenden Bekanntschaften und misslungenen Ansätzen geführt, weshalb sie beschloss, ihre Anstrengungen zu verstärken. Sie wandte sich an eine renommierte Vermittlungsagentur, um ihre Chancen, den Idealpartner zu finden, zu erhöhen. Nach einigen Monaten und mehreren Rendezvous nahm sie an einer Single-Reise teil und begegnete Brian, der alle Grundvoraussetzungen und sogar noch einen großen Teil der Wünsche auf ihrer Liste erfüllte. Sie fingen eine Beziehung an und sind mittlerweile seit mehreren Jahren zusammen.

## *Wenn die Realisierung nicht funktioniert*

Es gibt Versuche und Irrtümer. Die Erfüllung Ihres Wunsches klappt nicht unbedingt gleich beim ersten Mal. Wenn Ihre wiederholten Ansätze jedoch dauerhaft ohne Erfolg bleiben, ist es vielleicht sinnvoll, noch einmal einen Schritt zurückzugehen und erneut zu überprüfen, ob Ihnen nicht irgendwelche verborgenen Hindernisse im Wege stehen. Ich glaube fest daran und weiß auch aus Erfahrung, dass nichts unmöglich ist, wenn man sich ein realistisches Ziel setzt. Wenn Sie Ihre ganze Entschlusskraft einsetzen und sich ernsthaft bemühen und trotzdem nicht finden, was Sie wollen, dann kommt der Widerstand wahrscheinlich aus Ihnen selbst und nicht aus dem Universum. Gehen Sie einen Schritt zurück; schauen Sie in sich hinein, prüfen Sie sich noch einmal, legen Sie Ihre Wertmaßstäbe fest und korrigieren gegebenenfalls Ihre Liste. Am Ende *werden* Sie die Liebe finden, die Sie suchen.

Die Realisierung Ihres Ziels erfordert Intention, Zeit, Geduld und manchmal echte Anstrengung. Sie müssen nur Vertrauen haben und fest daran glauben, dass die Liebe, die Sie sich wünschen und die Sie verdienen, den Weg zu Ihnen finden wird.

Wenn Sie sich bewusst dafür entschieden haben, eine Partner-schaft anzustreben und die Schritte zum Aufbau der Verbindung befolgen, sind die Gesetze der Energie auf Ihrer Seite. Die Ergeb-nisse Ihrer inneren Prüfungen und Ihre Bemühungen werden Ihnen potenzielle Partner liefern, und einer von ihnen wird die/der Gesuchte sein. Und schon hat der Entstehungsprozess Ihrer authentischen Liebesbeziehung begonnen.

# DIE LIEBE FÄLLT NICHT VOM HIMMEL

♥

*Der Übergang vom »Ich« zum »Wir« erfordert eine Veränderung der Perspektive und die Verlagerung von Energien. Eine authentische Partnerschaft ist das Resultat eines Entwicklungsprozesses.*

Wahre Liebe entsteht durch einen Prozess, der mit der Schaffung einer »Wir«-Realität beginnt. Wenn zwei Partner ihre jeweiligen »Ichs« zu einem größeren »Wir« verschmelzen, betrachten sie ihr Leben und ihre Lebensumstände fortan aus einem anderen Blickwinkel. Und sie kleben nicht einfach nur die Ecken ihrer beider Leben zusammen, sondern verweben ihre persönlichen Lebensfäden so miteinander, dass ein ganz neuer Stoff entsteht.

Authentische Liebe braucht ein Fundament aus starken, engen Banden, die erst im Laufe der Zeit und durch gemeinsame Erfahrungen entstehen. Stellen Sie sich vor, Sie wollten ein Haus bauen, ohne sich zu vergewissern, dass auch jedes Brett und jeder Stein richtig plaziert und abgestützt und jeder Nagel ordentlich eingeschlagen ist. Sie könnten Ihr Haus vielleicht in Rekordzeit erstellen, aber zu welchem Preis? Wie ruhig würden Sie in der Nacht schlafen, wenn ein Sturm um Ihr hastig zusammengefügtes Gebäude heulen würde?

Genau so ist es mit Beziehungen. Betrachten Sie Ihre Beziehung als ein Haus, das Sie erbauen möchten, und den Entstehungsprozess der Liebe als die dazu gehörige Bautätigkeit. Wenn Sie versuchen, die einzelnen Stadien zur Erschaffung einer echten Liebesbeziehung im Eiltempo zu durchlaufen, haben Sie am Ende wahrscheinlich etwas, das zwar aussieht wie eine Beziehung, aber nicht haltbar genug ist, um auch die stürmischen Zeiten des Lebens zu überstehen.

## DEN PROZESS SCHRITT FÜR SCHRITT DURCHLAUFEN

Ein Paar zu bilden ist nicht weiter schwierig; jeder Mensch kann sich mit einem anderen Menschen zusammentun und sich mit ihm zu einem Paar erklären. Die Herausforderung besteht jedoch darin, eine *authentische* Verbindung zustande zu bringen, was sich wiederum nur erreichen lässt, wenn der Entstehungsprozess und die natürliche Entwicklung einer solchen Liebesbeziehung respektiert werden.

Wenn wir einem potenziellen Partner zum ersten Mal begegnen, sind wir häufig versucht, ordentlich Tempo zu machen, um die verschiedenen Entwicklungsstadien möglichst schnell hinter uns zu bringen und zum »angenehmen Teil« übergehen zu können. Doch die Energie der Liebe folgt ihren eigenen Gesetzen, und eines davon lautet, dass sich die Liebe nicht hetzen lässt.

### *Eine Lektion in Geduld: Donna und David*

Donna und David begegneten sich auf einer Party. Sie fühlten sich sofort zueinander hingezogen, und nachdem sie den Großteil des Abends damit zugebracht hatten, sich separat in einer stillen Ecke miteinander zu unterhalten, fragte David Donna, ob sie sich nicht am darauf folgenden Abend wiedersehen wollten. Sie ging überglücklich auf den Vorschlag ein, denn David war einer der attraktivsten und aufregendsten Männer, die Donna je begegnet waren.

Als Donna die Party verließ, wurde sie von der Gastgeberin, die mit David befreundet war, gewarnt. Sie erzählte Donna, dass David in dem Ruf stehe, erst große Sprüche zu machen und dann zu verschwinden. Donna dankte ihrer Freundin für den wohlgemeinten Hinweis, hatte die Worte aber bereits verdrängt, als sie die Tür hinter sich zumachte, und überlegte stattdessen, was sie am nächsten Abend anziehen würde. Sie konnte es kaum erwarten.

Am Ende ihres ersten Rendezvous beteuerte David seiner Donna, sie sei die Frau, auf die er sein ganzes Leben gewartet habe. Donna war hingerissen und hörte nicht auf die leise Stimme in ihrem Kopf, die den Warnhinweis der Freundin wiederholte und ihr vorschlug, sich Zeit zu nehmen und David ein bisschen besser kennen zu lernen, bevor sie sich in eine Beziehung mit ihm stürzte. Sie wusste, dass es eigentlich besser wäre, die Dinge langsam angehen zu lassen, aber sie konnte dem Wirbelwind der Gefühle einfach nicht widerstehen. Sie hatte so lange auf jemanden wie David gewartet, dass sie jetzt nicht alles verpfuschen wollte, indem sie auf die Bremse trat.

Donna und David gingen beinahe sofort eine feste Beziehung miteinander ein. Für Donna war David perfekt. Er erfüllte all ihre oberflächlichen Anforderungen an einen perfekten Partner: er sah gut aus, war erfolgreich in einem angesehenen Beruf, hatte denselben religiösen Hintergrund wie sie und war ein einfühlsamer Liebhaber. Sie versuchte sich nicht allzu viel um die weiteren Details zu sorgen, in der Annahme, sie würden sich mit der Zeit schon besser kennen lernen.

Doch sie lernten sich niemals besser kennen. Als eine gewisse Zeit vergangen war, musste Donna feststellen, dass David nicht gewillt war, mehr von sich mit ihr zu teilen als das, was sie in den ersten paar Wochen zu sehen bekommen hatte. Sie wurde immer frustrierter, weil David ihren Fragen nach seiner Lebensauffassung, seinen Hoffnungen, Träumen, Werten, Zielen und seiner Vergangenheit kontinuierlich auswich. Jedes Mal wenn Donna versuchte, die Beziehung ein wenig zu vertiefen, zog er sich zurück.

Er rückte immer weiter von ihr ab, bis er schließlich seinem Ruf gerecht wurde und Donna fallen ließ, indem er ihr eine Good-Bye-E-mail schickte und aus ihrem Leben verschwand. Sie war am Boden zerstört.

Donna brauchte Monate, um über die Geschichte mit David hinwegzukommen. Als der Schmerz nachließ, war Donna endlich in der Lage, sich einzugestehen, dass sie David eigentlich nie richtig kennen gelernt hatte. Sie hatte vollkommen überstürzt gehandelt, weil sie unbedingt eine Beziehung haben wollte.

Wie so viele Menschen war sie von der *Idee* der Liebe so besessen gewesen, dass sie sich nicht die Zeit genommen hatte, sich zu vergewissern, ob David auch wirklich der richtige Partner für sie war. Demzufolge waren zwischen ihnen nur Bande entstanden, die auf Einbildung und Hoffnung beruhten. Im Nachhinein erkannte sie, dass ihr Liebeskummer eigentlich vorprogrammiert gewesen war, weil sie ihre Zweifel gegenüber David absichtlich beiseite geschoben hatte und blindlings in die Beziehung mit ihm hineingetorkelt war.

Als ich Donna einige Jahre später noch einmal auf diese Erfahrung ansprach, lachte sie bittersüß und äußerte die Vermutung, dass wohl fast jeder diesen Fehler mindestens einmal im Leben macht. Ich stimmte ihr zu. Als menschliche Wesen empfinden wir das Bedürfnis nach Liebe so tief, dass wir Leidenschaft und Hoffnung manchmal den Sieg über Instinkt und Vernunft davontragen lassen. Obwohl wir rational wissen, wie wichtig es ist, jemanden wirklich kennen zu lernen, bevor wir unsere Herzen öffnen und Entscheidungen im Hinblick auf unsere Zukunft treffen, stürmen viele von uns völlig kopflos voran, weil wir die Erfüllung unserer Träume nicht abwarten können.

Diese Falle können wir nur dadurch umgehen, dass wir lernen, uns in Geduld zu üben. Wenn Ihr Bedürfnis nach einer Liebesbeziehung stärker wird als Ihr Bedürfnis nach einer Liebesbeziehung mit dem richtigen Partner, greifen Sie wahrscheinlich nach jedem verfügbaren Kandidaten, der Ihnen über den Weg läuft, was für gewöhnlich mit Enttäuschungen endet. Der Versuch, die Liebe zu beschleunigen, ist genauso zwecklos wie der Versuch, die Zeit zu beschleunigen; beide müssen sich so entwickeln, wie es vorgesehen ist. Diese Lektion ist nicht einfach zu lernen, doch Sie müssen sie lernen, wenn Sie eine wirklich authentische Beziehung anstreben.

Der Schlüssel zur Erlangung wahrer Liebe liegt in dem schrittweisen Durchlaufen des dazugehörigen Prozesses. Millionen von Paaren beweisen, dass es funktioniert. Es passiert vielleicht nicht über Nacht, aber wenn Sie geduldig und beharrlich sind, wird Sie die Liebe mit ihren erstaunlichen und wunderbaren Geschenken für Ihre Geduld belohnen.


## DIE ENTWICKLUNGSPHASEN DER LIEBE

Die einzelnen Entwicklungsstadien der Liebe sind eigentlich ganz einfach. Es sind fünf an der Zahl, angefangen mit dem Moment der ersten Begegnung bis hin zu dem Moment der beiderseitigen, bewussten Entscheidung zur Schaffung einer neuen Einheit – der »Wir«-Realität. Es beginnt mit der Initialzündung, gefolgt vom gegenseitigen Erforschen, der Auswertung der daraus gewonnenen Ergebnisse, dem Aufbau von Vertrauen und schließlich der endgültigen Entscheidung für die Beziehung.

### *Phase Eins: Die Initialzündung*

Eine Beziehung kommt zustande, wenn die Energie zwischen zwei Personen ungehindert fließt. Liebesbeziehungen beginnen für gewöhnlich mit einem Funken – jener unsichtbaren, chemischen Anziehungskraft, die dafür sorgt, dass sich zwei Menschen wie Magnete zueinander hingezogen fühlen. Manchmal ist es wie ein Déjà-vu-Erlebnis; die andere Person kommt Ihnen merkwürdig vertraut vor, so als würden Sie sie bereits kennen. Ebenso gut kann es sein, dass Sie plötzlich großen Elan oder tiefes Wohlbehagen verspüren. Dieser Zündfunke, mag er auch noch so klein erscheinen, ist Ihre Laterne auf dem Weg in die höheren Sphären der Liebe.

Viele Menschen denken sofort an körperliche Anziehungskraft, wenn sie definieren sollen, wie eine Beziehung zustande kommt. Und die Chemie spielt ja auch tatsächlich oft eine sehr gewichtige Rolle. Wenn wir jemandem begegnen, der uns sexuell anzieht, schlägt unser Herz schneller, unser Körper gerät in Wallung, unsere Fantasie bekommt Flügel und manchmal haben wir plötzlich das Gefühl, als würde irgendeine kosmische

Kraft uns zu diesem faszinierenden Wesen da vor uns hinführen.

Die Verbindung kann auf mehreren verschiedenen Ebenen, häufig sogar gleichzeitig, zustande kommen: mental, wenn es geistig zwischen zwei Menschen »Klick« macht; emotional, wenn zwei Persönlichkeiten Sympathie füreinander empfinden; oder spirituell, wenn zwei Seelen die gleiche Wellenlänge haben.

Jedes Paar hat seine eigene Geschichte, wie alles begann. Barry meint, er habe schon gewusst, dass er Camille heiraten würde, als er sie zum ersten Mal sah – damals öffnete sie die Tür und begrüßte ihn zu ihrem »Blind-date«. Rachel und Tom (beide *Star Trek*-Fans) berichten von ihrer »geistigen Verschmelzung«, als sie sich eines Abends in der Wohnung eines Freundes trafen. Eric und Stephanie haben einen ganzen Abend lang zusammen gelacht, als sie sich auf einer Halloween-Party begegneten. Den Moment des Zustandekommens einer Beziehung kann ich ganz allgemein nur so definieren, dass Sie wissen, wann es passiert.

Doch Vorsicht: Ein starker Zündfunke ist nicht das gleiche wie Liebe und bedeutet auch nicht automatisch, dass Sie füreinander bestimmt sind. Die Initialzündung ist wichtig für jedes Paar, das eine Beziehung zueinander aufbauen will, aber eben nur der erste Schritt auf diesem Weg. Im Laufe Ihres Lebens können Sie mit vielen Menschen eine Verbindung anknüpfen, doch erst wenn Sie auch die restlichen Schritte durchlaufen haben, können Sie beurteilen, ob die betreffende Person tatsächlich die Liebe Ihres Lebens ist.

### *Phase Zwei: Das gegenseitige Erforschen*

Die zweite, so genannte »Kennenlernphase« ist geprägt von endlosen Telefongesprächen bis tief in die Nacht hinein, langen Spaziergängen im Park mit dem Austausch von Kindheitserinnerungen und romantischen Abendessen, bei denen geheime Wünsche und Träume offenbart werden. Jeder gibt dem anderen Einblick in seine persönliche Geschichte und nimmt gleichzeitig Anteil an der seines Partners. Mit jeder neuen Information werden weitere Schichten abgeblättert, und beide kommen dem eigentlichen Kern des anderen immer näher.

Diese Erkundungsphase ist wichtig, denn jetzt bekommen Sie die Informationen, die Sie brauchen, um zu entscheiden, ob Ihr neuer Partner letztendlich zu Ihnen passt. Wird diese Kennenlernphase zu sehr gestrafft oder gar ganz ausgelassen wie bei Donna und David, dann kann es passieren, dass Sie am Ende mit jemandem dastehen, den Sie entweder gar nicht kennen oder der nicht der Richtige für Sie ist.

### *Über den Rand der rosaroten Brille schauen*

Diese Phase wird oft vom ersten Ansturm romantischer Gefühle verklärt. Wenn Sie gerade dabei sind, lauter wundervolle neue Dinge über Ihren Partner zu erfahren und mit Begeisterung Ihre eigenen geheimsten Gedanken kundtun, mag es lästig erscheinen, auch noch daran zu denken, dass man die Augen offen und die Antenne auf Empfang geschaltet lassen sollte. Auch wenn es verlockend erscheint, die rosarote Brille keinen Zentimeter zu verrücken, um das Glück nicht wie eine Seifenblase zerplatzen zu lassen, sollten Sie doch so oft wie möglich über die Brillenränder schauen, damit wenigstens ein Auge noch die Realität erkennt.

### Die reinen Tatsachen

Nutzen Sie diese Phase, um Ihren potenziellen Partner innerlich wie äußerlich zu erforschen. Stellen Sie Fragen und hören Sie auch wirklich auf die Antworten. Nur allzu leicht hören Sie nämlich, was Sie hören wollen, und überhören, was der oder die andere tatsächlich über sich erzählt. Lauschen Sie aufmerksam darauf, was Ihr Partner Ihnen schon gleich zu Anfang ganz offen über sich erzählt. Wie Oprah Winfrey es 1996 in ihrer Rede vor der Abschlussklasse des Wellesley College ausdrückte: »Wenn Menschen Ihnen offenbaren, wer sie sind, glauben Sie ihnen beim *ersten* Mal.«

Fragen Sie die grundlegenden Dinge. Wo wohnen Sie? Womit bestreiten Sie Ihren Lebensunterhalt? Was machen Sie in Ihrer Freizeit? Haben Sie Haustiere? Das gibt Ihnen einen kleinen ersten Einblick in die Lebensweise und Gewohnheiten des anderen.

Fragen Sie nach seinen Vorlieben. Mag er Musik, und welche Art von Musik? Was isst er am liebsten? Was für Filme sieht er gern? Macht es ihm Spaß zu reisen?

Fragen Sie nach seiner Vergangenheit. Wo ist er aufgewachsen? Wo ist er zur Schule gegangen? Wie war seine Kindheit? Was war ausschlaggebend für seine Berufswahl? Hat er Geschwister? All das wird Ihnen helfen, ein vollständiges Bild davon zu bekommen, wer Ihr Partner ist und wie er zu dem wurde, was er heute ist.

Achten Sie darauf, wie er kommuniziert und wie er andere Menschen behandelt, Kellner, Taxifahrer und die Platzanweiserin im Kino eingeschlossen. Beobachten Sie ihn mit seinen Freunden. All diese Interaktionen geben Ihnen Einblick in die Verhaltensmuster und die wahre Natur Ihres Partners.

Beobachten Sie, wie er sich Ihnen gegenüber verhält. Ist er großzügig? Lässt er Sie von seinem Essen probieren? Unterbricht er Sie? Fällt es ihm leicht, »Danke« zu sagen? Ruft er an, wenn er es versprochen hat? Kleine Details, die Sie jetzt feststellen, zeigen Ihnen, wie er sich verhalten wird, wenn es in Zukunft um größere Dinge geht.

Fragen Sie nach seinen Hoffnungen und Träumen. Was wünscht er sich? Was sind seine Ziele? Was ist ihm wichtig? Das erlaubt Ihnen, die Oberfläche zu durchbrechen und langsam herauszufinden, wer er wirklich ist.

Während Sie Ihren potenziellen Partner kennen lernen, macht er natürlich auch nähere Bekanntschaft mit Ihnen. Selbstverständlich werden Sie versuchen, sich selbst im vorteilhaftesten Licht darzustellen und sich möglichst gut zu benehmen, doch passen Sie auf, dass Sie Ihren Partner nicht dazu verleiten zu glauben, Sie seien jemand anderer als der Mensch, der Sie wirklich sind. Eine Fassade steht dem Aufbau einer authentischen Beziehung von vornherein im Wege. Sie verschwenden beide Ihre Zeit, wenn Sie Ihren Partner auf einen Weg führen, der zwangsläufig mit einer Enttäuschung enden muss.

Grundsätzlich besteht Ihre Hauptaufgabe in der Erkundungsphase darin, Informationen über Ihren potenziellen, neuen Partner zu sammeln, damit Sie später beurteilen können, ob er richtig für Sie ist und umgekehrt. Nutzen Sie diese Gelegenheit, um so viele Daten wie möglich zusammenzutragen; Sie können gar nicht genug Informationen über jemanden haben, mit dem Sie sich auf eine lebenslange Beziehung einlassen wollen.

### *Die schwierigen Fragen stellen*

Es mag widersprüchlich erscheinen, eine Liebesbeziehung aufbauen zu wollen und gleichzeitig den potenziellen Partner auszufragen, welchen Standpunkt er in den wichtigen Fragen des Lebens vertritt. Wer will schon über Religion, die persönliche Lebensanschauung oder unangenehme persönliche Dinge reden, wenn man dem Partner bei einem gemeinsamen Abendessen so schön verliebt in die Augen schauen kann? Einem natürlichen Instinkt folgend werden riskante oder heikle Themen in dieser Phase gemieden, um das wundervolle Luftschloss, in dem beide Partner lustwandeln, nicht zu zerstören. Stattdessen widmet man sich lieber sicheren Themen, die bestimmt nicht zu Meinungsverschiedenheiten führen und einen weiter träumen lassen.

Stellen Sie sich vor, Sie wollten, statt eine Beziehung einzugehen, ein Auto kaufen. Da würden Sie doch auch nicht in den Ausstellungsraum stürzen und den ersten tollen Flitzer kaufen, der Ihnen ins Auge sticht. Höchstwahrscheinlich würden Sie sich die Zeit nehmen, ein paar Fragen über das betreffende Fahrzeug zu stellen: Wie viel Benzin braucht es? Wie zuverlässig ist es? Welche Kosten sind im Preis inbegriffen, welche nicht? Was umfasst die Servicegarantie? Vielleicht würden Sie sich nach dem Listenpreis erkundigen, unter die Motorhaube schauen, den Kilometerzähler ablesen, das Serviceheft überprüfen und was Sie sonst noch für notwendig halten, um sicherzustellen, dass Sie einen guten Kauf machen werden. Wenn wir derart viel Mühe darauf verwenden, ein Auto zu kaufen, warum gehen dann so viele von uns über die wichtigen Fragen hinweg, wenn wir eine neue Beziehung anfangen?

Die heiklen Themen gleich zu Anfang anzusprechen ist die beste Methode, um herauszufinden, worauf Sie sich einlassen. Genau so wie das Durchchecken des Autos vor dem Kauf Sie davor bewahren kann, an der nächsten Kreuzung damit liegen zu bleiben, schützt Sie auch die frühzeitige Diskussion mit Ihrem Partner über die wichtigen Dinge des Lebens vor eventuellem späterem Liebeskummer.

Die heiklen Themen können von der Frage, wie religiös er ist bis hin zu der Frage nach einem AIDS-Test reichen. Ein schwieriger Punkt, der auch immer wieder gern umgangen wird, ist die finanzielle Situation. Dazu möchte ich das Beispiel von Billy und Leah anführen. Als Billy und Leah heirateten, hatten sie nie zuvor ernsthaft über ihre Finanzen gesprochen. Da Billy nicht gefragt hatte, hatte Leah ihm nicht erzählt, dass sie fast $25 000 Schulden hatte, darunter einige Darlehen aus ihrer Schulzeit, die sie bereits seit 15 Jahren abbezahlte. Als Billy von Leahs Schulden erfuhr, die ja nun auch auf seinen Schultern lasteten, war er böse auf sie, weil sie ihm nichts davon gesagt hatte, doch gleichzeitig zürnte er auch sich selbst, weil er das heikle Thema Geld nicht früher angeschnitten hatte.

Ein weiteres heißes Eisen, das viele Menschen nicht gern berühren, ist die Kinderfrage. So wusste zum Beispiel Wendy ganz genau, dass sie mindestens zwei Kinder haben wollte. Als sie Hugh kennen lernte, erschien es ihr aufdringlich, sich gleich zu Anfang danach zu erkundigen, ob er Kinder mochte und auch selbst welche haben wollte. Hugh sollte nicht das Gefühl bekommen, sie wolle ihn zur Heirat drängen. Dabei blieb es. Sie fragte nie und nahm einfach an, er wolle sicherlich eines Tages selbst Kinder haben, weil er immer so begeistert von seiner zweijährigen Nichte erzählte. Als ihre Beziehung bereits sechs Monate dauerte und sie das Thema schließlich ansprachen, war Wendy überrascht, von Hugh zu hören, dass er nicht selbst Vater werden wolle, weil ihm die Verantwortung zu groß sei. Obwohl Wendy tieftraurig war, wusste sie, dass sie diese Beziehung beenden musste, bevor sie noch mehr investierte, weil sie auf die Erfahrung, Kinder zu haben und zu erziehen, keinesfalls verzichten wollte.

Es gibt durchaus Mittel und Wege, schwierige Fragen zu stellen, ohne dabei gleich wie ein Kriminalkommissar aufzutreten. Eine Möglichkeit besteht darin, das Thema allgemein anzusprechen, um eine Ahnung davon zu bekommen, wo der andere steht. Wenn für Sie zum Beispiel die politische Gesinnung eine wichtige Rolle spielt und Sie wissen wollen, welchen Standpunkt Ihr Partner vertritt, könnten Sie die bevorstehenden Wahlen oder eine Geschichte über einen bestimmten Politiker, die Sie in der Zeitung gelesen haben, zur Sprache bringen. Vielleicht kommt es dadurch zu einem Gespräch, das Ihnen die gewünschten Informationen liefert.

Wenn es Ihnen lieber ist, können Sie die Frage aber auch direkt angehen, natürlich sanft und ohne Druck. Erleichtern lässt sich das Ganze dadurch, dass Sie das Thema sozusagen »ganz nebenbei« anschneiden, um Ihrem Partner nicht die Pistole auf die Brust zu setzen. Wendy hätte zum Beispiel sagen können: »Du scheinst deine Nichte ja sehr zu mögen; möchtest du selbst später auch mal Kinder haben?« Wenn Sie sich für diese Vorgehensweise entscheiden, müssen Sie ganz besonders auf Ihren Ton achten, denn der signalisiert Ihrem Partner, dass Sie zwar eine wichtige Frage stellen, ihn aber nicht ins Kreuzverhör nehmen wollen.

Billy hätte sich zum Beispiel vor der Heirat mit Leah zusammensetzen und sagen können: »Ich denke, wir sollten uns auch einmal über unsere Finanzen unterhalten. Die Frage ist vielleicht ein bisschen unangenehm, aber ich halte ein klares Wort zur rechten Zeit für besser, als wenn wir beide uns in Mutmaßungen darüber ergehen, was der andere hat oder nicht hat.« Auf diese Weise hätte er schon zu Beginn seiner Ehe mit Leah von deren Schulden gewusst und sich das Gefühl der Enttäuschung erspart.

Natürlich kann es bei diesen heiklen Fragen manchmal zu Antworten kommen, die Sie nicht hören wollen. Niemand möchte gern erfahren, dass der wunderbare neue Liebespartner Anschauungen, Ziele und Wertvorstellungen hat, die den eigenen diametral entgegengesetzt sind, oder dass der andere irgendwelche Leichen im Keller hat. Doch so kommen Sie zumindest in den Besitz aller notwendigen Informationen und können ganz bewusst entscheiden, ob diese Person die richtige für Sie ist. Ein Schleier von unausgesprochenen Vermutungen mag Sie vor dem beschützen, was Sie nicht wissen wollen, aber er hindert Sie auch daran, die ganze Wahrheit über Ihren potenziellen neuen Partner herauszufinden.

### *Phase Drei: Die Auswertung der Ergebnisse*

Nehmen wir an, Sie und Ihr Partner haben die Kennenlernphase erfolgreich absolviert und wollen nun weiter voranschreiten. Dann beginnt für Sie jetzt die »Gehen oder Bleiben-Phase«, wie ich es nenne, denn nun geht es an die Auswertung der Untersuchungsergebnisse. Sie haben jetzt alle Informationen gesammelt, die Sie brauchen, und breiten sie vor sich aus, um festzustellen, ob Ihr Partner wirklich zu Ihnen passt oder nicht. Sie wiegen die Pros und Contras der Beziehung gegeneinander auf und entscheiden, ob sich weitere Investitionen Ihrerseits lohnen.

All das mag sehr analytisch oder auch harsch klingen, doch wenn Sie eine tragfähige Verbindung aufbauen wollen, müssen Sie inmitten all der zauberhaften und wundervollen Gefühle auch Ihren Verstand eingeschaltet lassen. Es ist leicht, einen Partner zu beurteilen, wenn man von ihm hingerissen ist – alles, was er tut, ist großartig. Doch Sie müssen auch einen Blick in die Zukunft werfen und sich ausmalen, wie Ihre Beziehung wohl aussieht, wenn der Glanz des Neuen verblasst ist und Sie einen gemeinsamen Alltag bestreiten müssen.

Mit am wichtigsten bei der Wahl eines Liebespartners ist das Zugrundelegen der richtigen Kriterien. Im Laufe der Zeit habe ich viele Menschen erlebt, die ihren Partner aufgrund wechselhafter oder veränderlicher Merkmale ausgewählt hatten – Aussehen, Geld, Job, sexuelle Leistungsfähigkeit –, nur um dann festzustellen, dass die Beziehung in dem Moment zusammenbricht, wo eines dieser Kriterien nicht mehr vorhanden ist. Wenn eine Beziehung aufgrund gemeinsamer Aktivitäten zustande kommt und diese dann aufgegeben werden, was bleibt den beiden da noch? Ein Paar, das zusammenkommt, weil beide gern Ski fahren, muss auch noch eine Beziehungsgrundlage haben, wenn der Schnee im Frühjahr schmilzt. Wenn die Verbindung sich auf körperliche Attraktivität gründet und ein Unfall oder das Alter ihren Tribut fordern, wie machen die beiden dann weiter? Was passiert mit einem Paar, dessen Bindung auf finanzieller Unabhängigkeit beruht, wenn der Markt zusammenbricht? Einen Partner aufgrund veränderlicher Kriterien zum »Volltreffer« zu erklären, kann gefährlich sein.

### Die Kriterien überprüfen

Wenn Sie Kriterienlisten erstellt haben, ist es nun an der Zeit, diese aus der Schublade zu holen und erneut durchzugehen, um festzustellen, inwiefern Ihr potenzieller Partner Ihren Wünschen und Erwartungen entspricht. Im Idealfall bietet die Person im Wesentlichen genau das, was Sie wollen, besitzt einen Großteil der Eigenschaften, die Sie auf Ihrer Liste der Grundvoraussetzungen und Wünsche vermerkt haben, und erfüllt keines der »Knockout-Kriterien«. Haben Sie keine solchen Listen, so müssen Sie Ihren Partner und Ihre Beziehung jetzt einmal ganz objektiv betrachten und festlegen, was Ihnen gefällt und was nicht, womit Sie leben können und womit nicht. In jedem Fall beinhaltet dieser Prozess eine Beobachtungs- und eine Auswertungsphase und schließlich die Entscheidung, ob Sie die Beziehung fortsetzen oder abbrechen wollen.

Besitzt Ihr Partner eine Eigenschaft, die auf Ihrer »Knockout-Liste« steht, oder besitzt er eine Eigenschaft nicht, die auf Ihrer Liste der Grundvoraussetzungen vermerkt ist, so haben Sie zwei

Möglichkeiten: Entweder brechen Sie die Beziehung ab oder Sie überlegen noch einmal, wie wichtig das Kriterium für Sie ist.

Sagen wir zum Beispiel, auf Ihrer ursprünglichen Liste der Grundvoraussetzungen steht, dass Ihr Partner ein Reisefanatiker sein soll, und nun haben Sie jemanden getroffen, der zwar gern reist, aber ebenso gern auch zu Hause bleibt. Jetzt müssen Sie die Beziehung entweder beenden oder noch einmal darüber nachdenken, wie wichtig es für Sie ist, dass Sie beide die gleiche Leidenschaft fürs Reisen empfinden. Vielleicht wissen Sie tief in Ihrem Herzen, dass Sie den Traum, Ihren idealen Reisepartner zu finden, nicht aufgeben können; dann müssen Sie sich beiden die Freiheit zurückgeben, doch noch den richtigen Partner zu finden. Wenn Sie jedoch feststellen, dass Sie ebenso glücklich mit jemandem sind, der *recht gern* reist, dann können Sie das Kriterium fallen lassen und mit Ihrer neuen Beziehung fortfahren.

Doch Vorsicht: Es ist sehr verführerisch, Kriterien beiseite zu schieben, wenn die Alternative lautet, die neue Beziehung beenden zu müssen. Oft sind wir so »verliebt in die Liebe« oder glauben, dass wir die Beziehung so sehr brauchen, dass wir bereit sind, unsere Instinkte, die uns genau sagen, was für uns noch erträglich ist und was nicht, zu ignorieren. Wir reden uns ein, unser innerer Radar sei falsch und die andere Person würde sich schon mit der Zeit ändern. Doch je treuer sie sich selbst und Ihren Bedürfnissen bleiben, desto glücklicher werden Sie auf lange Sicht sein. Eine kleine Selbstverleugnung heute kann Ihnen morgen eine Menge Kummer bereiten.

*Selbstverleugnung*

Annabel, 53 Jahre alt, war Professorin für Literatur an einer großen Universität. Ihre Lieblingsbeschäftigungen waren Lesen und intellektuelle Diskussionen, weshalb auf ihrer Kriterienliste festgeschrieben war, dass ein Mensch, der nicht über ein gewisses geistiges Niveau verfügte, für sie nicht in Frage käme. Doch dann traf sie Carl, einen jüngeren Mann, der nur einen mittleren Schulabschluss besaß, zu dem sie sich aber, außer auf intellektueller Ebene, in jeder Hinsicht hingezogen fühlte. Sie stand vor einem Dilemma.

Einerseits wollte Annabel die Beziehung zu Carl. Er brachte sie zum Lachen und bereicherte ihr Leben um eine gewisse Leichtigkeit, die ihr sehr gut tat. Außerdem fühlte sie sich insgeheim schon alt und befürchtete, nicht mehr allzu viel Zeit für die Partnersuche zu haben. Andererseits war sie jedes Mal frustriert, wenn sie versuchte, mit Carl über einen Artikel, den sie gelesen hatte oder über einen Vortrag, den sie besucht hatte, zu diskutieren, denn ihr Partner war entweder nicht willens oder nicht in der Lage, ihr in einer Weise zu antworten, die Anlass zu einer tief schürfenden Diskussion gegeben hätte. Carl war zwar keineswegs unintelligent, aber er fühlte sich eben nicht in dem Maße zu einem intellektuellen Leben hingezogen wie Annabel.

Annabel überprüfte ihre Liste der Grundvoraussetzungen noch einmal und redete sich wider besseres Wissen ein, dass sie ihren Anspruch, von einem Partner geistige Anregung zu bekommen, aufgeben könne. Sie unterdrückte ihre Gefühle und beschloss, über die Dinge, die Carl nicht einbringen wollte oder konnte, hinwegzusehen.

Wie nicht anders zu erwarten ging Annabels Plan nicht auf. Sie musste feststellen, dass man ein Kriterium von der Liste der Grundvoraussetzungen nicht so einfach streichen kann. Im Laufe der Zeit verlor Carl für Annabel an Attraktivität, weil der notwendige mentale Funken fehlte, der das Feuer am Leben erhalten hätte. Obwohl es ihr großen Kummer bereitete, musste sie sich schließlich eingestehen, dass sie und Carl nicht zusammenpassten.

## Den Instinkten vertrauen

Ein wenig schwieriger gestaltet sich die Auswertungsphase, wenn die fragliche Person sich in einer gewissen Grauzone bewegt und zwar einige, aber nicht alle Eigenschaften auf Ihrer Wunschliste besitzt. Nehmen wir zum Beispiel Brooke, eine freiberuflich tätige Naturfotografin mit Abenteuergeist, deren Idealpartner laut Wunschliste Freude am Reisen und Interesse an außergewöhnlichen Erfahrungen in exotischen Ländern mitbringen sollte. Phil, der Mann, den sie liebte, erfüllte fast all ihre anderen Kriterien außer diesem einen. Er war Sportfan und saß gern zu Hause vor dem Fernseher. Außerdem aß er lieber Hamburger und Pommes frites als exotische Gerichte und wollte eigentlich nicht so gern auf seine gewohnte Umgebung und seine

Bequemlichkeit verzichten. Brooke liebte Phil, weil er sehr nett war, ihr das Gefühl vermittelte, etwas ganz Besonderes zu sein, und ihre Einstellung zum Thema Familie teilte, aber sie war sich nicht sicher, ob sie ihr Leben mit jemandem verbringen wollte, der nicht mit ihr die Welt bereisen mochte. Sie wusste nicht mehr weiter und kam zu mir, um sich Klarheit zu verschaffen.

Ich erklärte Brooke, dass jeder Mensch seine eigene Messlatte entwickeln müsse, um letztendlich herauszufinden, was für ihn noch tolerierbar ist und was nicht, dabei aber keinesfalls seine Instinkte vernachlässigen dürfe. Wie bei allen schwierigen Entscheidungen im Leben kann man jede Menge Informationen zusammentragen, Personen seines Vertrauens zu Rate ziehen und sämtliche »Ist er der Richtige für mich«-Fragebögen in irgendwelchen Zeitschriften ausfüllen, doch der ausschlaggebende Faktor ist am Ende einzig und allein der innere Radar. Sie müssen auf das hören, was Ihr Herz und Ihr Verstand Ihnen sagen, und sich für die Botschaft entscheiden, die am deutlichsten wahrzunehmen ist.

Man kann diese Botschaften auf verschiedene Art und Weise ans Tageslicht bringen. Sie können eine objektive Liste der Vor- und Nachteile Ihrer Beziehung erstellen. Dadurch bekommt das riesige, unlösbare Wirrwarr in Ihrem Kopf eine leichter zu handhabende Form und Größe.

Sie können versuchen sich vorzustellen, wie Ihr Leben in einem, fünf, zehn oder fünfzig Jahren aussieht, wenn Sie diese Beziehung fortsetzen. Was sehen Sie da? Gefällt Ihnen das, was

Sie sehen? Welche Gefühle löst diese Vorstellung in Ihnen aus? Die Antworten werden Ihnen bewusst machen, was Ihre Instinkte Ihnen raten.

Sie können sich selbst die heiklen Fragen stellen. Ist das der Mensch, mit dem Sie alt werden möchten? Erfüllt er oder sie Ihre Wünsche und Bedürfnisse in einem Maße, dass sich das Risiko für Sie lohnt? Wollen Sie diese Beziehung wirklich, oder meinen Sie nur, Sie sollten sie wollen? Verkaufen Sie Ihre Träume, oder treffen Sie eine reife Entscheidung, die Sie auf den richtigen Weg führt? Versuchen Sie um der Sicherheit willen Ihre innere Wahrheit zu ersticken?

Die Auswertungsphase ist ein Prozess ohne richtige Antworten. Das Ziel ist, möglichst viel Gewissheit in Ihrem Kopf, Ihrem Herzen und Ihrem Bauch zu schaffen, damit Sie mit Ihrer Entscheidung in Frieden und Zuversicht leben können. Haben Sie Ihre Wahl in dieser Weise getroffen, so können Sie mutig in die Zukunft blicken, weil Sie wissen, dass Sie die Optionen gegeneinander aufgewogen haben und sich aus Ihrem inneren Zentrum heraus, das allein weiß, was für Sie richtig ist, entschieden haben.

### *Phase Vier: Vertrauen schaffen*

Hat die Beurteilungsphase Sie und Ihren Partner zu dem Schluss geführt, dass Sie diese Beziehung fortsetzen wollen, dann sind Sie beide nun bereit für den nächsten Schritt zum Aufbau einer authentischen Liebesbeziehung: die Schaffung von Nähe und

Vertrauen. Auf dieser Stufe bekommt Ihre Bindung mehr Tiefgang, und Ihr gemeinsames »Wir« beginnt Formen anzunehmen.

Intimität entsteht durch die Vertiefung Ihrer anfänglichen Verbindung. Bei der Schaffung von Vertrauen geht es im Wesentlichen darum, wie nah der eine den anderen an sich herankommen lässt, in welchem Maße jeder der beiden emotional und im zwischenmenschlichen Bereich für den Partner verfügbar ist. Intimität gibt Ihnen die Möglichkeit, verletzbar zu sein, und schafft gleichzeitig für den geliebten Partner das sichere Umfeld, das er oder sie braucht, um sein/ihr wahres Inneres zu offenbaren. Dies ist eine der reizvollsten Facetten einer Beziehung: in der Lage zu sein, die Sätze des anderen zu vollenden, zu wissen, was der andere denkt, zu verstehen, was den Partner umtreibt, dieselbe Wellenlänge zu haben.

Wenn Sie und Ihr Partner ein echtes Vertrauensverhältnis zueinander aufgebaut haben, sind Sie in der Lage, auch einfach nur so zusammen zu sein, ohne gleich jeden Moment mit irgendeiner Aktivität ausfüllen zu müssen. Sie können schweigend beieinander sitzen und dém Unausgesprochenen lauschen; Sie können die Stille, die Ruhe oder auch die Spannung zwischen sich fühlen und gemeinsame Momente erleben, in denen sich Ihrer beider Wesenskerne auf einer tieferen Ebene miteinander verbinden. Intimität ist der verborgene Schatz in der heiligen Kammer, die durch die Verbindung zweier Seelen entsteht.

Bevor wir diesen Raum betreten, lebt jeder von uns in seiner eigenen abgetrennten Welt. Unsere Welten werden definiert von unserer individuellen Wahrnehmung, bestehend aus unseren Gedanken, Gefühlen, Beobachtungen, Fantasien und Bildern. Um zwei separate Realitäten miteinander in Verbindung zu bringen, müssen Sie wissen, was in Ihrem Partner vorgeht und umgekehrt. Sie müssen Ihre geheimen Gedanken, Gefühle, Freuden, Ängste, Sorgen, Träume, Kümmernisse, Schmerzen und Vergnügen miteinander teilen, um vertraute Bande zu knüpfen.

Stellen Sie sich diese Bande als Angelschnüre vor, die von einer Person zur anderen gespannt werden. Je mehr Schnüre Sie spannen, desto stärker ist die Verbindung. Wenn Ihr Partner Ihnen anvertraut, dass er davon träumt, Pilot zu werden, ist eine Schnur gespannt. Wenn er Sie als Ersten anruft, um Ihnen von seiner großen Beförderung zu erzählen, ist eine weitere Schnur gespannt. Wenn er Ihnen mitteilt, wie böse er auf seinen Bruder ist, weil dieser ihm nicht hilft, für die alten Eltern zu sorgen, ist wieder eine Schnur gespannt worden. Und so weiter.

Aus vielen Schnüren entsteht ein Seil, und bald gibt es viele Seile, die irgendwann so tragfähig sind, dass Sie die erste Brücke zwischen Ihren beiden separaten Realitäten bauen können. Nach einiger Zeit gibt es dann Hunderte oder sogar Tausende solcher Halteseile zwischen Ihnen, die in ihrer Gesamtheit eine enorm starke Verbindung darstellen. Je mehr Brücken Sie bauen, desto tiefer wird die Beziehung und das Vertrauen zwischen Ihnen beiden, und desto näher kommen Sie jenem göttlichen Band, das wir Intimität nennen.

*Werkzeuge zum Aufbau eines Vertrauensverhältnisses*

Für den Aufbau eines Vertrauensverhältnisses kann man eine ganze Menge tun. Natürlich spielen die Initialzündung, die Gefühle und die Hormone eine nicht zu verachtende Rolle beim Aufbau von Nähe, aber Ihrem Partner und Ihnen stehen auch zahlreiche andere Werkzeuge und Methoden zur Verfügung, um die Bande zwischen sich zu festigen.

Eine altbewährte Methode besteht darin, einfach die Tür zu öffnen und Ihrem Partner zu erlauben, Sie in jeder Beziehung so zu sehen, wie Sie wirklich sind. Wenn Sie auch unliebsame Wahrheiten offenbaren – Dinge, auf die Sie nicht unbedingt stolz sind –, geben Sie Ihrem Partner Gelegenheit, Sie von Ihrer menschlichsten Seite her zu betrachten. Indem Sie von Ihren Ängsten, Sorgen, Neidgefühlen oder unangenehmen Dingen aus Ihrer Vergangenheit berichten, zeigen Sie Ihrem Partner Ihre verletzlichste Seite und fordern ihn auf, Sie voll und ganz so zu akzeptieren, wie Sie sind.

Gemeinsame Hoffnungen, Wünsche und Träume sind ebenfalls ein starkes Bindeglied zwischen Partnern. So wie wir uns zu Kinderzeiten im Dunkeln Geheimnisse zugeflüstert haben, so können auch Liebespartner sich gegenseitig ihre geheimsten Wünsche offenbaren und dadurch ihr Vertrauensverhältnis stärken. Indem Sie Ihren Partner an Ihren ganz persönlichen Gedanken teilhaben lassen, ebnen Sie ihm den Weg in Ihr Inneres und geben ihm das Gefühl, ein willkommener Vertrauter zu sein.

Zurückhaltung schafft Mauern, Offenbarung baut Brücken. Sie haben die Wahl – Mauern oder Brücken.

Seine Zeit damit zu verbringen, einfach nur zusammenzusein, kann auch viel Nähe erzeugen. Wenn Sie ganz ruhig neben Ihrem Partner liegen und seinem Herzschlag oder seiner Atmung lauschen, entsteht zwischen Ihnen beiden ein ganz urtümliches Band der Energie und Menschlichkeit. Jeder beginnt sich auf den Rhythmus des anderen einzustellen, wodurch die Entstehung eines neuen »Wir«-Rhythmus begünstigt wird.

### *Phase Fünf: Die endgültige Entscheidung*

Durch die endgültige Entscheidung für Ihren Partner wird aus dem »Ich glaube, dass ich diese Beziehung will« ein »Ich *weiß*, dass ich diese Beziehung will«. Jetzt geht Ihre anfängliche Unsicherheit in Sicherheit über, Ihr Zögern in Handeln, Ihr »Vielleicht« in »Ja«. Nach gründlichem Abwägen aller Fakten hat sich bei Ihnen die Überzeugung eingestellt, dass Ihre Wahl die richtige ist.

Diese bewusste Entscheidung für Ihre Beziehung bedeutet natürlich nicht, dass Sie fortan keinerlei Ängste mehr haben oder immer zu 100 Prozent sicher sind, genau das Richtige zu tun. Es bedeutet lediglich, dass ein genügend großer Teil von Ihnen glaubt, Ihre Wahl sei die richtige, während der Rest von Ihnen bereit ist, das Risiko einer Fehlentscheidung auf sich zu nehmen. Sie setzen alles auf eine Karte, und dann kann es losgehen.

Allie und Dirk bastelten schon seit fast einem Jahr an ihrer Beziehung, als Dirk zwecks einer kleineren, aber recht komplizierten Operation ins Krankenhaus musste. Bis dahin hatten sie voller Enthusiasmus Vertrauen zueinander aufgebaut und eine ausgiebige Kennenlern- und Auswertungsphase durchlebt, weshalb Allie ohnehin schon kurz davor war, ihr Zögern aufzugeben. Als sie Dirk dann an Maschinen und Schläuche angeschlossen auf der Wachstation liegen sah, wurde sie von einer Welle der Liebe überflutet und dachte: »Ich möchte immer für ihn da sein.« Sie wusste, dass sie in diesem Moment die endgültige Entscheidung getroffen hatte, und war ergriffen und überwältigt von dem Ausmaß ihrer Gefühle. Sie hatte sich mit dem Herzen für Dirk entschieden.

Natürlich müssen sich beide Partner füreinander entscheiden, wenn die Beziehung Bestand haben soll. Ist sich nur einer der beiden seiner Sache sicher, der andere hingegen nicht, kann die Beziehung diesem Ungleichgewicht nur kurze Zeit standhalten, dann schleichen sich Ungeduld und Gereiztheit ein. Glücklicherweise verspürte Dirk die gleichen Gefühle wie Allie, und sie leben mittlerweile in einer freudvollen und befriedigenden Partnerschaft, die von beiden Seiten mit Überzeugung getragen wird.

### Bindungsangst

Manche Menschen können sich nicht zu einer endgültigen Entscheidung durchringen, weil sie Angst haben, einen Fehler zu machen. Vielleicht haben sie in der Vergangenheit Fehler begangen, die sie sich innerlich nicht verzeihen können. Wenn sie sich im Geiste vorwerfen »Mit ... hätte ich mich nie einlassen dürfen« oder »... das war der größte Fehler meines Lebens«, dann ist es gut möglich, dass sie einer neuen Bindung ziemlich zurückhaltend, widerwillig und widerstrebend gegenüberstehen.

Bevor sie wieder eine neue Bindung eingehen können, müssen sie sich selbst verzeihen und ihre Wunden heilen. Das kann allerdings jeder nur ganz für sich allein tun; diese Art von Heilung kann von keiner anderen Person ausgehen. Hier handelt es sich um eine Ein-Personen-Reise. Das einzige, was Sie als Partner tun können, ist ein sicheres Umfeld schaffen, damit der andere seine Ängste frei äußern kann, und warten, bis die Heilung abgeschlossen ist. Dauert der Prozess länger, als es Ihre Geduld oder Ihr Zeitplan zulassen, müssen Sie sich entscheiden, ob Sie gehen oder bleiben wollen.

Sind Sie derjenige, der zwar willens, aber nicht in der Lage ist, aus dem »Vielleicht« ein »Ja« werden zu lassen, dann sind Sie es, der die Reise zur eigenen Heilung antreten muss. Schauen Sie in sich hinein und finden Sie heraus, was Ihnen im Wege steht. Welche Angst hält Sie zurück? Untersuchen Sie Ihre Angst, dann werden Sie auch wissen, was Sie zu Ihrer Heilung unternehmen können.

Manche Menschen möchten aber auch eine Garantie dafür, dass sie die richtige Wahl treffen und dass der Partner nun wirklich »Derjenige, welcher« ist. Lucy ist 35 Jahre alt und hat schon mehrere länger andauernde Beziehungen immer dann abgebrochen, wenn es um die endgültige Entscheidung ging, weil sie sich nie 100 Prozent sicher war, ob der jeweilige Partner tatsächlich der richtige war. Sie hat Angst davor, nach einer Fehlentscheidung in der Falle zu sitzen.

Die Entscheidung für eine Bindung erfordert jedoch auch ein gewisses Maß an Risikobereitschaft. Es gibt keine Garantien im Leben, und deshalb ist es das Beste, wenn man sein Herz befragt, und wenn das Herz einem dann sagt, dass es diese Person ist, die man will, dann muss man sich seinem Schicksal stellen. Man kann nie 100 Prozent sicher sein, das Richtige zu tun, doch im ungünstigsten Fall wird man zumindest ein paar wertvolle Lektionen für sein Leben gelernt haben. Im günstigsten Fall wird man die höheren Sphären der Liebe kennen lernen und das Glück eines heiligen Bundes erfahren.

## DIE BEZIEHUNG GESTALTEN

Wenn Sie einen wunderbaren Partner gefunden haben und Sie sich beide füreinander entschieden haben, könnte man meinen, die Arbeit sei nun endlich geschafft. Doch in Wirklichkeit hat sie gerade erst begonnen. Sie haben zwar auf gefühlsmäßiger Ebene ein gemeinsames »Wir« geschaffen, doch nun muss dieses »Wir« mit Leben gefüllt werden. Mit anderen Worten, es ist jetzt an der Zeit, die Beziehung ganz bewusst zu gestalten.

Sie haben Ihre Beziehung auf eine solide emotionale Grundlage gestellt; jetzt geht es darum, den Alltag in den Griff zu
bekommen, der ja den Großteil Ihres zukünftigen Lebens ausmachen wird. Sie müssen sich über viele Dinge verständigen, um
die Stabilität und Langlebigkeit Ihrer Bindung sicherzustellen.
Die Verbindung Ihrer Herzen und Ihrer Seelen ist Ihr Stützpfei-
ler, doch über die Qualität Ihres Zusammenlebens entscheidet
das alltägliche Handeln.

Ein Grund, warum 50 Prozent aller Ehen mit der Scheidung
enden, liegt darin, dass die Partner keine weiteren Vereinbarungen und Übereinkünfte getroffen haben als die Worte, die sie am
Traualtar nachgesprochen haben. Die Menschen begegnen sich,
verlieben sich ineinander, diskutieren über ihre Träume und
Ziele, besprechen ein paar grundlegende Dinge und heiraten.
Später entdecken sie dann, was bislang im Verborgenen ge-
schlummert hat – ihre Vorstellungen davon, warum sie eigentlich zusammen sind und was jeder vom anderen erwartet. Die
meisten Leute nehmen sich nicht die Zeit, Rollen und Verantwortlichkeiten festzulegen oder sich darüber abzustimmen, wie
sie ihre Beziehung führen wollen. Ist dann erst einmal eine
gewisse Zeit vergangen, kommt es eines Tages so weit, dass einer
der Partner oder auch beide aufwachen und feststellen, dass sie
in einer Ehe leben, die durch keinerlei Grundregeln verankert
oder gefestigt ist.

## VEREINBARUNGEN TREFFEN

Wollen Sie Ihre Beziehung zu Ihrer beider Zufriedenheit gestalten, so müssen Sie gleich zu Anfang gewisse Absprachen treffen, wie Sie miteinander umgehen und kommunizieren wollen. Diese Vereinbarungen sind der Kitt, der Sie zusammenhält, wenn Streit und widrige Umstände Sie zu entzweien drohen.

Der Zeitpunkt für derlei Absprachen ergibt sich eigentlich ganz von selbst. Führen Sie die Diskussion zu früh, könnte es einer von Ihnen mit der Angst zu tun bekommen. Führen Sie die Diskussion hingegen zu spät, haben sich vielleicht schon Gewohnheiten und Normen etabliert, die schwer wieder umzustoßen sind. Der optimale Zeitpunkt für derartige Vereinbarungen ist kurz nachdem Sie beide sich endgültig füreinander und für Ihre Beziehung entschieden haben.

In einigen Religionen unterzeichnen Verlobte einen Vertrag, in dem sie gemeinsam festgelegt haben, wie sie einander behandeln und wie sie ihr Ehe führen wollen.

Es ist von großem Wert, wenn zwei Menschen bereits im Frühstadium ihrer Verbindung einen Vertrag schließen, der ihnen als Grundlage für ihre weitere Beziehung dient. Ob dieser Vertrag schriftlich oder mündlich geschlossen wird, ist irrelevant; wichtig ist einzig und allein, dass Sie sich die Zeit nehmen, einen Entwurf für Ihre Beziehung anzufertigen. Ich rate den Paaren immer, ihre Vereinbarungen schriftlich festzuhalten, denn das Aufschreiben macht die Dinge realer und dient außerdem als

Erinnerungshilfe, wenn man mal etwas vergisst. Tun Sie, was Sie beide für richtig halten. Ihr gemeinsam gefasster Plan wird Ihr Führer sein, wenn Sie sich in den Wirren des Lebens verlieren, und wird Sie fest in Ihrer gemeinsamen Beziehung verankern.

Das Wort *Vertrag* mag sich bedrohlich anhören, weil es Bilder von in Stein gemeißelten Geboten heraufbeschwört, doch lassen Sie sich davon nicht beirren. Einen Vertrag zu schließen ist nämlich eigentlich ganz einfach. Fangen Sie damit an, dass Sie sich zusammensetzen und darüber diskutieren, welches gemeinsame Ziel Sie mit Ihrer Beziehung verfolgen. Unterhalten Sie sich zuerst über einige grundlegende Dinge wie den Zweck Ihrer Verbindung, was Sie füreinander sein wollen und was Sie für Ihre Beziehung tun werden.

Das können Sie dann als Auflistung bewusster Versprechen, die Sie einander geben, festhalten, wobei Sie etwa mit den Worten »Wir vereinbaren ...« beginnen. Zum Beispiel: »Wir vereinbaren, einander immer aufmerksam zuzuhören und die Wahrheit des anderen zu respektieren, füreinander da zu sein, wenn wir krank sind, einander immer zu erzählen, was uns stört usw.« Oder Sie nehmen sich einfach ein paar Minuten Zeit, um sich diese Versprechen gegenseitig laut mitzuteilen.

Sie können auch ein paar Grundregeln mit einbeziehen, wie Sie miteinander kommunizieren wollen, besonders wenn es zu Streitigkeiten kommt. Zum Beispiel, dass Sie sich nicht gegenseitig unterbrechen, dass Sie beide nicht weggehen, wenn Sie böse sind, dass Sie keine verletzenden Unterstellungen machen, sich nicht beleidigen, anschreien oder handgreiflich werden. Das wird Ihre Zwistigkeiten in der Zukunft sehr viel weniger unangenehm machen.

Schließlich sollten Sie sich auch darüber unterhalten, wie Sie den Höhen und Tiefen des Lebens begegnen wollen. Was wollen Sie tun, wenn etwas Tragisches oder ein Unglück passiert? Wie wollen Sie mit Not und Mangel umgehen? Wie wollen Sie Erfolge und freudige Ereignisse feiern? Das Leben kann manchmal wie eine Achterbahnfahrt sein, auf der Ihnen diese Vereinbarungen als Sicherheitsgurt dienen.

Wenn Sie nach Abschluss Ihrer Diskussion alles, was Ihnen wichtig erscheint, schriftlich festgehalten haben, sollten Sie beide das Dokument unterzeichnen und an einem sicheren Ort verwahren. Vielleicht wollen Sie es Jahr für Jahr oder bei Bedarf erneut anschauen und gegebenenfalls revidieren, um sich selbst an Ihre Vereinbarungen zu erinnern und die Zielsetzung und den Kern Ihrer Verbindung nicht aus den Augen zu verlieren.

### *Rollen und Verantwortlichkeiten festlegen*

In jeder Beziehung werden Rollen und Verantwortlichkeiten zugeteilt, ob dies nun von vornherein so vereinbart wurde oder nicht. Häufig rutschen beide Partner einfach in die Rolle, die ihnen am besten passt, und es ergibt sich nur wenig oder gar kein Diskussions- oder Klärungsbedarf. Für gewöhnlich hat dann aber eine Person sehr schnell das Gefühl, die Hauptlast zu tragen und alles machen zu müssen, oder so manche Sache bleibt unerledigt, weil jeder dachte, der andere würde sich darum kümmern. Wenn Rollen und Verantwortlichkeiten nicht diskutiert werden, fallen sie dem einen oder anderen einfach so zu, was auf Dauer unweigerlich zu Missverständnissen und Problemen führt.

Die Aufgabenverteilung spielt nicht nur bei der Organisation des Alltags, sondern auch bei der Beziehungspflege eine wichtige Rolle. Dabei handelt es sich um Fragen wie: Wer kümmert sich um die Finanzen? Wer bringt den Abfall weg? Wer macht das Abendessen? Wer repariert kaputte Sachen? Wer sitzt bei langen Autofahrten am Steuer? Wer geht mit dem Hund spazieren? Es können auch andere Bereiche mit einbezogen werden, z. B. wer von Ihnen die Kontakte zu Freunden pflegt oder Partys arrangiert, wer den Urlaub plant, wer normalerweise das Krisenmanagement übernimmt, wer für die Romantik sorgt oder wer von Ihnen seinen Job aufgibt, um Kinder großzuziehen.

Es mag unromantisch erscheinen, Rollen und Verantwortlichkeiten festzulegen, aber es ist mit Sicherheit notwendig für den reibungslosen Ablauf Ihrer Beziehung. Im Herzen Ihrer Beziehung steht Ihre Partnerschaft: die Einheit, die Sie beide durch gemeinsame Anstrengungen erschaffen haben. Diese Partnerschaft bezieht ihr Gleichgewicht aus einer ausgewogenen Verteilung der zu erbringenden Leistungen, die definiert und fair ausgehandelt werden müssen. Ihnen und Ihrem Partner wird nur wenig Zeit oder Energie übrig bleiben, die wunderbaren Freuden der Liebe zu genießen, wenn Sie ständig damit beschäftigt sind, darum zu streiten, wer was macht.

Rollen und Verantwortlichkeiten festzulegen mag geschäftsmäßig anmuten, aber Geschäftsleute treffen derlei Absprachen ja auch nicht ohne Grund. Wenn niemand wüsste, wer wofür verantwortlich ist, würde das Geschäft mit großer Wahrscheinlichkeit fehlschlagen. Auch wenn Ihnen beiden die Verteilung der Aufgaben und Zuständigkeiten in Ihrer Beziehung irgendwie gekünstelt vorkommt, machen Sie es trotzdem, denn es ist notwendig für den reibungslosen Ablauf Ihrer Partnerschaft.

Die Erschaffung von Liebe ist ein Prozess, der all Ihre Geduld, Ihre Talente und Ihre Fähigkeiten erfordert. Wenn Ihnen die notwendige Verlagerung Ihrer Energien und Perspektiven gelingt, öffnen Sie der Liebe Tür und Tor und geben ihr Raum zum Wachsen. Wenn Sie den Prozess Schritt für Schritt durchlaufen und Ihre Liebe sich ganz bewusst und natürlich entwickeln kann, haben Sie beste Aussichten auf eine starke und dauerhafte Beziehungsgrundlage, die den Stürmen des Lebens trotzen kann.

# DIE BEZIEHUNG
# LÄSST SIE WACHSEN

♥

*Ihre Beziehung ist eine Art »Schule des Lebens«,*
*in der Sie viel über sich selbst und*
*Ihre persönlichen Entwicklungsmöglichkeiten erfahren können.*

*E*ine authentische Beziehung kann tiefgreifende Auswirkungen auf Ihr Leben haben. Sie können Einblick in die verborgensten Winkel Ihres Wesens bekommen, herausfinden, was Sie eigentlich wollen und brauchen, neue emotionale und spirituelle Ebenen entdecken und eine Menge wertvolle Lebenserfahrung hinzugewinnen. Der wichtigste Effekt, den eine Liebesbeziehung haben kann, ist, dass Sie die Möglichkeit bekommen, sich als Mensch weiterzuentwickeln und als Persönlichkeit zu wachsen.

Wachstum wird definiert als »Erweiterung, Vergrößerung oder Vermehrung«. Beziehungen bereichern nicht nur unser

Leben, sondern fügen auch unserem *Selbst* neue Qualitäten hinzu. Sie erweitern unseren Horizont und unsere Perspektiven, steigern unser Bewusstsein für unsere Möglichkeiten, fördern unbekannte Talente zu Tage und bieten die Gelegenheit, Herausforderungen zu meistern. Die Energie, die durch eine authentische Verbindung freigesetzt wird, trägt uns durch den Wachstumsprozess, aus dem wir als stärkere, bessere, weisere und »echtere« Menschen hervorgehen.

Ihre Beziehung bietet Ihnen viele verschiedene Wege zur Entfaltung Ihrer Persönlichkeit. Tritt ein Liebespartner in Ihr Leben, so ergeben sich dadurch ganz neue Möglichkeiten für Sie. Er kann Türen öffnen, von deren Existenz Sie bisher noch gar nichts wussten, oder Ihnen Optionen aufzeigen, die Sie nie in Betracht gezogen haben, als Sie noch allein waren. Die Beziehung wird Ihre persönlichen Wunden aufdecken, die geheilt werden müssen, Ihre Grenzen erweitern und Sie lehren, wie man auf einer höheren Ebene miteinander umgeht. Ihr Geliebter wird zum Partner in Ihrem Wachstumsprozess, genau so wie Sie diesen Part bei ihm übernehmen; Sie führen sich gegenseitig in interessante Richtungen und meistern Herausforderungen, die Ihrer beider Leben verändern.

### NEUE PERSPEKTIVEN

Alle Menschen haben bestimmte Merkmale, die sie zu einzigartigen Wesen machen, zum Beispiel ihr Wissen, ihre persönlichen Interessen, Fähigkeiten, Leidenschaften und Lebenserfahrungen. Wenn nun zwei Menschen eine Verbindung miteinander eingehen, bringt jeder der beiden seine individuellen Qualitäten mit. Die Vereinigung in einer Beziehung bietet beiden Partnern die Möglichkeit, dem anderen die eigenen Qualitäten als wertvolles Geschenk anzubieten und ihn daran teilhaben zu lassen.

Als Sarah Benji kennen lernte, war die freie Natur für sie eher unbekanntes Terrain. Sie hatte nie Gelegenheit gehabt, zu wandern, zu angeln oder ähnliche Aktivitäten zu betreiben, weil niemand in ihrem Leben derartige Interessen verfolgte. Sie war eher ein Stadtmensch und der Gang zum Supermarkt im Schneesturm war die einzige Trekkingtour, die sie sich vorstellen konnte. Benji hingegen war bis zu seinem 18. Lebensjahr bei den Pfadfindern gewesen und hatte schon an zahlreichen Wandertouren und Zeltlagern teilgenommen, weil er das Leben in der freien Natur liebte. Er überredete Sarah zu einer dreitägigen Wildwasser-Floßfahrt mit Übernachtung im Zelt und Mahlzeiten vom Campingkocher. Sarah hatte zuerst ein wenig Bedenken, weil ihr derartige Unternehmungen völlig fremd waren, aber sie vertraute Benji und willigte schließlich ein.

Sarah hatte einen Riesenspaß. Benji brachte ihr bei, wie man ein Zelt aufbaut, Feuer macht, die Uhrzeit am Stand der Sonne abliest und anhand der eigenen Spuren zum Lagerplatz zurückfindet, wenn man sich verirrt hat. Sie lernte schnell und mit großer Begeisterung und am Ende der drei Tage war sie bereits »süchtig«. Benji hatte sie mit seiner Liebe zur freien Natur angesteckt – eine Leidenschaft, der sie nun gemeinsam frönen.

Als Sarah mir die Geschichte erzählte, wurde ihr bewusst, dass viele der Partner in ihrem bisherigen Leben zur Erweiterung ihres Horizonts beigetragen hatten. Sie erinnerte sich an Paul, der sie mit der Musik von Bob Dylan vertraut gemacht hatte, und an Michael, der ihr beigebracht hatte, wie man seine Finanzen organisiert, und an Christopher, der sie auf den Bauernhof seiner Familie in Irland mitgenommen und ihr eine bislang völlig unbekannte Welt gezeigt hatte, und an Abe, den Künstler, der sie zum Töpfern animiert hatte, das heute zu ihren Lieblingshobbys zählt.

Ihr Geliebter kann Ihnen vieles beibringen. Es zählt zu den großen Vorteilen einer Beziehung, dass Sie die Interessen und Hobbys Ihres Partners teilen und von seiner Fachkenntnis profitieren können. Dadurch verdoppelt sich der Umfang Ihres Erfahrungspools. Umgekehrt bieten Sie Ihrem Partner natürlich die gleichen Möglichkeiten, so dass sich Ihrer beider Horizont enorm erweitert.

## DIE EIGENEN GRENZEN ERWEITERN

In einer Beziehung zu leben bedeutet natürlich auch, dass Sie an Ihre persönlichen Grenzen stoßen. Sie werden nicht umhinkommen, Ihre Grenzen zu erweitern und über das hinauszugehen, was Sie als normal empfinden. Bevor Sie mit Ihrem Partner eine neue Einheit gebildet haben, hatten Sie sich innerhalb Ihrer physischen, emotionalen, mentalen und spirituellen Schranken bequem eingerichtet. Vielleicht haben Sie sich manchmal über diese Parameter hinausgewagt, wenn es das Leben von Ihnen verlangte, doch wahrscheinlich haben Sie Ihren Wohlfühlbereich ansonsten nicht verlassen, wenn Sie nicht gerade ein gesteigertes Interesse an fortlaufendem, persönlichem Wachstum hatten.

Dadurch dass nun ein Partner hinzukommt, ändert sich all dies grundlegend, denn er tritt mit Wünschen und Bedürfnissen in die Beziehung ein, die es unumgänglich machen, dass Sie Ihren Wohlfühlbereich verlassen. Das kann schon bei ganz alltäglichen Dingen der Fall sein, wie z. B. bei Penny, die eigentlich ein eher häuslicher Mensch war und nun mit Warren zusammenlebte, einem extrovertierten Mann, der sich gern mit vielen Freunden umgab. Penny erzählte eine Geschichte aus den Anfangstagen ihrer Beziehung, als Warren sie fragte, ob sie mit ihm und seinen fünf besten Freunden samt deren Frauen zu einem Baseballspiel gehen wolle. Penny wollte nicht. Sie fürchtete, Warren würde mit seinen Freunden verschwinden und sie wüsste dann nicht, was sie mit den Frauen reden sollte. Glücklicherweise hatte Penny einen sehr klugen Therapeuten, der ihr die Sache mit dem Verlassen des Wohlfühlbereichs erklärte. Sie ging also zu dem Spiel und stellte zu ihrer großen Erleichterung fest, dass sich die anderen Frauen ausgesprochen nett um sie bemühten.

Die Notwendigkeit einer veränderten Grenzziehung kann aber auch sehr viel schwierigere Bereiche betreffen. Harris, Herzchirurg von Beruf und überzeugter Anhänger der Schulmedizin, verliebte sich in Judy, eine Heilerin. Um in ihrer Beziehung Platz für das Lebenswerk seiner Geliebten zu schaffen, musste Harris den Willen aufbringen, über seine Glaubensgrundsätze hinauszugehen und Judys Ansichten über alternative Medizin anzuhören und zu respektieren.

Ein gewisses Maß an Geben und Nehmen ist einfach unerlässlich. Sie müssen sich mit Ihrem Partner darüber abstimmen, wer sich wann auf wen einzustellen hat. Auf den verschlungenen Pfaden Ihrer Beziehung müssen Sie beide lernen, Ihren Wohlfühlbereich im Bedarfsfall zu erweitern, um die Einheit zu erhalten. Das Dehnen und Strecken mag anfänglich ein wenig unbequem sein, doch letztendlich tut es nicht mehr weh als ganz normale Wachstumsschmerzen.

### *Sich gegenseitig Halt geben*

Vor einigen Jahren machte ich mit meinem Mann eine Reise nach Südafrika. Wir wollten eine Diamantenmine besichtigen, doch als wir vor dem offenen Aufzug standen, der uns 700 Meter tief in die Mine hineinbefördern sollte, wurde mir kalt. Ich schaute hinab und wusste, dass ich diese Reise ins Innere der Erde einfach nicht antreten konnte. Es sah Furcht erregend aus, und ich konnte kaum genug Luft bekommen, um zu sagen: »Fahr du allein, Liebling. Ich bleibe hier.«

Ich hatte die Grenze dessen, was für mich noch zumutbar war, erreicht und konnte mich nicht überwinden, in den Aufzug zu steigen. Da tat mein Mann etwas ganz Einfaches. Er nahm meine Hand und sagte: »Ich bin doch bei dir. Es ist alles in Ordnung, ich bleibe an deiner Seite.« Ich schaute ihm in die Augen und ließ mich von seinem Beistand die fehlenden Zentimeter bis in den Aufzug hinein tragen.

Der Beistand Ihres Partners eröffnet Ihnen den Zugang zu neuen Höhen (oder auch Tiefen). Er ist der Pfeiler, der Sie stützt, wenn Sie sich schwach fühlen, und pustet Ihnen Wind unter Ihre Flügel, damit Sie fliegen können. Umgekehrt kann Ihr Beistand das »Ich kann nicht« Ihres Partners in ein »Ich kann« verwandeln und ihn dazu animieren, sich höher hinauszuwagen. Das ist *Füreinander-da-Sein* im eigentlichen Sinne.

Dabei kann Ihre Unterstützung ganz unterschiedlich ausfallen. Sie können Ihrem Partner Halt geben, wenn es ihm an Zuversicht mangelt, indem Sie ihn an all die Dinge erinnern, die er schon geschafft hat. Als Lori einen extrem knappen Termin für ein Design-Projekt bekam, geriet sie in Panik und schwor, sie könne das nie im Leben schaffen. Ihr Partner Stefan setzte sich mit ihr zusammen und listete alle Projekte auf, die sie bislang schon in Rekordzeit bewältigt hatte, um ihr den Glauben an ihre eigenen Fähigkeiten zurückzugeben.

Es kann auch notwendig sein, dass Sie Ihren Partner über einen längeren Zeitraum hinweg ständig wieder ermutigen. Stefan hatte schwere Zeiten durchzustehen, als er auf der Suche nach einem neuen Job war. Als ihn der Mut verlassen wollte, versicherte Lori ihm immer wieder, sie glaube fest daran, dass er in der Lage sei, genau das zu bekommen, was er sich wünsche.

Unterstützung kann sich aber auch in konkreten Handlungen ausdrücken. Nehmen wir an, Ihr Partner träumt davon, einen Roman zu schreiben. Um ihn zu unterstützen, könnten Sie vielleicht Ihr zusätzliches Schlafzimmer als Büro für ihn herrichten und ein paar Bücher über das Schreiben und Veröffentlichen von Büchern besorgen. Solch kleine Aktionen zeigen Ihre stillschweigende Unterstützung für seinen Traum.

Sie sehen, Ihre Beziehung bietet Ihnen beiden, Ihrem Partner und Ihnen, die Gelegenheit zur wechselseitigen Unterstützung. Sie können sich gegenseitig helfen, über Ihre persönlichen Grenzen hinauszuwachsen, um neues, aufregendes Terrain zu betreten. Die Unterstützung durch den Partner kann enorm viel Motivation bringen, die Ihnen beiden wiederum in Ihrem persönlichen Wachstumsprozess behilflich sein kann.

*Nur stützen, nicht bevormunden*

Es besteht jedoch die Gefahr, dass die Unterstützung zu weit geht und dann in Übernahme oder Bevormundung ausartet. Ihr Ziel kann nur sein, Ihrem Partner seine Situation zu erleichtern, jedoch nicht mit ihm zusammen vollkommen darin aufzugehen. Wenn Ihre Unterstützung in Drängelei umschlägt, sind Sie am Ende so weit, dass Sie Ihren Partner bevormunden und ihm die Möglichkeit verbauen, seine Arbeit selbst zu bewältigen. Wenn die Lösung seiner Probleme für Sie wichtiger wird als für ihn, werden Sie ihm die Sache am Ende aus der Hand nehmen, die Arbeit für ihn erledigen und seinen individuellen Wachstumsprozess zum Erliegen bringen.

Dem anderen seine Aufgaben und seinen Wachstumsprozess aus der Hand zu nehmen hilft keinem von Ihnen beiden. Denken Sie immer daran, Beistand bedeutet, dem anderen als Stütze zu dienen, nicht alles für ihn zu übernehmen. Ein gesundes Gleichgewicht in diesem Bereich lässt sich am besten erhalten, wenn Sie bei den persönlichen Problemen des anderen Ihre Beobachterposition nicht verlassen.

Kein Mensch kommt als perfektes Wesen in eine Beziehung. Jedes Individuum befindet sich auf einem Weg der andauernden Verbesserung, und einer der Hauptvorteile eines liebenden Partners besteht in dem Beistand, den er einem bietet, während man auf seinem Weg weiter voranschreitet. Wenn zwei ganze Menschen sich gegenseitig unterstützen, ergibt das eine kraftvolle Kombination, die letztendlich beiden bei ihrem persönlichen Wachstumsprozess behilflich sein kann.

## SCHWÄCHEN ERKENNEN UND BEHEBEN

Wir alle haben unsere Schwachstellen. Selbst die gesündesten und glücklichsten Menschen haben irgendwelche Bereiche, an denen sie noch arbeiten müssen. Die meisten unserer Problemfelder stammen aus der Kindheit und verfolgen uns, bis wir uns mit ihnen auseinander setzen. Die Probleme präsentieren sich in Form von Lektionen, die gelernt werden müssen und solange wiederholt werden, bis man sie gelernt hat.

In einer Beziehung treten Ihre Probleme schneller und intensiver zu Tage als in jedem anderen Lebensbereich. Aufgrund der großen Nähe in authentischen Partnerschaften fungiert die Beziehung als Scheinwerfer, der die verborgenen Ecken und Winkel Ihres Wesens ausleuchtet, die nach Heilung und Wachstum verlangen. Ihr Partner dient Ihnen dabei als Spiegel, der Ihnen die beleuchteten Stellen vor Augen führt. Wenn Sie mit Hilfe Ihres Partners und im Rahmen Ihrer Beziehung Ihre Schwachstellen aufdecken, bekommen Sie dadurch Gelegenheit, sie zu beheben.

Ich finde es immer wieder erstaunlich, dass wir ausgerechnet solche Personen anziehen, die genau das Problem verkörpern, mit dem wir uns auseinander setzen müssen. Clara, die Angst davor hatte, verlassen zu werden, fand immer wieder Partner, die sich plötzlich zurückzogen und verschwanden. John, der Probleme hatte, sich durchzusetzen, landete bei der dominanten Isabelle. Elena heiratete Jose, der ähnliche Eigenschaften wie ihr gewalttätiger Vater besaß. Dazu kommt es, weil all diese Menschen unbewusst nach einer Person suchen, die sie erneut mit ihrem Problem konfrontiert, damit sie eine Chance erhalten, ihre Wunde zu heilen.

Einige grundlegende menschliche Probleme tauchen in Beziehungen öfter auf als andere. In meinen Workshops habe ich Tausende von Menschen erlebt, die sich durch die unterschiedlichsten Lektionen hindurcharbeiteten, aber die meisten Beziehungsschwierigkeiten ergeben sich aus drei Kernbereichen: Angst, Dominanz und Selbstbehauptung.

### *Angst*

Angst ist die Abwesenheit von Vertrauen. Wenn Angst da ist, dann stimmt mit der Vertrauensbasis in Ihrer Beziehung etwas nicht, denn Angst und Vertrauen schließen einander aus. Da Vertrauen jedoch eine absolute Notwendigkeit zwischen Partnern ist, müssen Sie Ihre Beziehungsängste unbedingt ans Licht holen und abbauen, damit Sie ohne Zögern und Vorbehalte Verbindung zu einem anderen Menschen aufnehmen können.

Beziehungsängste tauchen häufig im Zusammenhang mit Nähe auf. In einer Partnerschaft muss man dem anderen nahe genug kommen, um eine echte Verbindung zu haben, dabei aber auch genügend Abstand halten, um die eigene Identität zu wahren. Das richtige Maß an Nähe lässt sich an einem konkreten Beispiel verdeutlichen: Steht jemand zu weit von Ihnen entfernt, werden Sie Schwierigkeiten haben, ihn zu verstehen, und sich vielleicht ein wenig abseits fühlen. Rückt der andere Ihnen hingegen zu nahe, fühlen Sie sich vielleicht unbehaglich und wünschen sich, er würde einen Schritt zurücktreten und Ihnen mehr Raum lassen. Keines der beiden Szenarien ist einer ungestörten Kommunikation förderlich.

Beim Umgang mit der Intimität verhält es sich genau so. Die richtige Balance zwischen Nähe und Abstand zu finden und zu halten, kann recht kompliziert sein und Ängste auslösen, verlassen oder vereinnahmt zu werden. Die Angst vor dem Verlassenwerden und ihr genaues Gegenteil, nämlich die Angst davor, vom Partner völlig vereinnahmt zu werden, sind die Hauptursachen für Vertrauensstörungen in Liebesbeziehungen.

Wenn Sie Angst davor haben, verlassen zu werden, neigen Sie vielleicht zu instabilen Beziehungen, über denen ständig das Damoklesschwert der Trennung schwebt. Sie warten fortwährend darauf, dass es auf Sie niedersaust, und entscheiden sich deshalb für eine von zwei Reaktionsweisen – Klammern, was Ihren Partner für gewöhnlich Reißaus nehmen lässt, oder als Erster gehen, um dem Verlassenwerden, das Sie für unausweichlich halten, zuvorzukommen. In jedem Fall wird Ihre Erwartung, verlassen zu werden, erfüllt.

Die Angst vor dem Verlassenwerden stammt fast immer aus der Kindheit. Sie kann von ganz einfachen Dingen wie dem einsamen Weinen im Bettchen ohne elterliche Reaktion herrühren oder auch durch den Extremfall verursacht sein, dass Sie tatsächlich von einer wichtigen Bezugsperson verlassen wurden. Sie glauben, »Ich bin nicht liebenswert genug, dass jemand bei mir bleiben würde«; die Lektion, die Sie zu lernen haben, lautet, dass Sie sehr wohl liebenswert genug sind, dass jemand bei Ihnen bleibt. Sobald Sie diese neue Selbsteinschätzung verinnerlicht haben, ändern sich auch Ihre Erwartungen und folglich auch die Erfahrungen, die Sie machen. Diese Lektion wird Ihnen in Ihren Beziehungen immer wieder aufs Neue begegnen, bis Sie die Selbsteinschätzung verändern, die Ihrem Problem zugrunde liegt.

Haben Sie Angst davor, vereinnahmt zu werden, so haben Sie jedes Mal wenn Ihnen jemand zu nahe kommt, das Gefühl zu ersticken. Hier haben wir es mit dem Gegenteil der Angst vor dem Verlassenwerden zu tun. Sie fürchten, nie genug Raum für sich zu haben, weil die andere Person Sie allzu sehr mit Beschlag belegt. Derartige Ängste können daher stammen, dass Sie in einer stark kontrollierten Umgebung aufgewachsen sind oder dass Sie keine Privatsphäre, keinen Raum, keine Zeit für sich allein hatten.

Peter hatte große Angst davor, vereinnahmt zu werden. Als er klein war, wurde sein Leben in jedweder Hinsicht von seiner Mutter kontrolliert, vom Essen bis hin zu den Socken, die er trug. Die

Konsequenz war, dass er als Erwachsener jedes Mal, wenn es zu einer Annäherung mit einem anderen Menschen kam, klaustrophobische Gefühle entwickelte.

Da war es nicht weiter verwunderlich, dass Peter sich zu Suzanne hingezogen fühlte, die einen ausgeprägten Hang zum Kontrollieren an den Tag legte. Sie nahm sofort die Zügel in die Hand und trat direkt in die Fußstapfen von Peters Mutter. Die Tatsache, dass ihm sein Leben bis ins kleinste Detail von Suzanne diktiert wurde, von der Krawattenmarke bis zum Zeitschriftenabo, ließ vertraute Gefühle in Peter wach werden, doch gleichzeitig machte sich auch Panik breit. Peter ließ die Situation nach altbewährtem Muster eskalieren, bis er sie nicht mehr ertragen konnte, und ergriff dann die Flucht.

Die Lektion, die in diesem Fall zu lernen ist, lautet, die Panik zu überwinden und trotz allem zu *bleiben*, auch wenn man manchmal das Gefühl hat, erdrückt zu werden. Man muss den Ursprung dieses inneren Gefühls aufspüren und dingfest machen, um dann eine Strategie zu entwickeln, wie man dagegen vorgehen kann.

### *Dominanz*

Dominanz lähmt den Energiefluss zwischen zwei Partnern. Übernimmt einer der beiden Partner die Vorherrschaft, kann er oder sie nicht an dem Prozess des Gebens und Nehmens teilhaben, der für eine authentische Partnerschaft unerlässlich ist, weil er oder sie immer das Kommando haben muss und entscheiden will, wie alles gemacht wird. Echte Partnerschaft verlangt, dass beide akzeptieren, was das gemeinsame »Wir« will, nicht was jedes einzelne »Ich« anstrebt. Die Dominanz eines Partners verhindert die Ausbildung eines soliden »Wir-Gefühls« und steht einer Einheit auf Dauer im Wege.

Mitch hatte ein Dominanzproblem, wusste allerdings nichts davon, bis Hope ihn darauf hinwies. Er musste immer derjenige sein, der fuhr, der die Pläne machte und der entschied, wann und wie viel Zeit sie miteinander verbrachten. Jedes Mal wenn Hope einen Vorschlag machte, war Mitch ihr schon um eine Nasenlänge voraus und hatte etwas Größeres, Besseres, Moderneres oder Teureres in petto. Zuerst fühlte Hope sich ob seiner Großzügigkeit und Verehrung geschmeichelt, doch am Ende hatte sie das Gefühl, in der Beziehung drehe sich alles nur um ihn und nicht um sie beide. Sie kam sich vor wie eine Marionette, deren Fäden Mitch in der Hand hielt.

Als Hope ihren Partner schließlich auf diesen Missstand aufmerksam machte, reagierte Mitch anfänglich sehr defensiv auf ihre »Anklage«, er sei zu bestimmend. Doch als sie ihm einzelne Beispiele aufzählte und ihn an all die Situationen erinnerte, in denen er die Führung übernommen oder alles an seinen Wünschen ausgerichtet hatte, begann Mitch Hopes Standpunkt zu verstehen. Sie erklärte ihm, dass er ihr durch seine Handlungsweise das Gefühl vermittle, vollkommen unfähig zu sein. Nun war Mitch in der Lage zu erkennen, dass er die Frau, die er liebte, mit seinem Verhalten verletzte. Er war erstaunt festzustellen, wie rigide er geworden war, und erklärte sich einverstanden, allein und auch mit ihr zusammen an diesem Problem zu arbeiten.

Obwohl sein Verhalten nach wie vor zu Verhandlungen und manchmal auch zu Streitereien zwischen Hope und Mitch führt, nutzt er seine Beziehung als Chance zum Erlernen neuer, veränderter Verhaltensweisen. Wenn Hope jetzt eine gemeinsame Unternehmung vorschlägt, widersteht Mitch der Versuchung, ihren Vorschlag abzuändern, und bekämpft seinen inneren Drang, alles immer nach seiner Fasson machen zu wollen. Vor kurzem rief Hope mich an, um mir zu erzählen, dass Mitch eingewilligt habe, mit ihr ein »romantisches Überraschungswochenende« zu verbringen, das sie vollkommen ohne sein Zutun für sie beide geplant habe.

Wenn Sie ein Dominanzproblem haben, müssen Sie lernen, Ihre Vormachtstellung aufzugeben. Ihre Liebesbeziehung ist eine hervorragende Gelegenheit, eben dieses zu üben, denn nirgendwo sonst ist es wichtiger, sich den Fahrersitz zu teilen.

### Selbstbehauptung

Die eigenen Grenzen zu behaupten ist für viele Menschen ein großes Problem. Die Grenzlinien, die man für sich gezogen hat, machen deutlich, wer man ist und was man zu tun bereit bzw. nicht bereit ist. Wenn man eine Liebesbeziehung eingeht, kön-

nen sich diese Konturen jedoch leicht verwischen. Solche Auf-
lösungserscheinungen können zu Unklarheiten führen, wo die
eine Person aufhört und wo die andere anfängt.

### *Poröse Grenzen*

Wenn Sie Probleme damit haben, Ihre Grenzen aufrechtzuerhalten, dann kann es sein, dass sie zu durchlässig sind (d. h. zur
Übertretung einladen). Joni hatte ihr Leben lang Schwierigkeiten
damit. Immer wieder forderte sie andere Menschen mit ermun-
ternden Worten dazu auf, in ihr Territorium einzudringen und
sowohl von ihrer Zeit als auch von ihrer Hilfsbereitschaft Ge-
brauch zu machen. Sie wollte offen und zuvorkommend sein,
doch dabei übernahm sie sich für gewöhnlich und war dann am
Ende sehr verärgert. Wenn sie zum Beispiel sagte »Ruf mich auf
jeden Fall an, wenn du mich brauchst«, dachte sie dabei insgeheim »Ich bin so müde; ich wünschte, die Leute würden endlich
alle aufhören, mich ständig anzurufen und mich um irgendwelche Gefallen zu bitten«. Da sie von Natur aus großzügig war, bot
sie allen Leuten immer sofort ihre Hilfe an, fühlte sich dann aber
überfordert und belästigt, wenn die Leute ihre Angebote tatsächlich wahrnahmen.

Als Joni Stuart kennen lernte, verfiel sie sofort wieder in ihre
alte Routine und überschlug sich förmlich vor lauter Gefälligkeit. Sobald Stuart ein Treffen vorschlug, machte sie es möglich
und ließ dafür oft ihre eigentlichen Pläne fallen, nur um es ihm

recht zu machen. Sie bot ihm angenehme Dienste an, wie zum Beispiel seine Katze vom Tierarzt abzuholen, wenn er zu viel Arbeit im Büro hatte, oder eine Krawatte zu besorgen, die zu seinem jagdgrünen Anzug passte. Als Stuart ein umfangreiches Angebot für seine Arbeit erstellen musste, bot Joni sofort ihre Schreibdienste an und erledigte letztendlich einen großen Teil der Arbeit. Sie liebte Stuart heiß und innig und fühlte sich anfänglich auch ausgesprochen wohl dabei, so viel wie möglich von sich zu geben, um ihn glücklich zu machen.

Nach einer Weile gewöhnte sich Stuart an diese Aufmerksamkeiten und erwartete sie irgendwann regelrecht von Joni. Doch im Laufe der Monate fing Joni langsam an, sich von diesen Ansprüchen überfordert zu fühlen. Ihre eigenen Bedürfnisse verschwanden hinter denen von Stuart, und sie hatte nie mehr Zeit für sich selbst. Langsam machten sich bei Joni Enttäuschung und Ärger breit, und sie fühlte sich wieder einmal ausgenutzt, obwohl sie die Situation selbst heraufbeschworen hatte.

Die Lektion, die Joni zu lernen hatte, bestand darin, ihre eigenen Grenzen zu erkennen. Sie musste für sich abklären, wie viel sie anderen Menschen tatsächlich anbieten wollte, um den Teufelskreis aus übergroßer Gefälligkeit und anschließendem Überforderungsgefühl und Ärger zu unterbrechen. Auch wenn ihre großzügigen Angebote für gewöhnlich damit zusammenhingen, dass sie einfach ein freundlicher Mensch war, musste sie doch erkennen lernen, wann sie ihre eigenen Grenzen überschritt, um sich dann selbst im Zaum halten zu können.

*Zu sich selbst stehen*

Ein Selbstbehauptungsproblem liegt auch dann vor, wenn es Ihnen schwer fällt, zu sich selbst oder zu Ihren einmal getroffenen Entscheidungen zu stehen. Nehmen wir als Beispiel Fiona. Als Josh sie fragte, was sie an ihrem Geburtstag machen wolle, sagte sie ihm die Wahrheit: Am allerliebsten wollte sie den Abend allein mit ihm in einem romantischen Lokal verbringen. Der perfekte Abend bestand für sie aus einem Essen zu zweit bei Kerzenschein, und sie war sehr erfreut, als er einen Tisch in einem teuren Restaurant in der Stadt reservierte, das genau die Atmosphäre bot, die ihr vorschwebte. Als sie dann Geburtstag hatte, stand ganz überraschend eine Gruppe von Freunden vor der Haustür und bestand darauf, mit Fiona und Josh auszugehen, um den besonderen Tag zu feiern.

Josh freute sich über die nette Geste und wandte sich voller Begeisterung an Fiona. »Ich denke, das wird sehr lustig«, sagte er euphorisch. »Aber es ist natürlich dein Geburtstag, und du musst entscheiden, was du willst.«

Fiona wusste nicht mehr ein noch aus. Ihr Herz hing an der Idee, diesen für sie wichtigen Abend allein mit Josh zu verbringen, und jetzt sah sie sich plötzlich dem Druck ausgesetzt, ihre Pläne zu ändern und mit einer ganzen Truppe von Freunden auszugehen. Während sie freundlich lächelte, musste sie innerlich weinen. Das letzte, wonach ihr der Sinn stand, war, ihre Pläne über den Haufen zu werfen und mit dieser großen, lärmenden Gruppe loszuziehen, aber sie war nicht in der Lage, dies auszudrücken. Die Freunde bedrängten sie immer mehr, und schließlich gab Fiona widerwillig nach, anstatt sich mit Josh abzusetzen und das zu tun, was sie wirklich wollte. Sie hüllte sich während des gesamten Geburtstagsessens in Schweigen und hätte sich dafür ohrfeigen können, dass sie nicht an ihrer ursprünglichen Entscheidung festgehalten hatte.

Als sie spät in der Nacht nach Hause kamen, stampfte Fiona durch das ganze Haus wie ein Kind, das gleich einen Wutanfall bekommen würde. Josh fragte, was mit ihr los sei, und löste damit eine Flut von Beschuldigungen aus, dass er nie auf ihre Gefühle Rücksicht nehme, wie elend sie sich während des Essens gefühlt habe und dass er davon noch nicht einmal etwas gemerkt habe. Sie sagte ihm, wie böse sie ihm sei, dass er ihren ganzen Geburtstag kaputt gemacht habe, weil ihm ihre Wünsche völlig gleichgültig seien. Als Fiona und Josh zu Bett gingen, hatten sie beide das Gefühl, etwas Wichtiges verpasst zu haben.

Fiona brauchte einige Wochen, um sich selbst zu verzeihen, dass sie nicht stärker gewesen war und nicht zu dem gestanden hatte, was sie wirklich wollte. Zu guter Letzt entschuldigte sie sich bei Josh und räumte ein, dass sie ja schließlich nicht von ihm erwarten könne, ihre Gedanken zu lesen, und dass er nicht dafür verantwortlich sei, für ihre Wünsche einzustehen, wenn sie es selbst nicht tat. Sie versprach sich und Josh, in Zukunft alles in

ihrer Macht Stehende zu tun, damit sich solcherlei Vorfälle nicht
wiederholten. Seit jenem Abend hatte sie keinerlei Probleme
mehr damit, für sich und ihre Wünsche einzustehen.

## WERTVOLLE LEKTIONEN

Ihre Beziehung ist eine inoffizielle »Schule des Lebens«, in der
Sie lernen, mit einer Beziehung umzugehen, während Sie diese
bereits führen. Sie durchlaufen ein 24-Stunden-Intensivtrai-
ningsprogramm für zwischenmenschliche Fähigkeiten. Sie lernen, während Sie auf Ihrem Weg weiter voranschreiten und
verschiedene Methoden ausprobieren, bis Sie herausgefunden
haben, was funktioniert. Mit Hilfe der Kenntnisse, die Sie sich in
Ihrer Partnerschaft aneignen, entwickeln Sie sich mehr und
mehr zum Experten für Zweierbeziehungen, was sich als sehr
hilfreich für Ihre Interaktionen mit dem Rest der Welt erweisen
wird.

Die Gelegenheit zum Erlernen dieser Fähigkeiten bietet sich
Ihnen in Form von Lektionen aus der Fibel des Lebens. Da gibt es
einige Pflichtlektionen, mit denen wir alle früher oder später
konfrontiert werden, wenn wir Liebesbeziehungen eingehen,
z. B. Teilen, Geduld, Dankbarkeit, Akzeptanz und Verzeihen. Im
Laufe Ihrer Beziehung werden Situationen auftreten, für die das
Erlernen dieser Lektionen unumgänglich ist (im Bedarfsfall
müssen die Lektionen auch mehrfach wiederholt werden).

## *Teilen*

Auf jeden Fall werden Sie in Ihrer Beziehung die wertvolle Lektion des Teilens lernen müssen. Ohne die Fähigkeit zum Teilen ist eine Partnerschaft nicht viel mehr als die lockere Verbindung von zwei Individuen, die nur auf den eigenen Vorteil bedacht sind. Die Kunst des Teilens ist wesentlicher Bestandteil jeder Teamarbeit und jeder Partnerschaft. Sie muss von allen Menschen erlernt werden, und sobald sich der Drang, alles für sich zu behalten, zurückmeldet, muss die Lektion gründlich wiederholt werden, damit das gemeinsame »Wir« handlungsfähig bleibt.

In Beziehungen betrifft das Teilen sowohl Ihren Körper als auch Ihre Gefühle, Ihre Gedanken, Ihre Zeit, Ihren Lebensraum und Ihre persönliche Habe. Schauen wir uns zum Beispiel Miriam an. Sie war schon seit langem finanziell unabhängig, als sie Lloyd kennen lernte. Sie verdiente sehr gut, hatte sich bereits ein Haus und ein Auto zugelegt und sich auch sonst fast all ihre materiellen Wünsche erfüllt. Sie hatte auch keine Schwierigkeiten damit, klare Grenzen zu ziehen. Ihr Problem bestand darin, ihr Leben und ihren Besitz mit ihrem Gefährten Lloyd zu teilen.

Lloyd hatte ein gutes Herz. Er umsorgte und verwöhnte Miriam und konnte gar nicht genug für sie tun. Doch zu seiner großen Überraschung musste er feststellen, dass Miriam offensichtlich der Ansicht war, ihre Sachen gehörten ihr ganz allein, und dass sie auch keinerlei Anstalten machte, irgendetwas mit ihm zu teilen. Er durfte weder ihr Auto fahren noch ihren Computer benutzen, und als Lloyd sie fragte, ob er in ihrem Haus wohnen könne, während sie auf Geschäftsreise war, weil seine Wohnung neu gestrichen würde, sagte sie nein. Wenn Lloyd ihr bei den verschiedensten Gelegenheiten seine Hilfe anbot – vom Tragen schwerer Sachen bis zum Kartenlesen –, bestand sie darauf, alles allein machen zu können. Sie weigerte sich auch, ihre Gedanken und Sorgen um ihr Geschäft mit Lloyd zu teilen, weil sie meinte, das ginge ihn nichts an. Je rigider Miriam wurde, desto mehr schloss sie Lloyd aus ihrem gemeinsamen »Wir« aus.

Eines Tages, als Miriam ihm nicht erlaubte, aus ihrem Lieblingskaffeebecher zu trinken, fragte er sie, ob sie die Beziehung zu ihm eigentlich wirklich wolle. »Natürlich«, antwortete sie sofort, »ich liebe dich doch.«

»Dann lass mich rein«, antwortete er mit der gleichen Inbrunst.

»Lass mich dein Leben – deine Gedanken – deine Gefühle – deinen Kaffeebecher mit dir teilen! Hör auf, mich wie einen Außenseiter zu behandeln.«

Lloyds Worte öffneten Miriam die Augen für ihr Verhalten. Sie begann zu verstehen, wie sie Lloyd behandelt hatte, und sah ein, dass sie ihr Leben für den Mann, den sie liebte, öffnen musste. Zuerst einmal musste sie sich mit dem Gedanken vertraut machen, dass Lloyd sie nicht ausnutzen würde. Ihr wurde klar, dass sie ihrem Geliebten, wenn sie ihr Leben und ihre Habe mit ihm teilte, weit mehr anbot als Autoschlüssel und Kaffeebecher. Sie bot ihm ihr Vertrauen. Es war nicht leicht, doch Miriam schaffte die Umorientierung und lernte das Teilen.

### *Geduld*

Geduld ist nicht nur im Leben, sondern auch in der Liebe eine Tugend. Jeder Mensch bewegt sich, wächst und entwickelt sich nach seinem ganz individuellen Tempo und Rhythmus. In einer Partnerschaft müssen beide lernen, den Zeitplan des anderen zu respektieren, sei es nun im physischen, emotionalen, intellektuellen oder spirituellen Bereich.

Gina wollte sich mit Evan verloben. Sie hatte das Gefühl, für sie – und für sie beide – sei die Zeit nun reif. Evan war jedoch noch nicht ganz bereit, diesen Schritt zu tun, obwohl er Gina sehr liebte und sich ihr zutiefst verbunden fühlte. Als Gina ihre Enttäuschung kundtat, versicherte Evan ihr von ganzem Herzen, dass er sie sehr gern eines Tages heiraten würde, jetzt jedoch noch nicht bereit sei, die Rolle eines Ehemannes zu übernehmen. Gina war klar, dass sie den Rest ihres Lebens mit Evan verbringen wollte, also musste sie auf die Schnelle die Lektion der Geduld lernen. Gina glaubte an die Ernsthaftigkeit von Evans Gefühlen und Absichten, weshalb sie ihre Frustration bändigen und warten konnte, bis Evan bereit war, den Gang zum Altar anzutreten.

Celia musste eine andere Art von Geduld lernen. Sie war seit jeher ein Tempo-Mensch, der gern alles schnell erledigte. Sie hatte einen energischen Gang, war schnell mit dem Essen fertig, und der Tachometer ihre Autos zeigte für gewöhnlich immer weit mehr als die erlaubte Geschwindigkeit an. Da Gegensätze sich bekanntlich oft anziehen, verliebte sie sich eines Tages in Paul, der insgesamt ein viel ruhigeres Tempo an den Tag legte. Er nahm sich beim Essen Zeit zum Genießen, und wenn er Auto fuhr, zeigte sein Tachometer normalerweise immer ein bisschen weniger als die erlaubte Geschwindigkeit an.

Celia war oft ungeduldig mit Paul; sie trommelte mit den Fingern auf dem Tisch herum, wenn sie beim Essen auf ihn warten musste, und stieß unüberhörbare Seufzer aus, wenn sie auf dem Highway von einem anderen Auto überholt wurden. Eines Tages, als Celia Paul regelrecht an der Hand zog, um ihn zu einer schnelleren Gangart zu bewegen, blieb Paul unvermittelt stehen und fragte: »Warum sind wir eigentlich immer so in Eile? Ich habe das Gefühl, wir galoppieren wie Rennpferde durchs Leben, dabei würde ich viel lieber das Tempo drosseln und jeden einzelnen Moment mir dir genießen!«

Das wirkte. Celia wurde klar, dass sie aufhören musste, ihrem Partner ständig ihr Tempo aufzwingen zu wollen. Sie ist immer noch schnell wie der Blitz, wenn sie allein ist, aber in Pauls Gesellschaft versucht sie, ihr Tempo ein wenig herunterzufahren und das Zusammensein mit ihm einfach zu genießen.

## *Dankbarkeit*

Für Ihre Beziehung ist es absolut notwendig, dass Sie die Lektion der Dankbarkeit lernen, damit Sie Ihren geliebten Partner nie als Selbstverständlichkeit betrachten. Wenn Sie lernen, Ihren Partner für all das zu schätzen, was er ist und tut, dann sind Sie in der Lage, Ihre Verbindung zu ihm jeden Tag aufs Neue zu bekräftigen.

Cammy und Doug waren seit 15 Jahren verheiratet. Sie führten eine traditionelle Ehe, in der er die Rolle des Versorgers und sie die Rolle der Hausfrau und Mutter spielte. Das Leben hatte ihnen ein faires Maß an Höhen und Tiefen beschert, unter anderem ein Gerichtsverfahren, das Doug mit der Notwendigkeit konfrontierte, in der Mitte seines Lebens noch einmal den Beruf wechseln zu müssen. Der Neuanfang stellte alle Beteiligten auf eine harte Probe, insbesondere weil nun auch plötzlich das Geld erheblich knapper wurde.

Doug sagte Cammy, er hielte es für das Beste, in Immobilien zu investieren und mit vereinten Kräften Häuser zu renovieren und zu verkaufen. Der Immobilienmarkt befand sich im Aufwind, und sie verfügten über die notwendigen Mittel, um Häuser zu kaufen, zu renovieren und dann wieder zu verkaufen; eine ideale Sache, um auch ohne großartige Berufserfahrung ein neues Unternehmen zu gründen. Ein Jahr lang kauften sie ein Haus nach dem anderen, finanzierten die Gebäude, richteten sie wieder her, strichen sie neu an, verlegten Teppichböden und Fliesen und verkauften sie dann mit Gewinn. Es war ein hartes Stück

Arbeit, und sie mussten beide kämpfen, um das Unternehmen zum Erfolg zu führen.

Eines Tages, nachdem sie stundenlang Farbe von den Wänden gekratzt hatten, fiel Dougs Blick auf Cammy, wie sie da stand mit ihrem Tuch auf dem Kopf, den Schmutzflecken auf den Wangen und Schweiß auf der Stirn. In dem Moment erfasste ihn eine Welle der Dankbarkeit. Er hatte Cammy immer für ihre Loyalität geschätzt, aber plötzlich kam ihm der Gedanke, dass sie es vielleicht gar nicht wusste. Er ging zu ihr hin, nahm ihre Hand und sagte: »Du bist die Frau meines Lebens. Ich möchte mit keinem anderen Menschen all diese Erfahrungen machen. Wir sind vielleicht nicht reich, aber wir sind glücklich, und wir sind zusammen, und ich bin sehr froh, dass ich dich habe.«

Cammy war zuerst völlig verblüfft, doch dann wurde ihr sehr schnell klar, dass Doug sich einfach nur bei ihr dafür bedanken wollte, dass sie ihm so treu zur Seite stand. Es hatte ihn nur einen Moment gekostet, diese Worte zu sagen, doch Cammy spürte die Wärme von Dougs Worten noch viele Jahre lang tief in ihrem Herzen. Doug und Cammy lernten, dass ein wenig Dankbarkeit große Wirkung in einer Liebesbeziehung entfalten kann.

### Akzeptanz

Akzeptanz gehört zu den Lektionen, die man im Rahmen einer Beziehung jeden Tag wieder neu lernen und üben muss. Dabei reicht der Bogen der Akzeptanz von den Eigenheiten des Partners über Dinge, die man als Fehler betrachtet, bis hin zu seiner Art, irgendwelche Dinge zu tun. Wie wir später auch noch in Regel Sechs sehen werden, muss jedes Paar mit Unterschieden zurechtkommen. Dabei ist der grundsätzliche Wille, den Partner *genau so zu akzeptieren, wie er ist*, als Verhandlungsgrundlage unumgänglich.

Doch wie kann man all diese Dinge akzeptieren, die einen stören, nerven oder gar ärgern? Die Antwort liegt darin, dass man seinem Partner das gleiche bedingungslose Verständnis und das gleiche Maß an Akzeptanz zugesteht, das man sich auch für sich selbst wünscht, und dass man außerdem lernt, mit den Marotten, die einem auf die Nerven gehen, zu leben. Ihr Partner mag Ihnen viel Freude bereiten, aber er ist nicht nur auf die Erde gekommen, um Ihnen zu gefallen und Ihnen alles recht zu machen. Er bildet eine Einheit für sich, und wenn es idealerweise zu seinen Zielen zählt, Sie glücklich zu machen, so ist das noch lange nicht sein *einziges* Ziel. Denken Sie immer daran, dass er ein Mensch mit Bedürfnissen, Wünschen und Plänen ist, genau wie Sie; das wird Ihnen das Erlernen der Akzeptanz-Lektion erheblich erleichtern.

Terry liebte alles, was mit Technik zu tun hatte, während seine Frau Sheila sich überhaupt nicht dafür erwärmen konnte. Sie schrieb ihre Listen lieber mit der Hand auf ein Stück Papier, als einen Computer zu benutzen – eine Vorliebe, die Terry vollkommen fremd war. Für ihn waren Computer bewundernswerte Maschinen, und er konnte überhaupt nicht verstehen, warum

Sheila sich weigerte, zu lernen, wie man damit umging. Stundenlang zählte er ihr die Vorteile auf, die es hätte, wenn sie ihre Terminplanung und Bankgeschäfte per Computer abwickeln würde.

Nachdem Sheila sich monatelang Terrys Reden über die Vorzüge eines Laptop angehört hatte, fühlte sie sich veranlasst, die Situation einmal grundsätzlich klarzustellen. Sie erklärte Terry, sie habe für Computer nun einmal nichts übrig, und so wie sie ihn nicht zu überzeugen versuche, *keinen* zu benutzen, möge er doch bitte auch ihre Entscheidung akzeptieren, ihr altes System beizubehalten. Sie bat ihn, ihren Standpunkt zu akzeptieren, ob er ihn nun verstand oder nicht.

Terry fügte sich ihrem Wunsch, obwohl ihm immer noch nicht einleuchten wollte, wie sich jemand nicht für Technologie begeistern konnte. Er wusste es sehr zu schätzen, dass Sheila all seine Eigenheiten akzeptierte, einschließlich seiner Angewohnheit, zu viele unnütze Teile für seine Hardware zu bestellen; da erschien es ihm nur gerecht, ihren Standpunkt genauso bedingungslos zu akzeptieren.

Akzeptieren Sie Ihren Partner, wie er ist? Wenn nicht, versuchen Sie sich einmal vorzustellen, wie Sie sich fühlen würden, wenn Ihr Partner irgendetwas an Ihnen nicht akzeptieren würde. Vielleicht hilft Ihnen das zu erkennen, dass bedingungslose Akzeptanz zu den wertvollsten Geschenken gehört, die eine Liebesbeziehung zu bieten hat.

## *Verzeihen*

Nirgendwo ist das Verzeihen von Verfehlungen mit so vielen Emotionen befrachtet wie in Liebesbeziehungen. Wenn zwei Menschen eine Einheit bilden, die auf Vertrauen basiert, und dieses Vertrauen erschüttert wird, bedarf es großer Stärke und Überwindung, dem anderen zu verzeihen. Da aber jeder seine Lektionen zu lernen hat – auch Ihr Partner –, müssen Sie manchmal auch verzeihen können. Ihre Beziehung wird Ihnen viele Gelegenheiten bieten, die Lektion des Verzeihens zu lernen.

Jedes Mal wenn Sie mit Worten oder Umständen konfrontiert sind, die gegen Ihre gemeinsamen Grundvereinbarungen verstoßen, haben Sie die Wahl – in Ihrem Ärger zu verharren oder zu verzeihen. Ärger macht Sie kleiner, während Vergebung Sie zwingt, über das, was Sie waren, hinauszuwachsen. Sich für das Verzeihen zu entscheiden ist nicht einfach, aber Sie haben keine andere Wahl, wenn Sie ernsthaft daran interessiert sind, die Beziehung aufrechtzuerhalten, und wenn Ihr Verhältnis weiterhin von Authentizität geprägt sein soll.

So hatten sich zum Beispiel Bert und April gerade einen neuen Wagen gekauft. Sie hatten fast ein Jahr lang gespart, um sich ihr Wunschauto kaufen zu können, und waren mit ihrer Neuanschaffung höchst zufrieden. Eines Tages fuhr April allein mit dem Wagen und schaute in den Rückspiegel, um Lippenstift aufzutragen. Dabei wandte sie den Blick von der Straße und fuhr auf ein anderes Auto auf. Glücklicherweise fuhr sie nicht so schnell, dass jemand verletzt worden wäre, doch beide Fahrzeuge waren stark beschädigt. Bert brauchte einige Tage, bis er April ihre Sorglosigkeit verzeihen konnte, doch er wusste, wenn er sich weiter ärgerte, würde er seiner Frau, die sich ohnehin mit Schuldgefühlen plagte, nur noch weitere Qualen bereiten. Er überwand seinen Ärger, und sie legten das Unfalldrama *ad acta*.

Leider ist es aber manchmal auch notwendig, größere, schwerwiegendere Regelverstöße wie das Verschweigen wichtiger Informationen, eine Lüge oder die Missachtung eines Teils der Grundvereinbarungen zu verzeihen. Das sind die dunkelsten und anstrengendsten Seiten einer Beziehung, denn man muss bis in die Tiefe seines Herzens hinabsteigen, um die Stärke und die Bereitschaft zur Vergebung zu finden.

Seinem Partner zu verzeihen bedeutet nicht, dass man ihm seine Verfehlungen an sich vergibt oder über Verstöße hinweggeht und einfach akzeptiert, dass einem Unrecht getan wurde. Es bedeutet vielmehr, dass man zu seinen Gefühlen steht, sich mit ihnen auseinander setzt und schließlich einen Weg findet, seinen Partner wieder als jemanden zu sehen, der einfach nur ein Mensch ist, genau wie man selbst. Dies ist eine der schwierigsten Lektionen, doch wie Sie in Regel Neun noch sehen werden, kommen Sie nicht umhin, sie zu lernen, wenn Ihre Beziehung Bestand haben soll.

Wenn Sie sich von Ihrer Beziehung auf den Pfad der Überraschungen und Entdeckungen leiten lassen, wird sich Ihre Welt für ungewöhnliche, neue Einsichten und Wachstumsmöglich-keiten öffnen. Der eigentliche Zweck einer authentischen Bezie-hung besteht darin, Freude und Spaß zu machen und Ihnen Gelegenheit zur Entwicklung Ihrer Persönlichkeit zu geben. Wenn beide Partner diese Gelegenheiten nutzen, können sie viel über sich selbst erfahren – ihre Fähigkeiten, ihre Grenzen, ihre Schwachstellen – und die ganz besonderen Lektionen lernen, die ihren Lebensweg bereichern.

## Regel 5

# KOMMUNIKATION IST
# UNENTBEHRLICH

♥

*Der offene Austausch von Gedanken und Gefühlen*
*ist der Lebensnerv Ihrer Beziehung.*

Kommunikation ist das Hauptwerkzeug, um mit dem Partner in Verbindung zu treten. Durch Kommunikation finden die Partner zueinander; sie lassen den anderen wissen, wer sie sind, was sie brauchen, was sie sich wünschen und wie sie sich fühlen. Auf dem Wege der Kommunikation können sie Informationen austauschen, Kenntnisse weitergeben, Beistand leisten und Verhandlungen führen. Man könnte sagen, die Kommunikation ist die vitalste aller Energien, denn sie hält unsere Beziehungen am Leben und in Schwung.

Echte Kommunikation ist mehr als nur Sprechen und Zuhören, obwohl beides natürlich unbedingt dazugehört. Wichtig ist vor allem die Schaffung offener Korridore, damit die Informationen über Gedanken und Gefühle frei, vorbehaltlos und ohne Angst vor Zurückweisung fließen können. Die notwendige Basis dafür besteht aus gegenseitigem Respekt und Verständnis nebst der beiderseitigen Bereitschaft, das Innere nach außen zu kehren, mag es manchmal auch noch so schwer fallen. Diese Art von Austausch ist von essentieller Bedeutung, wenn Sie eine authentische und dauerhafte Verbindung aufbauen wollen, denn ohne gute Kommunikation ist eine Beziehung nur ein hohles Schiff, mit dem Sie sich, ständig bedroht von Unwägbarkeiten, Vermutungen und Missverständnissen, auf eine frustrierende Reise begeben.

Kommunikation ist das Medium, mit dessen Hilfe Sie Brücken zu Ihrem Partner schlagen können. Jeder Mensch bringt seine eigene Wahrnehmung von Realität in eine Beziehung mit, und nur durch Kommunikation ist es möglich, diese zwei Wirklichkeiten miteinander zu verbinden. Durch den Bau dieser Brücken entsteht geweihter Boden zwischen den Partnern, der als Ausgangsbasis für alle weiteren Interaktionen dient und das gegenseitige Vertrauen fördert.

Lili und Charles trafen sich auf einer Dachterrassen-Cocktail-Party. Ein gemeinsamer Freund machte sie miteinander bekannt, und im Laufe der anschließenden Unterhaltung entwickelte sich die Frage, warum Männer und Frauen sich anscheinend nicht verstehen, schnell zum Gegenstand einer freundlichen, aber doch recht hitzigen Debatte. Charles meinte, es liege daran, dass Frauen nie zugäben, was sie wirklich wollten, weshalb die Männer es dann – zumeist falsch – erraten müssten. Lili konterte, die Frauen würden sehr wohl sagen, was sie wollen, doch die Männer hörten nicht aufmerksam genug zu, um es tatsächlich zu verstehen. Sie mussten beide lachen und kamen überein, dass die Liebe eine weitaus größere Überlebenschance hätte, wenn Männer und Frauen anders miteinander kommunizieren würden. Mittlerweile sind neun Monate vergangen, und Lili und Charles sind sehr glücklich miteinander, denn sie haben der offenen und klaren Kommunikation oberste Priorität in ihrer Beziehung eingeräumt.

Die Partnerschaft zwischen Lili und Charles funktioniert deshalb so erfolgreich, weil beide wissen, wie wichtig ein ungehinderter Kommunikationsfluss zwischen den Partnern ist. Wenn der Informationsaustausch ohne Vorbehalte und Einschränkungen stattfinden kann, haben beide Partner die Möglichkeit, sich auf die Wünsche, Bedürfnisse, Sehnsüchte, Ängste und Standpunkte des anderen einzustellen, was wiederum starke, vertraute Bande zwischen ihnen entstehen lässt.

Ohne offene Kommunikation haben die Partner keine Möglichkeit, sich gegenseitig ihre inneren Realitäten zu vermitteln. Sie bleiben zwei Einzelpersonen in einer Paarkombination, die nur äußerlich nach einer Partnerschaft aussieht, denn ihnen fehlt das unsichtbare innere Band, das die Herzen und Seelen miteinander verknüpft. Es kann sogar sein, dass sie sich trotz ihres Partners isoliert und einsam fühlen, denn nichts ist schmerzhafter als nächste Nähe in Verbindung mit gleichzeitiger emotionaler Distanz.

## WIE MAN EFFEKTIV MITEINANDER KOMMUNIZIERT

Kommunikation ist eine Fertigkeit, die erlernt werden muss wie jede andere. Die Grundvoraussetzung dafür, nämlich die Sprech- und Hörfähigkeit, wurde den meisten von uns glücklicherweise schon in die Wiege gelegt, doch die höhere Kunst der Kommunikation erfordert weit mehr als das. Sie verlangt, dass man sich über seine eigenen Gedanken und Gefühle im Klaren ist, dass man bereit ist, sie offen und ehrlich mitzuteilen, dass man in der Lage ist, sie effektiv zu vermitteln, und dass man fähig ist, die Wahrheit seines Partners anzuhören, ohne in die Defensive zu gehen oder Urteile zu fällen.

Der Weg zu effektiver Kommunikation lässt sich in zehn Grundschritte einteilen. Diese Schritte sorgen dafür, dass Ihre Botschaft klar und deutlich beim Empfänger ankommt, ob Sie nun etwas ganz Einfaches oder etwas immens Wichtiges von Ihrem Partner möchten, Ärger oder eine leichte Verstimmung, ein Gefühl oder einfach nur Freude ausdrücken wollen. Die Intensität der Botschaft spielt dabei keine Rolle, denn die nachfolgend beschriebenen Grundregeln sind für jede Art von Informationsaustausch anwendbar.

### *Die zehn Schritte*

1. *Sie müssen wissen, was Sie vermitteln wollen.* Machen Sie sich klar, was genau Sie dem anderen eigentlich sagen wollen, damit Sie nicht bei den Nichtwörtern (»ähm«, »hmm«, »uh«, »na ja«) hängen bleiben, die Ihre Botschaft nur verwässern.
2. *Was erwarten Sie von dem Gespräch?* Sie müssen sich über Ihr Ziel im Klaren sein. Wollen Sie Informationen geben, Informationen bekommen, Möglichkeiten ausloten oder eine Aktion auslösen? Wenn Sie sich über den Zweck und das gewünschte Ergebnis der Kommunikation im Klaren sind, werden Sie Ihre Botschaft nicht aus den Augen verlieren.
3. *Wählen Sie die richtige Zeit und den richtigen Ort.* Allzu oft wollen wir unsere Botschaft eiligst loswerden, ohne uns vorher zu fragen, ob der Empfänger überhaupt in der Verfassung ist, sie aufzunehmen. Bevor Sie ein Gespräch mit Ihrem Partner anfangen, sollten Sie sichergestellt haben, dass er Zeit hat, in der Lage ist Ihnen zuzuhören und dass die Umgebung stimmt. Oder wollen Sie eine Botschaft von großer emotionaler Bedeutung anbringen, während Ihr Partner gerade ein Fußballspiel anschaut?
4. *Trennen Sie die Botschaft von Ihren Emotionen.* Dadurch behalten Sie besser im Blick, was Sie eigentlich sagen wollen. Finden Sie einen Weg, den emotionalen Ballast loszuwerden (Lassen Sie bei einem Freund Dampf ab, schreiben Sie alles auf, machen

Sie Sport, gehen Sie in ein Recycling-Center und zerschmeißen Sie Glas etc.), damit sich der Empfänger Ihrer Botschaft auf den *Inhalt* des Gesagten konzentrieren kann anstatt auf Ihre Emotionen.

5. *Bereiten Sie den Boden.* Legen Sie Ihr Fundament. Lassen Sie Ihren Partner wissen, dass Sie etwas mit ihm zu klären haben. Gegebenenfalls können Sie deutlich machen, welche Gefühle es in Ihnen auslöst, gerade dieses Thema anzusprechen. Zum Beispiel: »Es ist mir unangenehm, darüber zu sprechen, aber ich muss dir trotzdem eine Frage stellen ...«

6. *Sprechen Sie über Ihre Gefühle (anstatt zu verurteilen).* So bleiben Sie bei Ihrer inneren Wahrheit und können auch weiterhin liebevoll mit Ihrem Partner kommunizieren. Tragen Sie Ihre Botschaften mit aufrichtigem Gefühl vor, so wird Ihnen im Allgemeinen mehr Aufmerksamkeit und Respekt zuteil.

7. *Tragen Sie Ihre Botschaft in einer Sprache und Syntax vor, die der Empfänger verstehen kann.* Präsentieren Sie Ihr Anliegen in einer Weise, die für den anderen einen Sinn ergibt, so dass er den Bezug zu Ihrer Sicht der Dinge herstellen kann. Wollen Sie Ihren Partner informieren oder einen Gedanken ausdrücken, so wählen Sie die Aussageform. Erwarten Sie hingegen eine Stellungnahme oder eine Information, so wählen Sie die Form einer Frage. Bringen Sie beides durcheinander, wird der springende Punkt nicht deutlich, und der Empfänger weiß nicht, was von ihm oder ihr eigentlich erwartet wird.

8. *Bitten Sie um Bestätigung, Klärung und Feedback.* Das eröffnet den Dialog zwischen Ihnen und dem Empfänger und zeigt Ihnen, ob Ihre Botschaft klar angekommen ist.

9. *Tauschen Sie die Rollen, falls notwendig.* Wenn Sie um ein Feedback gebeten haben, müssen Sie von der Rolle des »Kommunikators« in die Rolle des »Empfängers« schlüpfen, so dass Ihr Gegenüber Ihnen auch seine Sicht der Dinge vermitteln kann.

10. *Erzielen Sie eine Übereinkunft.* Bestätigen Sie noch einmal, worauf Sie sich geeinigt haben, und halten Sie fest, wie das Ergebnis von beiden Partnern umgesetzt werden soll.

## WIE DIE KOMMUNIKATION ZUSAMMENBRICHT

Die Kommunikation kann aber auch ganz schnell zusammenbrechen. Ein unüberlegter Moment, ein Missverständnis oder auch Mutmaßungen sind ausreichend, um die Spirale von Angriff und Verteidigung in Gang zu setzen und die Übertragungsleitungen zu blockieren. Derartige Zusammenbrüche lassen sich dadurch vermeiden, dass man sich der möglichen Auslöser bewusst ist und sich alle Mühe gibt, die entsprechenden Hebel nicht zu betätigen.

## *Übermittlungsfehler*

Nur allzu oft bricht die Kommunikation aufgrund von Missverständnissen und unklaren Botschaften zusammen. Kürzlich bat meine Freundin Wendy ihren Mann Jack, sie am darauf folgenden Tag um 6 Uhr am Flughafen abzuholen. Sie kam am Terminal an und wartete bis 6.45 Uhr vor dem Ausgang, doch Jack tauchte nicht auf. Sie suchte ein Telefon, rief bei ihm an und holte ihn zu ihrer großen Überraschung aus dem Bett.

»Was machst du denn noch zu Hause?«, fragte sie. »Du wolltest mich doch vom Flughafen abholen!«

Jack war genauso überrascht, denn er hatte sie um 6 Uhr abends erwartet, und jetzt war es gerade einmal 6.45 Uhr morgens. Da Wendy nichts davon gesagt hatte, dass sie mit einer Frühmaschine käme, hatte er angenommen, sie würde zu der humaneren Zeit, d. h. um 6 Uhr abends, ankommen. Wendy fuhr mit dem Taxi nach Hause und versprach sich und Jack, beim nächsten Mal klarere Angaben zu machen.

Zu Kommunikationsstörungen kann es ebenfalls kommen, wenn einer der Partner oder auch beide gerade ganz andere Gedanken oder Probleme im Kopf haben. Eine meiner Lieblingsgeschichten zu diesem Thema ist die von Ed und Eileen, einem Ehepaar, das bereits seit über 30 Jahren miteinander verheiratet ist. Eines Tages legte sich Ed am frühen Abend in die Badewanne, um seine Muskeln, die nach einem langen Tag auf dem Golfplatz ziemlich weh taten, zu entspannen. Er beschäftigte sich gerade mit den Blasen an seinen Füßen, als Eileen gegen 18 Uhr nach Hause kam.

Eileen hatte auf dem Heimweg von ihrem Bridgenachmittag die ganze Zeit überlegt, ob Ed wohl daran gedacht hatte, ihren Hund Buffy zu füttern. Sie war in Gedanken ganz mit Buffys Abendmahlzeit beschäftigt, als sie an die Badezimmertür klopfte und Ed in besorgtem Ton fragte:»Did you feed her?« (»Hast du sie gefüttert?«).

Ed, der noch ganz auf seine Füße konzentriert war, dachte, Eileen sei in Sorge um ihn und hätte gefragt »Do your feet hurt?« (»Tun deine Füße weh?«). Deshalb antwortete er:»Just the little toes.« (»Nur die kleinen Zehen«). Eileen war in Gedanken noch so sehr bei Buffy, dass sie als Antwort zu verstehen glaubte:»No, just a little *toast*.« (»Nein, nur ein bisschen *Toast*.«)

»*Toast*?«, fragte sie ungläubig.»Wie kommst du denn auf die Idee, dem Hund Toast zu geben?«

Natürlich stellte sich später, als Ed endlich aus der Badewanne kam, heraus, welch riesigem Missverständnis sie zum Opfer gefallen waren, und sie hatten allen Grund zum Lachen. Die Geschichte macht deutlich, wie sehr die Wahrnehmung beim Informationsaustausch von der individuellen Perspektive der beteiligten Personen beeinflusst werden kann. In diesem speziellen Fall war die Kommunikationsstörung zufälligerweise recht amüsant, doch wir sehen, wie leicht Informationen auf Abwege geraten können und dann zu Missverständnissen führen. Man kann sich unschwer vorstellen, wie kompliziert die Sache werden kann, wenn es um ernsthafte Angelegenheiten geht, und wie aus solchen Situationen echte Probleme erwachsen können, wenn wichtige Dinge überhört oder falsch verstanden werden.

Wenn Informationen nicht richtig ankommen und einzelne Teile einer Kommunikation nicht wahrgenommen werden, kann man die Situation kurzerhand als »Missverständnis« abtun. Doch wenn man die Sache nicht klärt, können solche Situationen immer wieder auftreten. Um zu klären, wie es zu dem Missverständnis kam, müssen beide Partner herausfinden, was falsch gelaufen ist, die Verantwortung für ihren Anteil daran übernehmen, dem anderen verzeihen, was er oder sie getan hat, und nach Wegen suchen, wie in Zukunft verhindert werden kann, dass sich solche Situationen wiederholen. Jack und Wendy sagen bei ihren Verabredungen jetzt immer dazu, ob es sich um eine Uhrzeit am Morgen oder am Abend handelt, und Ed und Eileen sind lachend übereingekommen, dass es nicht unbedingt optimal ist, sich durch die geschlossene Badezimmertür und bei laufendem Wasser zu unterhalten.

### Das Verschleiern der Wahrheit

Mit der Wahrheit hinter dem Berg zu halten, sie zu verschleiern oder gar zu lügen, ist einer der sichersten Wege, um Kommunikation und Vertrauen zu zerstören. Ertappt ein Partner den anderen bei einer Unwahrheit, so entsteht Misstrauen, und plötzlich verläuft mitten durch die Paarbeziehung eine Mauer. Selbst wenn die Unwahrheit gar nicht ans Licht kommt, führt die durch die Geheimhaltung freigesetzte Energie zur Errichtung unausgesprochener Barrikaden. Auf jeden Fall kommt es zu einer Störung des Kommunikationsflusses, die eher dazu angetan ist, die Partner auseinander zu dividieren, als sie zu vereinen.

Das wichtigste Ziel echter Kommunikation ist die Offenbarung. Bei jedem Austausch stehen die Partner vor der Wahl, einander näher zu kommen, indem sie die Wahrheit enthüllen, oder weiter voneinander abzurücken, indem sie Geheimnisse haben und sich weigern, ihre innere Wahrheit mit dem anderen zu teilen. Wie bereits in Kapitel Drei beschrieben, führt Verschlossenheit zur Errichtung von Mauern, während Offenbarung für den Bau von Brücken sorgt. Sie haben die Wahl – Mauern oder Brücken.

Oft errichtet man Mauern, ohne sich dessen bewusst zu sein, wie uns das Beispiel Blaire zeigen wird. Blaire kaufte gern Kleider und überschritt dabei des Öfteren das vereinbarte Budget. War das der Fall, so schmuggelte sie die Einkaufstüten, von Jeffrey unbeobachtet, in die Wohnung, entfernte sofort die Schilder von ihren Neuerwerbungen und versteckte sie im Schrank, als wären sie immer da gewesen. Wenn Jeffrey ein neues Kleidungsstück an ihr bemerkte und sie darauf ansprach, sagte sie voller Unschuld: »Das? Das habe ich doch schon seit Jahren.«

Blaire verstand nicht, dass sie mit der Energie, die sie auf die Verschleierung und Bewahrung ihres Geheimnisses verwendete, eine Mauer zwischen Jeffrey und sich errichtete. Der Teil von ihr, der das Geheimnis schützen musste, war Jeffrey nicht zugänglich und stand deshalb auch nicht für den Bau von Brücken zur Verfügung.

Ob es sich bei einer Unwahrheit um etwas Geringfügiges wie den Kauf von Kleidern oder um etwas Schwerwiegendes wie einen Seitensprung handelt, spielt dabei nur eine untergeordnete Rolle, denn das Ergebnis ist gleich. Es entsteht eine Mauer, die Kommunikation ist gefährdet, und es gehen Verbindungsmöglichkeiten verloren.

### Vorstellungen und Erwartungen

Wir alle treten mit bestimmten Erwartungen an eine Beziehung heran. Jeder hat seine ganz eigenen Vorstellungen davon, wie die Beziehung aussehen soll, wie der Partner sich verhalten und kleiden soll, wie er oder sie reden, Auto fahren, essen, Wein bestellen, die Zähne putzen, die Wäsche pflegen, den Tisch decken und Sex machen soll, je nach dem, was wir als richtig empfinden. Die meisten von uns erwarten natürlich keine »perfekten« Partner, doch wir hätten gern, dass sie alles genau so machen, wie wir es von ihnen erwarten.

Während unserer Kindheit werden wir alle in einer bestimmten Weise geprägt. Wir lernen direkt und indirekt von unseren Erziehern, was »normal« ist, und mit dieser festen Vorstellung im Kopf gehen wir dann in die Welt hinaus und erwarten, dass sie unserem Bild entspricht. Oft richten wir uns dabei unbewusst nach den Mustern unserer Eltern – ob sie nun effektiv sind oder nicht –, weil wir sie so stark verinnerlicht haben. Diese Schablonen geben uns vor, wie die Dinge »sein sollten«.

Da aber jeder Mensch einer einzigartigen Familie entstammt, sind unsere Vorstellungen davon, was »normal« ist, entsprechend unterschiedlich. Wenn nun die gebündelten Erwartungen zweier Menschen aufeinander stoßen, kommt es zu einer Eruption. Es gibt jede Menge Enttäuschungen und immer stärkere Spannungen, weil beide Partner unbewusst versuchen, den anderen in die ihrer Meinung nach »richtige« Form zu pressen. Damit beginnt der Teufelskreis aus Missverständnissen, Enttäuschungen, Anklagen und Mauerbau.

Sie sehen, Schablonen können verheerende Auswirkungen auf eine Beziehung haben. Sie verleiten uns dazu, unausgesprochene Erwartungen an unsere Partner zu stellen, die dann zu Enttäuschungen führen. Ihr Partner ist kein Gedankenleser und kann, unabhängig davon, wie nah Sie sich sind, niemals wirklich wissen, was Sie in einem bestimmten Moment denken und fühlen. Sie müssen ihm sagen, was Sie bewegt, was er wissen soll und was Sie sich von ihm wünschen.

Annahmen und Vermutungen berauben Sie auch des Kommunikationsprozesses. Wenn Sie zu wissen glauben, was Ihr Partner will, werden Sie ihn wahrscheinlich nicht danach fragen. Dadurch verpassen Sie die Gelegenheit, die so wichtigen Gespräche zum gegenseitigen Kennenlernen zu führen und Verbindungsfäden zwischen Ihnen beiden zu weben. Vermutungen unterbinden das Erkunden und lassen keinen Raum für Offenbarungen.

Bei fast allen Paaren, die mich im Laufe der Jahre um Rat ersucht haben, waren Annahmen, Vermutungen und Erwartungen der Grund dafür, dass es zu Missverständnissen kam. Im Endeffekt wird fast jeder Partnerkonflikt durch unbewusste Vorstellungen und Mutmaßungen sowie die daraus entstehenden unausgesprochenen Erwartungen verursacht. Ich möchte nur einige Beispiele anführen; vielleicht kommt Ihnen ja eines davon bekannt vor.

Darren wollte mit Holly etwas ganz Besonderes unternehmen, um ihr sechsmonatiges Zusammensein zu feiern. Er reservierte einen Tisch in einem teuren »In«-Restaurant, von dem er annahm, dass es Holly sicher zusagen würde. Er konnte sich nicht vorstellen, dass es irgendjemandem nicht gefallen könnte, ein extravagantes Essen im beliebtesten Lokal der Stadt serviert zu bekommen. Als er Holly erzählte, wohin sie gehen würden, war sie enttäuscht, weil sie angenommen hatte, Darren würde am liebsten in einem ruhigen, gemütlichen und romantischen Restaurant essen, genau wie sie.

Samantha war sehr romantisch veranlagt. Sie war der Auffassung, wenn einem Mann etwas an einer Frau liege, müsse er dies überschwenglich mit Blumen, Liebesgedichten und häufigen Überraschungsgeschenken zum Ausdruck bringen. Doch Mark war eher Realist und zeigte seine Liebe auf sehr viel praktischere Weise, indem er ihr zum Beispiel ein Testheft mit Informationen über Faxgeräte schickte, weil er wusste, dass sie sich ein solches Gerät kaufen wollte, oder er schenkte ihr zum Valentinstag ein

Paar neue Stiefel, damit sie im Winter warme Füße hatte. Samantha war immer enttäuscht, weil Mark ihre Vorstellung vom Märchenprinzen nicht erfüllte, und Mark war auch immer frustriert, weil er nie herausfinden konnte, was er eigentlich falsch machte.

Brians Mutter hatte ihr ganzes Leben der Aufgabe gewidmet, ihn und seine Brüder großzuziehen. Als er Jessie heiratete, nahm er einfach an, dass sie das gleiche auch für ihre Kinder tun würde. Jessie hingegen liebte ihre Arbeit als Zeitungsredakteurin. Sie wollte später zwar auf jeden Fall Kinder haben, dafür aber nicht ihre Arbeit aufgeben und ganz zu Hause bleiben, um den Nachwuchs zu versorgen. Jessie kannte viele Frauen, die das taten und respektierte deren Entscheidung auch, doch sie wusste, dass ein solches Leben für sie nicht das richtige war. Brian und Jessie steckten in einer Sackgasse: Jessie ärgerte sich über Brian, weil er ihr seine Erwartung aufdrängen wollte, und Brian war böse auf Jessie, weil sie seine Vorstellung von einer »richtigen« Ehefrau nicht erfüllte.

### Der Ausweg aus dem Labyrinth der Vermutungen

Das Heilmittel gegen unbewusste Wertvorstellungen besteht aus drei Teilen: Bewusstmachen, Überprüfen und Kommunizieren. Um sich Ihre Schablonen bewusst zu machen, müssen Sie aufmerksam beobachten, wo sich bei Ihnen eine Kluft zwischen Erwartung und Realität auftut, und anschließend den Wertmaßstab aufspüren, der Ihrer Erwartung zugrunde liegt. Schauen wir uns Samantha an, die enttäuscht war, als Mark ihr zum Valentinstag keine Blumen schickte. Ein Ausschnitt aus meinem Gespräch mit ihr soll Ihnen verdeutlichen, wie der Bewusstwerdungsprozess abläuft:

*Was fühlen Sie?*
SAMANTHA: Enttäuschung.
*Warum?*
SAMANTHA: Ich habe keine Blumen bekommen.
*Was bedeutet es für Sie, Blumen zu bekommen?*
SAMANTHA: Dass ich geliebt werde.
*Weiß Mark das?*
SAMANTHA: Hm, nein, aber er sollte es wissen.

Nachdem wir uns zu ihrer Vorstellung vorgearbeitet hatten, dass Mark wissen sollte, was sie will, und außerdem herausgefunden hatten, dass sie glaubte, Blumen seien gleichbedeutend mit Liebe, wurde Samantha bewusst, warum sie stillschweigend davon ausgegangen war, dass Mark ihr zum Valentinstag Blumen schicken würde. Sie hatte einfach angenommen, dass Mark sich ihren Erwartungen entsprechend verhalten würde, indem er entweder dieselben Wertmaßstäbe besaß wie sie oder in der Lage war, ihre Gedanken zu lesen, um herauszufinden, was sie sich vorstellte.

Sobald Sie Ihre Schablone ausgegraben und vor sich ausgebreitet haben, können Sie überprüfen, ob sie für Sie immer noch gültig und wahr ist. Wenn nicht, können Sie sie mitsamt der da-

raus entstandenen Erwartung *ad acta* legen. Kommen Sie hingegen zu dem Schluss, dass sie für Sie immer noch Gültigkeit
besitzt, so müssen Sie Ihrem Partner Ihre Vorstellungen mitteilen, damit er Bescheid weiß und Sie gemeinsam ein Ergebnis aushandeln können, das für Sie beide annehmbar ist. Samantha
zum Beispiel erkannte, dass Blumen ihr zwar viel Freude machten, ihr Nichtvorhandensein aber nicht notwendigerweise ein
Grund zur Traurigkeit war oder gar bedeutete, dass jemand sie
nicht liebte. Sie gab ihre Vorstellung, dass Blumen mit Liebe
gleichzusetzen seien, auf.

Es hätte jedoch genauso gut sein können, dass Samantha nach
Überprüfung ihrer verinnerlichten Wertmaßstäbe zu dem Ergebnis gekommen wäre, dass sie tatsächlich Blumen braucht,
um sich geliebt zu fühlen. In dem Fall hätte sie Mark von ihrer
Erwartung in Kenntnis setzen müssen, damit er sich ganz
bewusst hätte überlegen können, wie er mit dem nächsten Valentinstag umgehen will.


## DIE NOTWENDIGKEIT EINER SICHEREN UMGEBUNG

Die besten Kommunikationsfähigkeiten der Welt nutzen Ihnen
gar nichts, wenn Sie Angst haben, sie anzuwenden. Die ohnehin
nicht leichte Aufgabe, klar und ehrlich mit einem anderen Menschen zu kommunizieren, wird umso schwerer, wenn Sie Angst
vor Zurückweisung, Kritik oder anderen Formen von Feindselig-

keit haben müssen. Für eine optimale Kommunikation ist eine sichere Umgebung vonnöten, damit beide Partner sich trauen können, ihre Gedanken und Gefühle ehrlich auszudrücken.

»Sicher« zu sein bedeutet, dass Sie ganz Sie selbst sein können. Sie fühlen sich ermutigt, alles von sich auszudrücken, und sind bereit, Risiken einzugehen, Ihre innere Realität offenzulegen und verwundbar zu sein, weil Sie wissen, dass niemand Sie verletzen wird. Sie fühlen sich voll und ganz akzeptiert und haben deshalb den Mut, auch Ihre verborgensten Geheimnisse preiszugeben.

### *Keine Urteile*

Wirklich sicher ist eine Umgebung nur, wenn beide Seiten auf Bewertungen verzichten. Verurteilungen und Kritik schaffen ein Klima, in dem sich die Gesprächspartner eingeengt, angespannt und bedroht fühlen, so dass viele sich lieber innerlich verschließen, als Unannehmlichkeiten und Schmerzen zu riskieren, indem sie sich öffnen. Eine Atmosphäre der Sicherheit und Hilfsbereitschaft öffnet die Kommunikationswege und stärkt das Vertrauen zwischen den Partnern, wohingegen ein bedrohliches Umfeld die Kommunikation zum Erliegen bringt und eine Kluft zwischen den Kontrahenten entstehen lässt.

Um für den Menschen, den Sie lieben, ein sicheres Umfeld zu schaffen, müssen Sie sich jeglichen Urteils enthalten: Hören Sie sich die Gedanken und Gefühle, die Beobachtungen, Sorgen oder Ängste Ihres Partners an, *ohne einen Kommentar abzugeben, ihn zu kritisieren oder anzugreifen.* Verzichten Sie darauf, seine Worte oder Taten zu bewerten, damit er sich in dem sicheren Gefühl Ihrer Anwesenheit frei äußern kann, ohne Missfallen oder Zurückweisung befürchten zu müssen. Sie müssen Ihrem Partner die Möglichkeit geben, alles, was ihm durch den Kopf geht, »ins Blaue« hinein sagen zu können, d. h. in einer Umgebung bedingungsloser Unterstützung, Ermutigung und Akzeptanz.

Wenn Ihr Partner Ihnen beispielsweise erzählt, dass er von seinem Job die Nase voll hat und kündigen will, würde der Urteilsverzicht von Ihnen verlangen, dass Sie ihm einfach zuhören, ohne sofort zu fragen, wie er dann in Zukunft seinen Lebensunterhalt bestreiten will, oder anzumerken, dass er übereilt handelt. Wenn Ihnen Ihr Geliebter gesteht, dass er Ihre Eltern nicht besuchen möchte, weil er sich dort nicht willkommen fühlt, dann sollten Sie auf eine Bewertung verzichten und Ihren Partner auffordern, Ihnen mehr über diese Gefühle zu erzählen, anstatt sie für nichtig zu erklären.

Der Urteilsverzicht fällt Ihnen vielleicht leichter, wenn Sie sich vorstellen, Ihnen stände ein Kind gegenüber, das Angst hat, die Wahrheit zu sagen. Wenn meine Tochter Jennifer als Kind mit einem ganz bestimmten Gesichtsausdruck zu mir kam, ermutigte ich sie immer, mir die Wahrheit zu erzählen, indem ich ihr versicherte, dass ich sie bestimmt nicht dafür bestrafen würde. Wenn Sie Ihrem Partner freundlich und mitfühlend zuhören, können Sie den Teil von sich ausklammern, der nach Schwachpunkten sucht, auf die er sich stürzen kann. Diese Art des

Annehmens hält Sie beide als Partner zusammen, anstatt Sie zu Gegnern zu machen, und bietet die Möglichkeit, dass Sie sich gegenseitig in einer Atmosphäre der Geborgenheit zeigen, wer Sie wirklich sind.

## *Nicht in die Defensive gehen*

Es entspricht der menschlichen Natur, dass wir uns verteidigen, wenn wir angegriffen werden; dieser Mechanismus wurde vor Tausenden von Jahren in unsere Gene eingepflanzt, um unser Überleben in der Wildnis zu sichern. Doch leider erfolgt die Abwehrreaktion unabhängig davon, ob Sie von einem Raubtier verfolgt werden oder Ihr Partner Sie dafür kritisiert, dass Sie Ihre Socken immer auf dem Boden liegen lassen. Beziehungen mögen zuweilen recht anstrengend sein, doch sie erfordern mit Sicherheit nicht dasselbe Maß an aggressiven Überlebenstechniken wie das Leben in der Wildnis, weshalb wir lernen müssen, unsere Verteidigungsreaktion dem Umfeld anzupassen.

Besonders schwierig ist der Verzicht auf ein Werturteil natürlich dann, wenn Ihr Partner Sie mit Dingen konfrontiert, die Sie verletzen oder beleidigen. Doch wenn Sie Ihren Partner auffordern, Ihnen die Wahrheit zu sagen, müssen Sie im Gegenzug auch bereit sein, ihn anzuhören. Wenn Sie etwas zu hören bekommen, was gegen Sie gerichtet scheint, wollen Sie sich natürlich verteidigen; doch in dem Moment, wo Sie Ihr Schutzschild erheben, ist das Umfeld für Sie beide nicht mehr sicher.

Bei Meinungsverschiedenheiten geraten die Partner schnell in einen Teufelskreis aus Angriff, Verteidigung, Rache und so weiter, bis einer verwundet ist, beide erschöpft sind oder einer aufgibt. Die einzige Möglichkeit, diesen Kreislauf zu unterbrechen, besteht für beide Beteiligten darin, dem anderen zuzuhören, ohne in die Defensive zu gehen oder Rache zu üben. Einer von Ihnen muss mit dem Kampf und der Rechthaberei Schluss machen, um den Meinungsaustausch zu entschärfen und die Umgebung für Sie beide wieder emotional sicher zu machen.

Um ohne Gegenwehr zuhören zu können, müssen Sie Ihren Reaktionsknopf deaktivieren. Wahrscheinlich fühlen Sie sich zuerst einmal verletzt von dem, was Ihr Partner sagt, denn Sie sind ein Mensch, und niemand hört gern etwas über seine Unzulänglichkeiten. Der Ausweg besteht nun darin, dass Sie die Verletzung bemerken und sich eingestehen, dass Sie sie fühlen, jedoch nicht darauf reagieren müssen. So können Sie aus sich selbst heraustreten und die Äußerung Ihres Partners objektiv aufnehmen, um sich anschließend eine klare Meinung darüber zu bilden, ob Sie das, was er gesagt hat, richtig finden. Halten Sie es für unzutreffend, können Sie entsprechend darauf antworten. Kommen Sie hingegen zu dem Schluss, dass die Äußerung Ihres Partners berechtigt ist, so können Sie die Information konstruktiv zu Ihrer eigenen Verbesserung nutzen.

So war Jamie beispielsweise böse auf Bob, weil er im Haus immer ein Riesendurcheinander verursachte, das sie aufräumen musste, wenn sie von einer Geschäftsreise nach Hause kam. Als sie

Bob damit konfrontierte und ihm sagte, dass sie sein Verhalten rücksichtslos finde, war seine erste Reaktion natürlich Abwehr. Anstatt zuzuhören, was Jamie zu sagen hatte, wurde er ärgerlich, weil er sich angegriffen fühlte. »Ich räume *immer* das Haus auf«, erwiderte er. »Ich muss doch immer alles hinter *dir* herräumen.«

Um Jamies Gefühlsäußerungen ohne Abwehrreaktion aufnehmen zu können, hätte Bob seinen ersten Impuls überwinden und einfach nur zuhören müssen, was Jamie zu sagen hat. Er hätte daran denken sollen, dass das Anhören von Jamies Standpunkt nicht automatisch bedeutet, dass sein eigener ungültig ist. Hätte er zuhören können, ohne sofort zu reagieren, hätte er vielleicht erkannt, dass er sich abwehrend verhielt, weil ihm seine Rücksichtslosigkeit peinlich war.

Das ist natürlich viel einfacher gesagt als getan. Man braucht enorm viel Willenskraft, um die Worte und Taten seines Partners nicht sofort mit einem Urteil zu belegen, wenn sie einen direkt betreffen. In solchen Momenten muss man in Sekundenbruchteilen entscheiden, ob man einen Schritt vorwärts in Richtung Vertrauen macht, indem man zuhört, ohne zu urteilen, oder ob man sich in Richtung Zerstörung bewegt, indem man defensiv, verärgert oder mit Kritik reagiert.

Schauen wir uns das Beispiel Karen und Bill an. Die beiden hatten gerade sämtliche Papiere für den Erwerb ihres neuen Hauses unterzeichnet. Es besaß zwei Stockwerke, hatte einen Garten hinter dem Haus, bot reichlich Platz für die Kinder und befand sich in der Nähe von Schulen und Geschäften. Es war genau das, was Karen wollte, doch in dem Moment, als sie die Papiere unterschrieb, fühlte sie sich ganz elend. Sie konnte sich des Gefühls nicht erwehren, dass sie einen furchtbaren Fehler machten.

Sehr viele Menschen befürchten, einen fatalen Irrtum begangen zu haben, wenn sie einen bedeutsamen Kauf abgeschlossen haben, weshalb dieses Phänomen auch ganz offiziell »Reue des Käufers« genannt wird. Bill empfand offensichtlich keinerlei Reue, denn er lächelte und schüttelte allen Leuten die Hand. Er war bester Laune, weil sie ihr Darlehen bekommen hatten, und freute sich darauf, endlich mit seiner Familie im eigenen Heim zu leben. Karen hatte Angst, die Abzahlungsraten wären zu hoch und die ganze Sache würde ihnen über den Kopf wachsen. Sie geriet in Panik bei dem Gedanken, dass sie nicht genug Geld haben könnten, um das Haus ordentlich zu möblieren, und dass die Gegend vielleicht doch nicht so sicher wäre, wie der Makler gesagt hatte. Doch sie versuchte, ihre Ängste vor Bill zu verbergen, um ihm die Freude nicht zu verderben.

Als sie dann im Auto saßen und zu ihrer Wohnung zurückfuhren, konnte Karen sich nicht länger beherrschen und riskierte die Offenbarung ihrer Gefühle: »Bill, ich muss mit dir reden.« Bill war noch immer voller Enthusiasmus und hatte keine Ahnung, was seine Frau ihm sagen wollte. »Aber natürlich, Schatz«, antwortete er. »Was ist denn los?« Da platzte Karen mit der Wahrheit heraus: »Ich fürchte, wir haben einen Riesenfehler gemacht.«

In diesem Moment fällt die Entscheidung, ob die Antwort Vertrauen schafft oder die Kommunikation vollkommen zusammenbrechen lässt. Reagiert Bill verärgert oder schockiert, gibt er ein Urteil ab oder fängt er ein Verhör an, so wird Karen sich entweder verschließen, sich isoliert fühlen und/oder in Panik geraten. Die Situation würde in einen handfesten Streit ausarten, der für sie beide eine Qual wäre. Gelingt es Bill hingegen, seine eigene Reaktion zu beherrschen, mit Karen mitzufühlen und zu ihr zu sagen »Erzähl mir doch, was los ist«, bestehen große Chancen, dass Karen sich öffnet, ihm ihre Ängste mitteilt, auch wenn es schwer fällt, und dass sie dann gemeinsam beschließen können, wie sie am besten weiter verfahren. Oft verschwinden Ängste allein dadurch, dass man sie ausspricht. In unserem Beispiel ist die Chance recht groß, dass Bill die Befürchtungen seiner Frau verringern oder vielleicht sogar ganz ausräumen kann, wenn er ihr die Gelegenheit gibt und sie ermutigt, ihren Gefühlen freien Lauf zu lassen. Damit würde er auch einen Schritt vorwärts zur weiteren Vertiefung ihres Vertrauensverhältnisses tun, denn er würde die Kommunikationslinien verstärken, anstatt sie durch ein Urteil zu unterbrechen.

## KEINE STEINE IM KORB

Erinnern Sie sich an Lili und Charles, das Paar, das sich auf der Dachterrassen-Party kennen lernte und gelobte, der Kommunikation in der Beziehung oberste Priorität einzuräumen? Lili erzählte mir eines Tages von ihrer »Keine Steine im Korb«-Regel, einer Grundregel, die ich für so wichtig und wertvoll halte, dass ich sie gern weitergeben möchte.

Lili erklärt es folgendermaßen: Wir alle tragen einen kleinen, unsichtbaren Korb in unserem Kopf mit uns herum. Um als Menschen ein Höchstmaß an Effektivität zu erreichen, sollte dieser Korb nach Möglichkeit leer und leicht bleiben, damit er uns nicht niederdrückt, ganz ähnlich wie es auch der Zen-Buddhismus lehrt.

Gelegentlich bleiben Gefühle wie Groll, Wut, Ärger oder andere Negativempfindungen in uns sitzen, weil wir es versäumen oder uns nicht erlauben, sie an den eigentlichen Empfänger weiterzugeben, und diese Ressentiments verwandeln sich dann in Steine. Jeder einzelne dieser Steine kommt in den Korb in unserem Kopf und bleibt dort liegen, bis wir ganz bewusst entscheiden, ihn hervorzuholen und zu entfernen.

Problematisch wird es, wenn Menschen mit schwer beladenen Körben (also Gemütern) vorzugeben versuchen, es sei alles in bester Ordnung. Sie können sich noch so sehr bemühen, das Scheppern der Steine in ihren Körben wird sie ablenken und ihre Gedanken durcheinander bringen. Das Gewicht der Steine wird sie niederdrücken wie eine schwere Last und ihrer optimalen Beweglichkeit im Wege stehen. Deshalb meint Lili, es sei das Beste, den Korb möglichst leer zu halten, damit man funktionieren kann, ohne von einem Haufen Steine im Kopf behindert zu werden.

Jedes Mal wenn Sie Ihren Mund halten, obwohl Ihr Partner Sie gekränkt hat, bilden Sie einen Stein. Jedes Mal wenn Sie einen Wunsch nicht äußern, verfestigt sich der daraus entstehende Ärger zu einem weiteren Stein. Immer wenn Sie Ihre Wut unterdrücken, entsteht ein neuer Stein. Sie sehen, wie schnell solch ein Korb bis zum Überlaufen mit Steinen gefüllt ist, die dann in Form von kleinen Sticheleien, schweren Bomben, Sarkasmus oder bissigen Kommentaren auf Ihren Partner niederprasseln und im Laufe der Zeit, wenn sie unbeachtet bleiben, zu Gefühlsexplosionen führen können.

Manche Leute entscheiden sich jedoch ganz bewusst für die Beibehaltung ihrer Steine und schleifen sie zu Waffen, die hart wie Diamanten sind. Ich kenne eine Frau, die von ihrem Mann betrogen wurde, ihre Gefühle aber nicht mit ihm zusammen bearbeitet, sondern lieber den Stein in ihrem Korb mit sich herumträgt, um ihren Mann zu gegebener Zeit damit bewerfen zu können. Und sie macht den Stein immer schwerer, indem sie ihn noch zusätzlich mit der Empörung ihrer Freundinnen belädt. Sie weigert sich, ihren Stein aus der Hand zu geben und das Lösegeld zu zahlen, das für ihre eigene Befreiung erforderlich wäre – der Verzicht auf die andauernde Scham und Bestrafung ihres Mannes.

Das Ziel einer authentischen Beziehung besteht darin, eventuell auftretende Steine so schnell wie möglich zu beseitigen. Wenn man sie aus irgendwelchen Gründen unnötig lange mit sich herumträgt, belastet man damit nur seine Beziehung und sich selbst.

### *Die Wahrheit sagen*

Bei der »Keine Steine im Korb«-Theorie geht es im Wesentlichen darum, dass man nicht mit seiner Wahrheit hinter dem Berg hält. Vielleicht glauben Sie, Sie könnten Ihre wahren Empfindungen niemals offenbaren, weil Sie sich vor den Konsequenzen fürchten. Doch wenn Sie nicht die Wahrheit sagen, weil Sie meinen, Ihr Partner könne damit nicht umgehen oder Sie würden ihn damit in irreparabler Weise verletzen, verärgern oder beleidigen, fügen Sie ihm einen weitaus größeren Schaden zu, als Sie denken. Wenn Sie Ihre wahren Gefühle unterdrücken, beschweren Sie damit nicht nur Ihren eigenen Korb, was sich natürlich auch auf Ihren Partner auswirkt, sondern nehmen ihm auch die Möglichkeit, durch Ihr Feedback zu wachsen.

Chloe war schon seit drei Jahren mit Aaron zusammen, hatte jedoch während der ganzen Zeit nie ehrlich gesagt, wie sie sich beim Sex mit Aaron fühlte. Er war, wie sie es beschrieb, »unbeholfen und rücksichtslos«, weshalb sie Probleme hatte, sexuell auf ihn zu reagieren. Die Schwierigkeiten wirkten sich bald auf ihre gesamte Beziehung aus, weil Chloes Ärger mit jedem unbefriedigenden Zusammensein anwuchs.

Schließlich kam Chloe an einen Punkt, wo sie wusste, sie musste entweder die Wahrheit sagen oder die Beziehung beenden, weil sie nicht länger bereit war, ein unerfülltes Sexualleben zu ertragen. Schließlich offenbarte sie sich Aaron, der zwar anfänglich negativ reagierte, weil er sich in seinem Stolz verletzt fühlte, zu guter Letzt aber den Wunsch äußerte, mehr darüber zu erfahren, was sie sich wünsche und wie er ihr Vergnügen bereiten könne. Dadurch öffnete sich für beide die Tür zu einer ganz neuen Verbindungsebene, denn nun begannen sie gemeinsam ihre Sexualität zu erforschen. Sie lasen Bücher, probierten viel Neues aus und besuchten sogar Tantra-Sexseminare. Mit jeder neuen Erkenntnis wurde ihr Liebesleben besser. Sie lernten, Spaß mit ihren Körpern zu haben und die sexuellen Bedürfnisse des anderen zu respektieren. Mittlerweile unterhalten Chloe und Aaron eine sexuelle Beziehung, die für beide Seiten befriedigend ist, und haben außerdem in ihrer Verbindung ein viel höheres Niveau erreicht.

Es ist nie leicht, seine wahren Gefühle zu offenbaren, wenn man meint, eine andere Person damit zu verletzen. Vielleicht muss man sogar warten, bis die Steine so schwer geworden sind, dass einem der Kopf zu platzen droht. Dann ist das Bedürfnis, die Wahrheit zu sagen, hoffentlich stärker als die Widerstandskraft, und man wird einmal tief durchatmen, um endlich seine wahren Gefühle zu zeigen. Die einzige Alternative dazu wäre, die Beziehung zu beenden.

Wenn Sie einen Stein loswerden müssen, von Ihren Befürchtungen jedoch daran gehindert werden, fragen Sie sich selbst, was schlimmstenfalls passieren könnte. Indem Sie sich dieses Szenario in allen Extremen ausmalen, können Sie die Angst, die Ihnen im Wege steht, ans Licht holen, um sie dann wieder auf ein realistisches Maß zu reduzieren. Chloe sah die größte Gefahr darin, dass Aaron beleidigt wäre und sie verlassen würde, wenn sie ihm sagte, was sie wirklich empfand. Sie wusste, dass sie dann am Boden zerstört wäre, aber sie wusste auch, dass sie es überleben würde, denn sie wollte eine Beziehung, in der beide Partner ihre Gefühle ohne Angst äußern können.

Dann kommt der Sprung ins kalte Wasser – man muss darauf vertrauen, dass die Beziehung der Belastung standhalten wird. Tut sie es nicht, dann trifft einen der Ernstfall wenigstens nicht ganz unvorbereitet, weil man ihn sich bereits ausgemalt hatte, und außerdem weiß man dann, dass dieser Partner nicht im gleichen Maße wie man selbst bereit ist, eine authentische Beziehung zu unterhalten. Das tut sicher weh, aber ein Kopf voller Steine ist mindestens genau so schmerzhaft.

### *Wünsche äußern*

Nichts verschafft Ihnen schneller einen Stein, als wenn Sie Ihre Wünsche nicht vorbringen. Diese Art von Unterdrückung führt am schnellsten zu Ressentiments, denn sie beeinträchtigt nicht nur Ihr tägliches Leben, sondern auch Ihr Selbstwertgefühl.

Zoe und Richard waren schon seit neun Jahren ein Paar. Jedes Mal wenn sie in Urlaub fuhren, machte Richard die ganze Planung, buchte die Tickets, legte die Route fest und überraschte Zoe dann mit einer fertig ausgearbeiteten Reise. Zoe gab jedes Mal vor, sich zu freuen, wünschte sich aber insgeheim, dass Richard sie auch einmal das Ziel auswählen lassen würde. Sie hatte Schwierigkeiten damit, diesen Wunsch zu äußern, weil sie nicht undankbar erscheinen wollte, außerdem war sie der Meinung, Richard habe ohnehin das Recht zu bestimmen, wie und wohin sie reisten, weil er den Urlaub schließlich finanzierte. Doch jedes Mal wenn Zoe schwieg, bröckelte wieder ein Stück von ihrem Selbstwertgefühl ab, denn innerlich kochte sie vor Wut darüber, dass sie unfähig war, ihre Wünsche zu artikulieren.

Zu sagen, was man möchte, ist nicht immer leicht. Viele Menschen befürchten, genau wie Zoe, für anmaßend gehalten zu werden – in ihren Augen eine grässliche Eigenschaft. Andere haben vielleicht Angst davor, dass ihr Wunsch zurückgewiesen oder negativ beurteilt werden könnte (»*Was* willst du?«), oder vielleicht glauben sie auch, sie hätten das, was sie sich wünschen, eigentlich gar nicht verdient.

Wenn es Ihnen schwer fällt, Ihre Wünsche zu äußern, müssen Sie zuerst einmal Ursachenforschung betreiben, bevor Sie anfangen können, neue Verhaltensmuster einzuüben. Sind Sie der Auffassung, Ihre Wünsche seien ohnehin nicht von Belang, so empfehle ich Ihnen, noch einmal unter Regel Eins nachzulesen, wohin eine solche Selbsteinschätzung führen kann. Vielleicht müssen Sie ein wenig an sich arbeiten, um Ihr Denken in neue Bahnen zu lenken. Sie haben es verdient, zu bekommen, was Sie sich wünschen; wenn Sie das glauben, wird es Ihnen viel leichter fallen, Ihre Wünsche vorzutragen.

Sind Schüchternheit oder Angst die Ursache dafür, dass Sie sich mit der Formulierung Ihrer Wünsche schwer tun, dann sollten Sie sich ein Selbsttrainingsprogramm verordnen, das ganz einfach beginnt. Zuerst machen Sie Anfängerübungen für den »Ich will«-Muskel (»Ich will ein Eis«, »Ich will diese Fernsehshow nicht sehen«). Das kontinuierliche Training wird dazu führen, dass der Muskel, genau wie jeder andere, mit der Zeit stärker und leistungsfähiger wird, bis es Sie am Ende nicht mehr so viel Überwindung kostet, »Ich will« zu sagen. Schließlich können Sie sich an größere Wünsche heranwagen (»Ich will eine Kreuzfahrt machen anstatt Ski zu fahren«, »Ich will lieber in der Stadt leben«). Setzen Sie die wichtigen Leute in Ihrem Leben davon in Kenntnis, dass Sie an diesem Problem arbeiten. Wenn Sie andere Menschen darauf aufmerksam machen, dass Sie versuchen, etwas an sich zu verändern, ziehen sie mit Ihnen am selben Strang und unterstützen Sie.

Sie können den Ängsten und Vermutungen, die Sie an der Artikulation Ihrer Wünsche hindern, ins Auge blicken und sich die Fähigkeit aneignen, zu sagen, was Sie wollen, wodurch Sie sich letztendlich die Möglichkeit schaffen, auch zu bekommen, was Sie wollen. Sie können Ihre Hemmungen und Ihren verkümmerten »Ich will«-Muskel aber auch beibehalten und weiterhin mit einem Korb voller Steine leben. Sie haben die Wahl.

Die Kommunikation mit dem Partner zu erlernen ist ein fortlaufender Prozess. Es erfordert Zeit, Übung und Geduld, die Kommunikationswege offen zu halten. Doch mit jeder neuen Fähigkeit, die Sie erlernen, fließt die Energie in Ihrer Beziehung leichter. Jede Offenbarung, jeder Austausch und jeder Urteilsverzicht bringt Sie Ihrem Partner und einer tiefen, dauerhaften Verbindung einen Schritt näher.

## SIE MÜSSEN MITEINANDER VERHANDELN

♥

*Hin und wieder werden Sie sich aus Sackgassen herausmanövrieren müssen. Wenn Sie diese Aufgabe mit Geschick und gegenseitigem Respekt angehen, werden Sie Lösungen finden, die für Sie beide einen Gewinn darstellen.*

Alle Paare müssen miteinander verhandeln, wenn ihr gemeinsamer Lebensweg nicht in einer Sackgasse enden soll. Durch Verhandlungen wird abgeklärt, was jeder Einzelne braucht und will, um schließlich eine Lösung zu finden, die beide Seiten zufrieden stellt – ein »Abkommen mit zwei Gewinnern«, wie ich es nenne. Verhandlungen sind immer dann notwendig, wenn es unter den Partnern zu Meinungsverschiedenheiten kommt – was unweigerlich geschieht – und Kommunikation allein nicht mehr ausreicht, um die Situation zu meistern.

Das Wort »Verhandlung« lässt zwar eher an Konferenzen und

Geldgeschäfte denken, doch in Ihrer Beziehung finden genau die gleichen Prinzipien Anwendung. Profis wählen bei Differenzen den Verhandlungsweg, weil es die effektivste Art ist, eine faire Lösung herbeizuführen. Verhandlungen sind immer dann erforderlich, wenn zwei separate Einheiten in Beziehung zueinander stehen und ein Abkommen treffen wollen; durch Verhandlungen erzielen Sie mit Ihrem Partner eine Übereinkunft. Verhandlungen helfen Ihnen, emotionale Reaktionsmuster, Krisen und Unstimmigkeiten mit Verstand und kühlem Kopf in den Griff zu bekommen.

Viele Leute entdecken, nachdem sie eine Beziehung angefangen haben, zu ihrer größten Überraschung, dass Partnerschaften Zeit und Mühe kosten. Sich zu verlieben ist ganz wunderbar, das spätere alltägliche Zusammenleben hingegen kann recht mühselig sein. In Regel Fünf haben wir gesehen, dass es zur Aufrechterhaltung der inneren Bindung absolut unerlässlich ist, dass die Partner effektiv miteinander kommunizieren. Das Verhandeln geht nun noch einen Schritt über die Kommunikation hinaus. Die Partner müssen miteinander verhandeln, um Brücken zwischen ihren verschiedenen Standpunkten zu schlagen und immer wieder einen Konsens zu erzielen; auch wenn es gilt, starre Fronten aufzuweichen, können Verhandlungen Wunder wirken.

Wenn sich zwei zu einem Team zusammenschließen, müssen sie entscheiden, wie ihr gemeinsames Leben aussehen soll. Das kann ein schwieriges Unterfangen sein, vor allem weil die Menschen in diesem Punkt oft unterschiedlicher Meinung sind. Sobald Diskrepanzen hinsichtlich der Prioritäten, der Werte, des Stils und der Präferenzen auftreten, ist es notwendig zu verhandeln.

## MIT UNTERSCHIEDEN ZURECHTKOMMEN

Wenn zwei Menschen zusammenkommen, haben sie nicht nur Gemeinsamkeiten. Natürlich ist es für eine funktionierende Beziehung notwendig, dass die beiden Partner in etwa zusammenpassen und auch ein Mindestmaß an gemeinsamen Interessen haben. Doch trotz alledem lässt sich mit ziemlicher Sicherheit vorhersagen, dass Konflikte auftreten werden, die nach Lösungen verlangen. Es gibt so viele Bereiche, in denen es zu Diskrepanzen kommen kann, dass es eigentlich schon fast verwunderlich ist, dass zwei Menschen überhaupt miteinander auskommen.

Sie können einen anderen Lebensstil bevorzugen als Ihr Partner. So mag Rick beispielsweise das Leben in der Stadt, während Jeanette die Vorstadt lieber ist. Thomas zieht es in Fünf-Sterne-Hotels, doch Jillian geht lieber zelten. Dylan gönnt sich gern ein wenig Luxus, wohingegen Vanessa zu einem einfachen Lebensstil tendiert. Michel speist gern in eleganten Restaurants, doch Dana geht am liebsten in die Pizzeria um die Ecke.

Auch die Präferenzen in der Freizeitgestaltung können sehr unterschiedlich sein. Sonia sieht am liebsten ausländische Filme, Marv hingegen Komödien. Burt ist ein Arbeitstier, und Edna macht gern Urlaub. Elaine liebt Wassersport, doch Marshall wird seekrank. Patrick schaut sich gern Basketballspiele an, Marci findet Sport sterbenslangweilig. Bonnie streift gern auf Flohmärkten herum, und Scott hasst das Einkaufen.

Ebenso ist es möglich, dass Sie ganz andere Bedürfnisse haben als Ihr Partner.

Maura braucht viel Zeit für sich, wohingegen Frank so oft wie möglich mit Maura zusammensein möchte. Tracy hat ein starkes Verlangen nach Sex, während es Ron genügen würde, einmal pro Monat mit ihr zu schlafen. Natalie erholt sich am besten auf Reisen, doch Chris kann am besten auftanken, wenn er mit einem Stapel Bücher zu Hause bleibt.

Auch Geschmäcker können bekanntlich verschieden sein. Mel ist am ehesten für Hausmannskost zu haben, während Dotty sich für pikante ausländische Gerichte begeistert. Martin schätzt moderne Architektur, Betsy hingegen liebt den viktorianischen Stil. Tracy hört am liebsten Symphonien, Bud ist Rock'n Roll-Fan.

Der Lebensrhythmus kann ebenso unterschiedlich sein. Sam geht schnell und zielgerichtet, während Lisa gern schlendert. Jordan steht gern früh auf, und Jerry ist ein Nachtmensch. Wendy packt ihren Terminkalender voll mit gesellschaftlichen Aktivitäten, doch Elliott ist es schon zu viel, wenn er mehr als eine Verabredung pro Woche hat.

Schließlich können auch die Wertvorstellungen und Lebensphilosophien voneinander abweichen. Amy ist sparsam, während Abe gern Runden für alle schmeißt. Howie ist ein Konservativer, Vivian hingegen eine Liberale. Alexander glaubt an Gott, und Annie ist Atheistin.

Wie können Sie nun mit jemandem auskommen, der in dieser oder jener Hinsicht so vollkommen anders ist als Sie? Indem Sie die Menschen einfach so sein lassen, wie sie sind, und dem Drang widerstehen, sie Ihnen gleichmachen zu wollen. Sie sind ganz in Ordnung so, wie sie sind.

Viele Leute sind Anhänger der »Rohdiamanten«-Theorie, denn sie glauben, sie könnten ihren Partner mit der Zeit zu einem Edelstein zurechtschleifen, der voll und ganz ihren Vorstellungen entspricht. Der menschliche Impuls, andere umzumodeln, ist sehr stark, doch Sie können einen Partner nicht aufgrund von Eigenschaften auswählen, die Sie ihm mit der Zeit anerziehen zu können glauben. Was andere Menschen mögen, was sie brauchen und wie sie funktionieren ist jeweils abhängig von ihrer ganz individuellen Persönlichkeit. Wenn Sie sich für eine Beziehung zu einem Menschen entscheiden, müssen Sie die Person so akzeptieren können, wie sie in dem Moment ist.

Mein Mann und ich unterscheiden uns zum Beispiel ganz erheblich in unserer Entschlussfreudigkeit. Ich bin sehr intuitiv und entscheide mich schnell, ohne vorher viele Informationen zu sammeln. Michael hingegen braucht jede Menge Vergleichsdaten, bevor er seine Wahl trifft. Sie können sich vorstellen, dass Einkaufen für uns beide immer ein Erlebnis ist.

Eines Nachmittags waren wir unterwegs, um eine dunkelblaue, zweireihige Klubjacke für ihn zu erstehen. Nachdem er die dritte anprobiert hatte, war ich bereit zu kaufen. Das Thema war für mich bereits abgehakt, wir konnten zum nächsten Tagesordnungspunkt übergehen. Michael wollte jedoch alle im Umkreis von zehn Kilometern erreichbaren Jacken seiner Größe anprobieren. Wir hätten nun beide die Art der Entscheidungsfindung des jeweils anderen kritisieren und einen unnützen Streit anfangen können, doch wir beschlossen, es nicht zu tun. Wir lösten unser Dilemma folgendermaßen: Ich machte mir klar, dass Michael eben Michael ist und dass jeder Versuch, ihn nach meinen Vorstellungen verändern zu wollen, nicht nur zwecklos, sondern ihm gegenüber auch respektlos wäre. Ich rückte von meiner Einschätzung ab, dass schnelle Entschlüsse besser seien als langes Überlegen. Zuerst dachte ich noch, er könnte sich ruhig ein bisschen beeilen und sich endlich für eine Jacke entscheiden, doch als ich erkannte, wie töricht meine Drängelei war, gab ich ihm grünes Licht, an diesem Tag so lange »herumzuforschen«, wie er wollte. Ich sah das Ganze nun so, dass ich einfach nur da war, um den Nachmittag in seiner Gesellschaft zu verbringen.

Ich schaute zu, wie er im Laufe des Nachmittags mehr dunkelblaue Jacken anprobierte, als es nach meiner Vorstellung überhaupt geben konnte. Er war ganz in seinem Element, und ich hatte meine Freude daran zu sehen, dass es ihm Spaß machte. Letztendlich kaufte er an dem Nachmittag überhaupt nichts, was für mich undenkbar gewesen wäre, aber ich ließ ihn alles so machen, wie es ihm beliebte, und wir hatten beide einen wunderbaren Nachmittag.

Unabhängig davon, welchen Ursprungs oder welcher Art Ihre Differenzen sind, müssen Sie nach Wegen suchen, wie Sie für Ihrer beider Wünsche und Bedürfnisse Platz schaffen und trotz der offensichtlichen Unterschiede zwischen Ihnen in Harmonie miteinander leben können.

## WEGE AUS DER SACKGASSE

Sie stecken in einer Sackgasse, wenn Ihre Differenzen Sie an einen Punkt geführt haben, an dem es nicht mehr weiter geht. Wenn Sie und Ihr Partner feststellen, dass Sie konträre Ansichten oder Bedürfnisse haben, stehen Ihnen zwei Möglichkeiten offen: Entweder Sie setzen alles daran, die Oberhand zu gewinnen, oder Sie bemühen sich um eine Lösung, die für Sie beide akzeptabel ist. Das Szenario, das Sie wählen, ist ausschlaggebend dafür, ob Sie effektive Verhandlungen führen oder das Kriegsbeil ausgraben.

### *Uneinigkeit muss nicht zum Streit führen*

Bei allen Paaren kommt es zu Meinungsverschiedenheiten. Das ist so sicher wie das Amen in der Kirche. Früher oder später muss sich jedes Paar mit gegensätzlichen Auffassungen, Wünschen oder Bedürfnissen auseinander setzen. Eine authentische Partnerschaft zeichnet sich in diesem Fall dadurch aus, dass beide

Parteien sich bemühen, eine Lösung zu finden und die Meinungsverschiedenheiten nicht in Streit ausarten zu lassen.

Vom Inhalt her ist ein Streit ähnlich wie eine Meinungsverschiedenheit, doch von der Intention her sind sie vollkommen
anders. Eine Meinungsverschiedenheit zu haben bedeutet, dass
zwei Partner unterschiedliche Standpunkte vertreten. Bei einem
Streit hingegen vertreten sie nicht nur verschiedene Standpunkte,
sondern versuchen außerdem noch *mit hohem Energieaufwand, den
anderen von der eigenen Einschätzung zu überzeugen.* Entwickelt sich
eine Meinungsverschiedenheit zum Streit, so stellen sich beide
Partner auf die Hinterbeine und werden zu Kriegern, die ihren
Gegner besiegen wollen.

Bei einem Streit geht es den Kontrahenten in erster Linie
darum zu klären, wer Recht hat. Wenn Sie sich mit Ihrem Partner
streiten, erhebt einer von Ihnen oder auch Sie beide Anspruch
darauf, im Recht zu sein. Wenn es Ihnen beiden allerdings wichtiger ist, Recht zu haben, als eine für beide Seiten akzeptable
Lösung zu finden, werden Sie kämpfen, bis einer von Ihnen aufgibt oder den anderen besiegt. Der Stärkere »gewinnt« den Streit;
dabei handelt es sich für gewöhnlich um die Person, die am lau-
testen schreit, mit den härtesten Bandagen kämpft, die klügste
Taktik anwendet oder die größte Hartnäckigkeit unter Beweis
stellt.

»Oberhand«, »gewinnen« und »verlieren«, das alles sind Begriffe, die für Wettkämpfe oder im Krieg verwendet werden und
auch lieber auf Spiel- und Schlachtfelder beschränkt bleiben

sollten, denn in Liebesbeziehungen haben sie nichts zu suchen. Doch leider gibt es sehr viele Paare, die sich bei Unstimmigkeiten an eben dieses Schema halten und sich blutige Schlachten liefern. Ein Streit mag einen der Partner als Gewinner aus der Schlacht hervorgehen lassen, doch im Endeffekt sind beide Beteiligten damit der Gefahr, den Krieg insgesamt schmerzvoll zu verlieren, einen Schritt näher gekommen.

Kämpfe schädigen das »Bindegewebe« Ihrer Beziehung. Wenn Sie sich im Eifer des Gefechts verletzende Worte an den Kopf werfen, wird Ihr Vertrauensverhältnis empfindlich gestört. Feindselige Worte können tiefere Wunden schlagen als jeder Dolch. Wenn Sie oder Ihr Partner nicht das Gefühl haben, anderer Meinung sein zu dürfen und dies auch in einem sicheren Umfeld vorbringen zu können, werden die entsprechenden Wünsche und Bedürfnisse unterdrückt, um später als Ressentiments wieder aufzutauchen.

Als Andre und Roberta sich zum abertausendsten Mal über das Thema Geld stritten, sagte er wütend zu ihr: »Dir kann man doch wirklich nicht vertrauen. Du schmeißt das Geld nur so aus dem Fenster und kannst dich überhaupt nicht beherrschen. Ich sollte dir einfach alle Kreditkarten und dein Scheckbuch wegnehmen, weil du nicht mit Geld umgehen kannst.« Diese Worte schnitten Roberta ins Herz wie ein Messer, denn sie fühlte sich wie ein Kind behandelt und erniedrigt. Andre hatte vielleicht das Gefühl, ehrlich gewesen zu sein, doch er hatte Roberta mit seinen Worten zutiefst verletzt; sie hat es nie vergessen.

Es ist vollkommen in Ordnung, verschiedener Meinung zu sein. Es ist auch zulässig, hin und wieder einmal zu streiten. Wenn Sie miteinander kämpfen, um eine Lösung zu finden, und nicht kämpfen, um zu siegen, kann ein Streit manchmal wie ein reinigendes Gewitter die überschäumenden Emotionen hinwegfegen. Unzulässig ist es hingegen, den Menschen, den Sie lieben, zu verletzen, nur um Recht zu haben. Passen Sie auf, was Sie im Eifer des Gefechts sagen. Bleiben Sie sachlich und denken Sie immer daran, dass der Schaden, den Sie mit Angriffen auf die Persönlichkeit Ihres Partners verursachen, weitaus größer ist als die vorübergehende Genugtuung, sich durchgesetzt zu haben.

### *Lösungen mit einem Gewinner und einem Verlierer*

Bei einer Lösung mit einem Gewinner und einem Verlierer bekommt ein Partner auf Kosten des anderen das, was er will. Eine Person (der »Gewinner«) setzt sich mit Erfolg gegen die andere (den »Verlierer«) durch. Der Gewinner zieht befriedigt von dannen, während der Verlierer gedemütigt, niedergeschlagen, verärgert oder beleidigt zurückbleibt. Der Sieg mag einer Person Genugtuung verschaffen, doch der Preis dafür ist hoch.

Es gibt einen ganz bestimmten Punkt, an dem Paare aufhören, vernünftig zu verhandeln und nur noch auf Sieg oder Niederlage setzen. Dieser Moment ist immer dann erreicht, wenn eine Nichtübereinstimmung zwischen den Partnern zum Problem wird und einer der Partner auf seinem Standpunkt beharrt oder es auch beide tun. Diese starre Fixierung führt dazu, dass beide Partner sich auf die Hinterbeine stellen und verbissener als je zuvor an ihrem Standpunkt festhalten, was eine weitere Polarisierung zur Folge hat. Aus dieser polarisierten Position heraus fangen beide Partner nun an, sich mit Zähnen und Klauen zu verteidigen; sie versuchen ihre Position zu stärken und Fakten zu sammeln, die den anderen in Misskredit bringen. Beide Partner haben das dringende Bedürfnis, Recht zu bekommen, weshalb nun kein Weg mehr an der Schlacht vorbeiführt, um zu sehen, wer die bessere Taktik hat und den anderen übertrumpfen kann. Doch das ist *nicht* das ideale Szenario für eine authentische Beziehung.

Brian und Dede hatten beide ihre ganz eigenen Ansichten zu allen möglichen Dingen des Lebens. Sie waren beide dickköpfig und ließen sich nicht von ihren Ideen abbringen. Dede wollte die Weihnachtsferien mit ihrer Familie verbringen. Brian wollte mit Dede allein wegfahren und Partnerurlaub machen. Jedes Jahr kam es deshalb erneut zu Unstimmigkeiten, und es spielte sich immer wieder die gleiche Szene ab:

Dede schnitt das Thema an: »Ich würde die Ferien gern mit meiner Familie verbringen.«

Dann kam Brians Einsatz: »Ich dachte, dieses Jahr könnten wir mal allein wegfahren. Vielleicht auf eine Insel.«

Dede bekam sofort Angst, den Kürzeren zu ziehen. Sie wollte keinesfalls ins Schleudern geraten und verspürte deshalb das dringende Bedürfnis, sich eine solide, unumstößliche Verteidi-

gungsstrategie aufzubauen. Als Erstes versuchte sie es mit Schuldgefühlen.

»Du weißt, dass meine Eltern nicht mehr die Jüngsten sind.
Vielleicht haben wir nicht mehr allzu oft Gelegenheit, Weihnachten zusammen zu feiern«, sagte sie.

»Willst du mich auf den Arm nehmen?«, erwiderte Brian. »Mit
den Erbanlagen, die deine Familie hat, überleben sie uns noch
alle.«

Dede probierte es auf einem anderen Weg: »Es ist doch aber so
lustig, wenn die ganze Familie zusammenkommt. Es gibt etwas
Gutes zu essen, und es ist immer so schön, die ganzen Kinder zu
sehen.«

Da war Brian natürlich ganz anderer Ansicht. »Ja genau«, frot-
zelte er, »die Kinder schreien, alle stopfen sich voll, und wir müssen uns anbrüllen, um bei dem Lärm überhaupt noch was zu verstehen. Wahnsinnig lustig!«

Dede merkte, dass sie an Boden verlor, deshalb versuchte sie es
jetzt mit Logik: »Es ist die einzige Gelegenheit im Jahr, wo alle
mal so richtig Zeit haben, was Schönes zu kochen, sich zu unterhalten und sich miteinander zu beschäftigen. Das ist sehr
wichtig.«

Brian merkte, dass Dede Oberwasser bekam, deshalb drehte er
den Spieß um und setzte all seine Überredungskünste ein. »Stell
dir doch mal vor: Wir beide ganz allein, weit weg von allem. Wir
trinken Mai Tai an einem schönen Sandstrand und lassen uns
von der Sonne wärmen. Wir gehen schnorcheln und segeln oder

machen romantische Spaziergänge im Mondschein. Hört sich das nicht gut an?«

Dede fühlte Frust in sich hochsteigen und zog nun alle Register. »Du interessierst dich überhaupt nicht für mich und meine Familie. Du bist total egoistisch!« Brian, der sich zu Unrecht beschuldigt fühlte, erwiderte wütend: »Und du interessierst dich nicht im Geringsten für unsere Beziehung. Deine Geschwister sind dir wichtiger als ich. Du setzt völlig falsche Prioritäten!«

Und schon ist die Polarisierung erreicht. Brian und Dede versuchen beide, ihren Standpunkt zu stärken und den des anderen zu schwächen. Gegenseitige Beschimpfungen, Anklagen, Schuldzuweisungen und Überredungskünste werden eingesetzt, um selbst Recht zu bekommen und den Partner ins Unrecht zu setzen, wodurch zwangsläufig Gefühle verletzt werden.

Daraus ergeben sich zweierlei Probleme: Erstens kann keiner dem anderen seinen Standpunkt nahe bringen, und zweitens graben sich beide immer tiefer in ihre separaten Realitäten ein, wodurch es nahezu unmöglich wird, wieder aufzutauchen, um fair zu verhandeln. Sie setzen auf Angriff, Verteidigung, Vergeltung und Gegenangriff – ein Teufelskreis, der einen Streit schnell in eine Schlacht ausarten lässt.

Während dieser Zerreißprobe versuchen beide, den Streit zu »gewinnen« und sich durchzusetzen, ohne zu bedenken, welche Auswirkungen ihr Verhalten auf den Partner hat. Das eigentliche Problem liegt nämlich darin, dass sie gemeinsam an Boden verlieren. Natürlich kann eine Person den Kampf für sich entscheiden, doch hat überhaupt jemand gewonnen, wenn die Beziehung dabei zu Schaden gekommen ist?

Irgendwann ist es so weit, dass entweder Brian nachgibt und missmutig zu Dedes Familie mitgeht, oder Dede gibt nach und fährt mit auf eine Insel, nur um die ganze Zeit zu bedauern, dass sie die Ferien nicht mit ihrer Familie verbringen kann. Keiner von beiden ist in der Lage, eine kreative Lösung mit zwei Gewinnern zu finden, die sie beide glücklich machen würde. Sie sehen keine andere Möglichkeit als das uralte Sieg-oder-Niederlage-Prinzip.

Brian und Dede haben es nie gelernt zu verhandeln. Deshalb beziehen sie jedes Mal, wenn das Thema zur Sprache kommt, sofort ihre gegensätzlichen Positionen und verteidigen diese dann aufs Heftigste. Sie können kämpfen und dominieren, doch Zusammenarbeit ist ihnen fremd. Um den immer wiederkehrenden Teufelskreis zu durchbrechen, müssen sie lernen, Lösungen auszuhandeln, die den Wünschen und Bedürfnissen beider gerecht werden und für beide einen Gewinn darstellen.

## LÖSUNGEN MIT ZWEI GEWINNERN

Eine Lösung mit zwei Gewinnern ist dann erreicht, wenn beide Partner ehrlich davon überzeugt sind, dass jeder bekommen hat, was er wollte, ohne etwas aufgeben zu müssen. Die Zauberformel, um zu einem solchen Ergebnis zu gelangen, heißt nicht »Entweder-Oder«, sondern »Und«, wobei die Aufgabe gar nicht so schwer zu meistern ist, wie es vielen Leuten scheint. Die meisten Menschen halten solche Ergebnisse für unmöglich, weil sie glauben, verschiedene Standpunkte würden *einander ausschließen*. Doch das tun sie oft gar nicht.

Konträre Positionen müssen sich nicht notwendigerweise gegenseitig negieren. Wenn der eine Jazz liebt, der andere aber Rap, dann heißt das noch lange nicht, dass nur *einer* der beiden seine Musik hören kann. Ebensowenig bedeutet es, dass *keiner* von beiden seine Musik hören kann. Es heißt ganz einfach nur, dass sie einen Weg finden müssen, wie *beide* die Musik hören können, die ihnen gefällt. Es gibt immer eine Möglichkeit, beide glücklich zu machen; man muss nur den festen Willen haben, ein Verhandlungsergebnis zu erzielen, das für beide einen Gewinn darstellt.

Das Aushandeln von Lösungen mit zwei Gewinnern mag manchen Leuten gar nicht so attraktiv erscheinen, denn sie haben gern Recht und möchten lieber gewinnen, als sich dem Standpunkt ihres Partners anzunähern. Viele glauben, dass ein Kompromiss das Eingeständnis eigener Schwäche und Unterlegenheit sei und dass sie ihre eigenen Wünsche aufgeben müssten, um am Ende viel weniger zu bekommen, als sie ursprünglich wollten. Doch bei einer Lösung mit zwei Gewinnern gibt es keine Zugeständnisse, denn beide Partner verlassen den Verhandlungstisch mit dem zufriedenen Gefühl, bekommen zu haben, was sie wollten.

## *Die Voraussetzungen*

Um eine funktionierende Lösung mit zwei Gewinnern aushandeln zu können, muss man zuerst einmal die Wünsche und Bedürfnisse des Partners respektieren. Was der Partner will oder braucht, ist genauso wichtig wie das, was man selbst will oder braucht. Wenn man den Wert der Wünsche und Bedürfnisse des Partners von vornherein herabmindert, fängt man schon an zu polarisieren, bevor die Harmonie überhaupt eine Chance hatte.

Sally liebte Seifenopern und nahm tagsüber ihre Lieblingssendungen auf, um sie dann abends anzuschauen. Ihr Partner Dominick hielt Fernsehen generell für eine Verschwendung von Gehirnzellen und meinte, es gäbe sehr viel sinnvollere Dinge, mit denen Sally ihre Zeit zubringen könnte – und sollte. Wenn er zu Hause war, forderte er sie ständig auf, den Fernseher auszuschalten, und gab ihr dabei nicht selten zu verstehen, wie lächerlich er ihre Freizeitbeschäftigung fand. Als Sally ein Abkommen mit Dominick treffen wollte, das seinem Ruhebedürfnis Rechnung trug und ihr gleichzeitig die Möglichkeit bot, ihre Lieblingssendungen zu sehen, verspottete er sie nur und ließ sich gar nicht erst auf das Gespräch ein. Dadurch dass er Sallys Wunsch nicht respektierte, machte er jede effektive Verhandlung zunichte, bevor sie überhaupt angefangen hatte.

Wenn Sie sich an den Verhandlungstisch begeben, müssen Sie gewillt sein, sich anzuhören, was Ihr Partner zu sagen hat. Wenn Sie nur Ihre eigenen Wünsche im Kopf haben, sind Sie nicht in der Lage zu hören, was Ihr Partner eigentlich will. Sie werden innerhalb der Grenzen Ihrer eigenen Position erstarren und weder Ihre Ohren noch Ihren Verstand für neue, alternative Möglichkeiten öffnen können. Sie müssen den aufrichtigen Wunsch hegen, das Problem zu lösen und aus der Sackgasse herauszukommen. Dieser Wunsch wird Ihnen die Augen öffnen, so dass Sie das neue Muster namens »Unser Weg« als Alternative zu »mein Weg« oder »dein Weg« erkennen können.

### Der Verhandlungsprozess

Eine Lösung mit zwei Gewinnern auszuhandeln ist nicht so schwierig, wie Sie vielleicht denken. Ganz bestimmte Schritte bringen Sie von Ihrem jetzigen Standpunkt ans gewünschte Ziel.

Der erste Schritt besteht darin, dass Sie und Ihr Partner deutlich machen, was jeder von Ihnen will oder braucht. Alle Fakten kommen auf den Tisch, um zu sehen, ob sie zueinander passen. Tun sie das, so haben Sie Ihr gemeinsames Ergebnis bereits. Tun sie es nicht, dann müssen Sie beide zum nächsten Schritt übergehen.

Der zweite Schritt besteht darin, dass Sie beide sich auf einen *gemeinsamen* Nenner einigen. Sie legen ein ganz allgemein formuliertes Wunschergebnis fest, das auf jeden Fall bei der Verhandlung herauskommen soll und dem Sie *beide* vorbehaltlos zustimmen können. Es gilt, das übergeordnete Ziel zu finden, das Sie beide gleichermaßen anstreben. Dabei werden Sie am

ehesten fündig, wenn Sie beide sich fragen, warum Sie sich
bestimmte Dinge eigentlich wünschen. Im Fall von Brian und
Dede wäre der gemeinsame Nenner weder der Urlaub mit Dedes
Familie noch die Insel; der übergeordnete Wunsch der beiden
könnte in etwa lauten: »Wir wollen einen harmonischen Urlaub
zusammen verbringen, der für uns beide erholsam ist.« Gegen
einen solchen Leitsatz kann keiner der beiden etwas einwenden,
so dass sie nun eine gemeinsame Plattform für ihre Verhandlung
haben.

Der dritte Schritt besteht darin, dass Sie die einzelnen Puzzleteile vor sich beiden ausbreiten: Wer will was und warum? Dann
können Sie anfangen zu diskutieren, wie sich Ihr gemeinsames
Wunschziel verwirklichen lässt. Dabei lautet die Schlüsselfrage:
»Was können wir tun, damit du bekommst, was du willst und ich
auch bekomme, was ich will?« Je mehr Puzzleteile Sie beide zusammensetzen, desto näher kommen Sie der kreativen Lösung,
die Sie beide zufriedenstellt.

Wenn Brian als Ziel formulieren würde, dass er gern ein bisschen Zeit mit Dede allein verbringen würde, um der Romantik
zu ihrem Recht zu verhelfen, und dass er außerdem liebend gern
seine leere Batterie mit Sonne auftanken würde, dann wüsste
Dede, was Brian an dem Inselurlaub wichtig ist. Wenn Dede
ihrerseits erklären würde, dass die Weihnachtstage im Kreise
ihrer Familie ein spirituelles und emotionales Erlebnis für sie
sind, könnte Brian verstehen, wonach sie sich sehnt. Sie könnten
sich vielleicht darauf einigen, Heiligabend und den ersten Weih-

nachtsfeiertag bei Dedes Familie zu verbringen und am 26. Dezember auf die Bahamas zu fliegen. Auf diese Weise könnte Dede das Weihnachtsfest im Kreise ihrer Familie feiern, und Brian könnte sich eine herrliche Woche lang mit seiner Frau auf einer sonnigen Insel vergnügen.

### Ein praktisches Beispiel

Claudia und Mark wollten sich ein neues Auto kaufen. Er träumte von einem sportlichen Geländewagen; Claudia schwebte etwas Bequemes vor. Mark wollte etwas Schnittiges; wenn es nach Claudia gegangen wäre, hätte sie vier Räder an ihr Wohnzimmersofa montiert und wäre mit allem Komfort auf den großen Straßen herumkutschiert. Sie hatten ganz offensichtlich sehr unterschiedliche Vorstellungen von ihrem zukünftigen Gefährt.

Claudias erster Gedanke war: »Du kaufst dir dein Auto, und ich bekomme meins, dann ist unser Problem gelöst.« Doch Mark antwortete: »Gib dich nicht der Illusion hin, dass wir uns zwei verschiedene Autos kaufen könnten, denn so viel Geld haben wir nicht.« Claudias Idee, einfach beide Wünsche getrennt voneinander zu verwirklichen, bot also keine Lösung. Sie mussten miteinander verhandeln.

Mark und Claudia wollten auf keinen Fall darum streiten, wessen Vorstellung von einem Auto die bessere wäre. Das hatten sie bereits mit anderen Partnern in früheren Zeiten durchexerziert, und keiner von beiden wollte erneut die Gefühle durchleben, die durch Polarisierung und Verletzung verursacht werden. Obwohl es natürlich für beide verlockend war, an ihrer Vorstellung vom »richtigen« Auto festzuhalten, wollten sie den Autokauf doch so gestalten, dass keiner von ihnen sich ärgern musste. Sie einigten sich auf das gemeinsame Ziel, dass sie ein Fahrzeug kaufen wollten, das ihrer beider Wünsche erfüllte.

Mark und Claudia mussten zuerst einmal feststellen, in welchen Punkten sie sich einig waren, dann konnten sie damit anfangen, dem anderen zu erklären, welche speziellen Eigenschaften das Auto ihrer Meinung nach sonst noch haben sollte. Sie waren sich einig, dass sie nicht mehr als $ 15 000 für das Fahrzeug ausgeben wollten. Außerdem wollten sie beide lieber einen Gebrauchtwagen als einen Neuwagen, und sie hatten vor, das Auto ein bis zwei Jahre lang zu behalten. Darüber hinaus wollte keiner von ihnen ein Fahrzeug, das älter als fünf Jahre war. Sie wollten auch keinen Zweitürer, kein Schaltgetriebe, keinen Van und kein Kabriolett. Von den Farben kamen Schwarz, Weiß, Rot und Gelb nicht in Frage.

Nachdem sie die Gemeinsamkeiten festgestellt hatten, konnten sie hinzufügen, was sie zu ihrer ursprünglichen Wahl bewogen hatte. Mark sagte, er hätte gern einen sportlichen Geländewagen, weil der sich so gut fahren lasse und ihm außerdem das angenehme Gefühl vermittele, in einem großen Auto zu sitzen. Claudia wiederholte, dass sie gern ein komfortables Auto hätte, um auch auf langen Reisen nicht auf Bequemlichkeit verzichten zu müssen. Als sie nun die einzelnen Wünsche vor sich ausbreiteten, konnten sie beide deutlich sehen, was ihnen und ihrem Partner wirklich wichtig war. Es dauerte nicht lange, da hatten sie schon eine Anforderungsliste erstellt, die den Bedürfnissen beider Partner Rechnung trug. Jetzt hatten sie eine gemeinsame Grundlage und konnten nicht in Frage kommende Autos von vornherein ausschließen.

Sie fingen an zu suchen und einigten sich schließlich auf ein Auto, das sie beide wollten. Ein robustes Fahrzeug, das zügig fuhr, gut zu handhaben war und eine luxuriöse Innenausstattung hatte. Sie waren beide zufrieden, und keiner hatte das Gefühl, »verloren« zu haben. Erfolgreich war die Verhandlung deshalb, weil beide Partner sich flexibel zeigten, nicht auf ihrem Standpunkt beharrten und bereit waren, sich mit dem anderen in der Mitte zu treffen. Obwohl letztendlich keiner von beiden in dem Auto saß, das er sich ursprünglich vorgestellt hatte, waren sie beide glücklich und zufrieden mit ihrem Kauf. Sie hatten eine Lösung gefunden, die alles berücksichtigte, was für sie beide von wesentlicher Bedeutung war. Die Zufriedenheit resultierte daraus, dass beide Partner in Bezug auf ihre eigenen Bedürfnisse einen Sieg verbuchen konnten, ohne dabei auf Kosten des anderen gehandelt zu haben.

## DAUERKRISENHERDE

In bestimmten Bereichen des gemeinsamen Lebens kommt es vielleicht immer wieder zu Schwierigkeiten. Diese »Dauerkrisenherde« verursachen Ärger, sobald man sie nur berührt. So teilen

Sie vielleicht nicht die Ansicht Ihres Partners, was die Gestaltung verlängerter Wochenenden und den Ablauf geselliger Zusammenkünfte angeht. Wenn Sie nicht von vornherein eine für beide Seiten befriedigende Übereinkunft treffen, wie Sie mit diesem Problem umgehen wollen, ist das Risiko sehr groß, dass Sie jedes Mal kämpfen müssen, wenn die entsprechende Situation eintritt.

Mallory hatte Probleme mit einer Gruppe von Freunden, die ihr Mann Chuck aus seiner Kanzlei kannte und die er auch in seiner Freizeit gern traf. Die Männer waren ihr durchaus sympathisch, aber mit den Frauen, die alle schon seit Jahren zu der Clique gehörten, kam sie überhaupt nicht zurecht. Sie fühlte sich in ihrer Gesellschaft unwohl, weil sie den Eindruck hatte, die Damen wollten sie in ihrem intimen Kreis nicht haben. Da sie jedoch die Ehefrauen von Chucks Freunden waren, fühlte sie sich mehr oder weniger verpflichtet, mit ihnen Kontakt zu haben. Jedes Mal wenn Chuck anrief, um ihr mitzuteilen, dass wieder einmal eine Betriebsfeier anstand, wurde Mallory nervös, und der Streit war vorprogrammiert.

Chuck vertrat den Standpunkt, diese Männer seien schließlich nicht nur seine Arbeitskollegen, mit denen er aus geschäftlichen Gründen hin und wieder zusammenkommen müsse, sondern auch seine Freunde. Mallory war der Auffassung, Chuck dürfe sie nicht immer wieder in Situationen drängen, in denen sie sich unwohl fühlte. Wegen jeder Dinnerparty, jedem Picknick und jeder Betriebsfeier mit den Kollegen gerieten die beiden aneinander und beharrten auf ihren jeweiligen Positionen.

Mallory und Chuck mussten nicht nur lernen zu verhandeln anstatt zu streiten, sondern auch eine Lösung anvisieren, die beiden gerecht wurde und *jedes Mal greifen würde, wenn die Situation wieder auftauchte.* Der geeignetste Zeitpunkt, eine solche Vereinbarung zu treffen, ist dann, wenn das Problem selbst gerade nicht akut ist. Wenn Sie im Voraus ein faires Abkommen treffen, wie Sie mit immer wiederkehrenden Differenzen umgehen wollen, haben Sie die Lösung parat, wenn die Situation zum nächsten Mal auftaucht. Die einzige Möglichkeit, Dauerkrisenherde in den Griff zu bekommen, besteht darin, sie zu antizipieren und mit einer vorab ausgehandelten, immer wieder anwendbaren Lösung anzugehen.

So könnten Mallory und Chuck ihr Problem beispielsweise diskutieren, wenn gerade kein Zusammentreffen mit den Kollegen bevorstünde, weil sie dann in der Lage wären, die Sache rational anzugehen und das Risiko, in die alten emotionalen Muster zu verfallen, am geringsten wäre. Sagen wir, sie einigen sich darauf, dass Chuck Mallory ab jetzt nur noch bittet, zu den Veranstaltungen mitzukommen, die für ihn wirklich wichtig sind, und sie bei den restlichen entschuldigt. Außerdem wird er sich bei den Treffen, an denen sie teilnimmt, alle Mühe geben, die Situation für sie so angenehm wie möglich zu gestalten. Im Gegenzug wird Mallory ihr Bestes tun, um zu den Zusammenkünften, bei denen Chuck Wert auf ihre Gesellschaft legt, mitzugehen und sich dort nach Möglichkeit auch wohl zu fühlen. Mit einem solchen Abkommen in der Tasche wären sie auf die nächste Einladung im Kollegenkreis gut vorbereitet. Sie könnten sich beide immer wieder auf das Abkommen berufen und auf ihre berechtigten Ansprüche verweisen, wenn der Partner von den vereinbarten Regeln abweicht.

Jedes Paar hat solche Dauerkrisenherde. Wenn Sie jedoch wissen, woran sie sich immer wieder entzünden und vorab eine Lösung aushandeln, können Sie auch diese »ewigen Probleme« in den Griff bekommen, so dass Ihnen mehr Energie für den Aufbau Ihrer Beziehung übrig bleibt.

Was sind die Dauerkrisenherde in Ihrer Beziehung? Machen Sie gemeinsam eine Liste und nehmen Sie sich die Zeit, die Punkte einzeln miteinander zu diskutieren, um Lösungen zu finden, die für Sie beide einen Gewinn darstellen.

Mit einem anderen Menschen harmonisch zusammenzuleben, ist nicht so einfach zu erlernen. Sie und Ihr Partner sind beide mit Ihren ganz persönlichen Bedürfnissen, Wünschen und Ansichten in die Beziehung gekommen, was natürlich hin und wieder zu Konflikten führen kann. Wenn Differenzen auftauchen, müssen Sie Wege finden, aus Ihrer Partnerschaft ein gewinnbringendes »Geschäft« für beide Seiten zu machen. Ihr »Wir« besteht aus zwei verschiedenen »Ichs«, die beide gehört und respektiert werden wollen, wenn Ihre gemeinsame Reise reibungslos verlaufen soll.

# IHRE BEZIEHUNG WIRD DURCH VERÄNDERUNGEN GEFORDERT

♥

*Das Leben hält einiges an Überraschungen für Sie bereit.*
*Wie Sie mit diesen Höhen und Tiefen zurechtkommen,*
*ist ausschlaggebend für den Erfolg Ihrer Beziehung.*

*E*ines ist ganz sicher im Leben: Nichts bleibt so, wie es ist. Veränderung ist die einzige Konstante, auf die wir zählen können. Das gesamte Universum befindet sich in ständigem Fluss, und wir werden tagtäglich mit neuen Informationen und Szenarien konfrontiert, die wir in unsere Realität einbauen müssen.

Menschen verschließen sich oft dem Gedanken, dass sie selbst oder ihre Lebensumstände sich ändern könnten. Sie gehen Beziehungen ein und glauben, dass ihre Gefühle immer gleich bleiben werden und ihr Leben sich im Wesentlichen nicht ändert. Doch halten Sie sich einmal vor Augen, wie viele Veränderungen Sie

persönlich im Laufe von 10, 20 oder 30 Jahren schon durchgemacht haben. Denken Sie darüber nach, wie sehr Sie sich mittlerweile von dem Menschen unterscheiden, der Sie im Alter von
10, 30 oder auch 50 Jahren waren. Nehmen Sie den Grad der Veränderung dann mal zwei, weil zu einer Beziehung ja zwei Personen gehören, und schon werden Sie erkennen, wie wichtig es ist,
dass Sie und Ihr Partner lernen, effektiv mit Veränderungen
umzugehen.

Sie und Ihr Partner werden im Laufe Ihrer Beziehung zahlreiche Veränderungen erleben, sowohl einzeln als auch gemeinsam. Sie sind Gefährten auf der gemeinsamen Reise durchs
Leben und müssen unterwegs mit diversen Höhen und Tiefen
zurechtkommen.

Veränderungen können in ganz verschiedener Form auftreten. So kann es zu Veränderungen in Ihrem Beruf, an Ihrem Körper oder bei Ihren Finanzen kommen. Veränderungen können
auch Ihren Wohnort oder die Größe Ihrer Familie betreffen.
Oder Sie verlieren eine geliebte Person. Auch Gefühle können
sich wandeln, Prioritäten können sich verschieben, die Spiritua-
lität kann sich entwickeln. Sie können glückliche Überraschungen und unverhoffte Freuden erleben, aber auch mit unvorher-
gesehenen Schicksalsschlägen und Leiden konfrontiert werden.
Unabhängig davon, was Ihnen widerfährt, sei es nun Glück oder
Unglück, ist die Art, wie Sie und Ihr Partner mit Veränderungen
umgehen, der Test für das Fundament, auf dem Ihre Beziehung
ruht.

Veränderungen können Sie und Ihren Partner näher zusammenführen oder auch auseinander bringen. Letztendlich hängt der Erfolg Ihrer Partnerschaft davon ab, in welche Richtung Sie Ihre Beziehung durch die Veränderung lenken lassen. Schlimmstenfalls kann die Veränderung dazu führen, dass Sie sich dem gemeinsamen Weg nicht mehr verpflichtet fühlen und Ihre »Wir«-Realität auflösen. Bestenfalls kann durch die Veränderung ein festes Band zwischen Ihnen entstehen, das Ihre Einheit stärkt und Ihnen den Weg in die höheren Sphären der Intimität ebnet. Sie haben die Wahl.

## WIE SICH EINE VERÄNDERUNG AUF IHRE BEZIEHUNG AUSWIRKT

Veränderungen auf Ihrem gemeinsamen Weg treten in Form von »Lebensbeben« auf, wie ich es nenne. Ganz ähnlich wie ein Erdbeben ist auch das Lebensbeben ein Ereignis, das Erschütterungen und Chaos verursacht und wacklige Gebilde zum Einsturz bringen kann. Wenn sich ein Lebensbeben ereignet, verändert sich die Realität, die Sie kannten – sei es nun geringfügig oder auch dramatisch –, und nichts ist mehr genau so, wie es vorher war. Der bisherige Status quo gerät ins Wanken, und die Stoßdämpfer Ihrer Beziehung müssen gut funktionieren, um den Schlag abzufangen.

## *Belastungsprobe für Ihr Fundament*

Veränderungen üben Druck auf das Fundament Ihrer Beziehung aus. Die Stärke Ihrer Partnerschaft und die Qualität Ihrer Zusammenarbeit werden daran deutlich, wie Sie als Paar mit diesen Veränderungen fertig werden. Die Kraft des »Wir« zeigt sich, wenn veränderte Umstände oder Krisen zu bewältigen sind; in solchen Zeiten wird das »Wir« durch praktische Anwendung gestärkt.

Es heißt, die Prüfungen, denen ein Mensch sich zu stellen habe, formten seinen Charakter. Unter »Charakter« verstehen wir für gewöhnlich innere Stärke, Ausdauer, Integrität und den Mut, zu den eigenen Überzeugungen zu stehen. In der gleichen Weise formen Herausforderungen auch den Charakter einer Beziehung. Jede Beziehung hat ihr eigenes Herz und ihre eigene Seele, und die Veränderungen, die sie durchmachen muss, lassen das Herz größer werden und die Seele in höhere Sphären expandieren. Mit jedem Lebensbeben, das Sie überstehen, gewinnt Ihre Beziehung an Charakter.

Nikki und Tom hatten ein turbulentes Jahr hinter sich. Zuerst verlor Tom seine Mutter, dann wurde Nikki schwanger und erlitt eine Fehlgeburt. Parallel dazu wurde Toms Firma in eine Aktiengesellschaft umgewandelt, was ihnen unerwartet viel Geld bescherte, und Nikki bekam einen Posten im Vorstand. Jedes Mal wenn sie emotional gerade wieder Fuß gefasst hatten – positive Veränderungen müssen genauso verarbeitet werden wie negative –

wurden sie von einer neuen Welle überrollt und wieder aus dem Gleichgewicht geworfen. Doch sie bestanden alle Prüfungen und schafften es sogar, einige der glücklichen Wendungen zu feiern und in ihr Leben zu integrieren. Mit jeder Welle kamen sie einander näher und gingen aus dem Jahr mit einer sehr viel stärkeren und intensiveren Paarbeziehung hervor. Wahrscheinlich wäre ihnen ein glücklicheres und weniger turbulentes Jahr lieber gewesen, doch für ihre Beziehung war es das Beste, was ihnen passieren konnte.

Die Belastbarkeit Ihrer Verbindung zeigt sich, wenn die Druckwellen der Veränderung bis ins emotionale Fundament vordringen. Jede Veränderung, ob positiv oder negativ, belastet Ihre Beziehung und stellt Ihrer beider Geduld, Toleranz und die Fähigkeit zu kommunizieren, zu verhandeln und zu teilen auf die Probe. Ein solides Fundament befähigt Sie, mit Veränderungen zurechtzukommen und gibt Ihrer Beziehung bei Lebensbeben Halt.

### *Belastungsprobe für Ihre Verbundenheit*

Durch Veränderungen wird Ihre innere Verbundenheit mit der Beziehung auf die Probe gestellt. Wenn Sie sich für eine Partnerschaft entschieden haben, ist es so lange nicht schwierig, das Gefühl der Verbundenheit aufrechtzuerhalten, wie die grundlegenden Faktoren in der Beziehung stabil, vertraut und unkompliziert bleiben; Sie haben das Gefühl, Ihre Realität unter Kontrolle zu haben. Sie wissen, was von Ihnen erwartet wird, und sind glücklich mit Ihrer Rolle.

Es ist nicht schwer, seine Rolle einzuhalten, wenn man das Stück genau kennt. Erst wenn sich das Szenario ändert, sind Sie gefordert, Ihre ursprüngliche Entscheidung für die Beziehung mit Ihrem Partner zu überprüfen und erneut Ihren Willen zu bekunden, den Lebensweg mit ihm gemeinsam zu gehen.

Mary und Simon waren frisch verheiratet. Während der Flitterwochen erlitt Simon einen Autounfall. Die Ärzte taten ihr Möglichstes, aber er blieb von der Taille abwärts gelähmt. Er war für den Rest seines Lebens an den Rollstuhl gefesselt.

Mary sah sich mit einer Veränderung konfrontiert, die sie nie im Leben erwartet hätte. Erst wenige Tage zuvor hatte sie vor dem Traualtar gelobt, Simon »in guten wie in schlechten Tagen, in Krankheit und Gesundheit« zu lieben. Sie brauchte einige Zeit, um ihre Vorstellungen vom künftigen Eheleben an die neuen Gegebenheiten anzupassen, doch als sie sich in Erinnerung rief, dass sie Simon schließlich aufgrund seines Wesens und nicht wegen seiner Gehfähigkeit liebte, hatte sie keinen Zweifel mehr.

Wenn das Leben Überraschungen für Sie bereithält, die Sie nicht eingeplant hatten, zeigt sich der Grad Ihrer Verbundenheit mit der Beziehung. Können und wollen Sie den gemeinsamen Weg weitergehen, auch wenn er plötzlich in eine ganz andere Richtung führt, als Sie gedacht hatten? Das ist keine leichte Frage, doch Sie kommen nicht umhin, sich mit ihr zu beschäftigen, wenn Veränderungen eintreten.

## MIT VERÄNDERUNGEN ZURECHTKOMMEN

In meiner Eigenschaft als Management-Trainerin und Unternehmensberaterin stehe ich oft vor der Aufgabe, den Führungskräften und Angestellten einer Firma beizubringen, wie sie Veränderungen erfolgreich bewältigen können. Inmitten von Fusionen, Aufkäufen, Erweiterungen, Rationalisierungen, neuen Technologien, Personalabbau und Globalisierung befinden sich die Firmen heute in ständigem Wandel. Die Geschäftsführer wissen, dass sie die Firma nur auf Erfolgskurs halten können, wenn sie sich intensiv mit der Frage auseinander setzen, wie Veränderungen in die Infrastruktur ihrer Organisation integriert werden können. Außerdem müssen sie ihren Angestellten Informationen und Werkzeuge an die Hand geben, mit denen sich die Umstellung ohne größere Probleme bewältigen lässt. Um mit Veränderungen zurechtzukommen, müssen Firmen über eine solide Struktur verfügen, sich neuen Initiativen gegenüber flexibel zeigen und die notwendigen Ressourcen für deren Umsetzung mobilisieren können.

In Liebesbeziehungen gelten für den Umgang mit Veränderungen im Prinzip die gleichen Regeln. Natürlich steckt in Liebesbeziehungen ein Maß an Verletzlichkeit und Emotionalität, das wir am Arbeitsplatz nicht kennen oder zulassen, doch die Bewältigungsstrategie ändert sich dadurch nicht.

Um mit Veränderungen umgehen zu können, müssen Sie beide Ihr Augenmerk zunächst einmal auf die drei Grundvoraussetzungen richten: ein starkes Fundament, Flexibilität und spezielles Rüstzeug, um den Veränderungsprozess bewerkstelligen zu können. Ihr Fundament verankert Sie im Boden, und dank Ihrer beider Flexibilität können Sie sich anpassen und rasch wieder auf die Füße kommen, anstatt an der Aufgabe zu zerbrechen. Die Anleitung zum Umgang mit Veränderungen ist Ihr Rüstzeug, das Sie während des Prozesses führt und stützt, so dass Sie Veränderungen auf konstruktive und zufriedenstellende Weise bewältigen können.

### Ein starkes Fundament

Das Leben entwickelt sich, Probleme können auftreten, und die Rahmenbedingungen können sich verschieben. Um die Veränderungen, mit denen Sie im Laufe der Zeit konfrontiert werden, überstehen zu können, brauchen Sie eine felsenfeste Basis. Ihre Art, miteinander zu kommunizieren, zu arbeiten und umzugehen ist die wahre Grundlage Ihrer Beziehung und entscheidet letztendlich darüber, ob Sie gemeinsam den Wechselfällen des Lebens trotzen können. Wie W. Mitchell, ein guter Freund von mir, sagt: »Wichtig ist nicht, was dir passiert, sondern wie du damit umgehst.«

Ein junger Mann namens Adam suchte mich kurz vor seiner Vermählung auf. Ich sollte die Trauung vornehmen, weshalb er wohl der Meinung war, mit mir könne er am besten über seine wachsende Besorgnis sprechen. Er zweifelte an seinem Durch-

haltevermögen und war sich nicht sicher, ob er den Teil der Trau-
formel, in dem es heißt »in guten wie in schlechten Tagen«, mit
Überzeugung würde nachsprechen können. Er erwähnte, seine
Eltern hätten sich scheiden lassen, als er noch ein kleines Kind
war. Ich forderte ihn auf, mir die Geschichte zu erzählen, denn
ich hatte das Gefühl, das sie etwas mit Adams Ängsten zu tun
hatte.

Sein Vater Donald war ein wohlhabender Mann, als er Tara,
Adams Mutter, kennen lernte. Taras Familie hatte zeit ihres
Lebens mit finanziellen Schwierigkeiten zu kämpfen gehabt,
und nun bot Donald ihr nicht nur Zuneigung, sondern auch
die Chance, endlich so zu leben, wie sie es sich immer erträumt
hatte. Tara war außergewöhnlich hübsch, und Donald war
fasziniert von ihrem dunklen Haar und ihrem wundervollen
Gesicht. Sechs Monate nach ihrer ersten Begegnung heirateten
sie.

Donald und Tara richteten sich ein Leben ein, das ihrer beider
Bedürfnisse befriedigte, allerdings nur oberflächlich. Tara freute
sich über den ungewohnten Luxus und ihre finanzielle Freiheit,
und Donald schmückte sich gern vor allen Leuten mit seiner
schwarzhaarigen Braut. Taras Selbstbewusstsein lebte von Donalds Interesse; das Tauschgeschäft schien für beide Seiten ge-
winnbringend zu sein. Ein Jahr nach der Heirat wurde Adam
geboren – ein Ereignis, das die Eheleute zwar nach außen hin,
aber nicht in Geist und Seele miteinander verband. Die ersten
zehn Jahre der Ehe gingen dahin, und obwohl die Beziehung an

Gefühlstiefe und Authentizität zu wünschen übrig ließ, hatte keiner der beiden irgendwelche Klagen vorzubringen.

Doch dann kam die Krise. Der Markt brach zusammen, und Donald machte mit seiner Firma Pleite. Sie waren gezwungen, ihren Lebensstil drastisch zu ändern, was zu großen Spannungen zwischen ihnen führte. Sie hatten kein gemeinsames Krisenbewältigungskonzept, weshalb jeder für sich persönlich versuchte, mit der Situation zurechtzukommen. Als sie gerade wieder auf die Füße kamen, erfuhr Tara, dass das kleine Muttermal auf ihrer Wange ein Karzinom sei und entfernt werden müsse. Der Gesichtschirurg gab sich alle Mühe, doch sie behielt eine auffällige Narbe zurück.

So kam eins zum anderen, und Donalds und Taras Fundament hielt dem Druck nicht stand. Donalds Schuldgefühle, Taras angeschlagenes Selbstbewusstsein und ihre gemeinsame Unfähigkeit, sich ein neues Fundament zu schaffen, das nicht aus finanzieller Unabhängigkeit und körperlicher Schönheit bestand, ließen ihre Ehe auseinander brechen.

Ich erklärte Adam, dass seine Sorge, ob er und seine Braut den Höhen und Tiefen des Ehelebens gewachsen seien, vor diesem Hintergrund nicht weiter verwunderlich sei. Doch schon während er die Geschichte erzählte, erkannte Adam, wie sehr er und seine Verlobte sich von seinen Eltern unterschieden. Ihre Beziehung verfügte über ein Fundament aus Vertrauen, Ehrlichkeit und offenem Austausch von Gedanken, Ideen, Gefühlen und Ängsten. Er und ich kamen überein, dass es diese Basis sei, die sie befähigen würde, »in guten wie in schlechten Tagen« zusammenzustehen. Als er und seine Braut am Altar vor mir standen, konnte ich die Stärke ihrer Bindung förmlich fühlen, und ich wusste, dass sie alles hatten, was Liebespartner brauchen, um die Wechselfälle des Lebens zu überstehen.

## *Flexibilität*

Ein starkes Fundament ist das Herzstück Ihrer Beziehung, aber Sie brauchen auch Flexibilität, um gegen die Schlaglöcher auf Ihrem Weg gewappnet zu sein. Es ist ähnlich wie beim Achterbahnfahren: Wenn du jeden Muskel anspannst, stößt du dich an der Umrandung des Wagens und hast am Ende der Fahrt lauter blaue Flecken. Wenn du dich jedoch entspannst, ruhig durchatmest und dich der Bewegung anpasst, wirst du die Fahrt viel mehr genießen und am Ende wahrscheinlich vollkommen unbeschadet aus dem Wagen steigen.

Mein Mann und ich tragen Eheringe aus goldenen Kettengliedern, die sich den Konturen unserer Finger besser anpassen als feste Ringe. Wir haben diese Ringe als Symbol unserer Bindung gewählt: stark und dauerhaft, aber auch flexibel genug, um Veränderungen zu überstehen. Die Ringe erinnern uns jeden Tag daran, dass wir verbunden, aber auch flexibel bleiben müssen, damit unsere Beziehung dem Auf und Ab des Lebens standhält.

Flexibel sein heißt, dass man sich von dem losmacht, *was war*. Jedes Mal wenn eine Veränderung eintritt, hört das Gewesene auf

zu existieren und der Jetztzustand wird zur Norm. Mit der
Veränderung beginnt ein neues Kapitel in Ihrem Leben. Flexibilität macht es Ihnen möglich, schnell wieder auf die Füße
zu kommen, anstatt sich auf das zu versteifen, was Sie bisher
kannten.

Francine und Greg waren seit zwölf Jahren verheiratet, als
Francine beschloss, sich selbständig zu machen. Sie versicherte
Greg immer wieder, dass sich dadurch an ihrer Beziehung nichts
ändern würde, und er glaubte ihr. Doch als ihr Unternehmen erst
einmal anfing zu laufen, beanspruchte es einen Großteil von
Francines Zeit. Sie schaffte es fast nie mehr, zum Abendessen zu
Hause zu sein – ein Ritual, auf das sie, Greg und ihre beiden Kinder bislang sehr viel Wert gelegt hatten. An vielen Wochenenden
arbeitete sie durch, anstatt die Zeit mit ihren Lieben auf dem
familieneigenen Boot zu verbringen. Wenn sie am Wochenende
frei hatte, was selten genug vorkam, war sie meist viel zu erschöpft, um irgendetwas anderes zu tun, als sich auszuruhen.
Francine versuchte, ihren familiären Verpflichtungen so gut wie
möglich nachzukommen, doch sie empfand es als ausgesprochen schwierig, alles unter einen Hut zu bekommen, und fühlte
sich oft überfordert.

Greg ärgerte sich darüber, dass Francines neu gegründetes
Unternehmen so viel Zeit verschlang. Er vermisste die Stunden,
die er sonst mit seiner Frau verbracht hatte, und fürchtete, sie
könnten sich auseinander leben, weil sie kaum noch Zeit füreinander hatten. Außerdem gefiel es ihm überhaupt nicht, dass

er ihre Aufgaben im Haushalt und bei der Versorgung der Kinder übernehmen musste. Ihm war die Lebensweise, die er aus der Zeit vor Francines Unternehmensgründung gewohnt war, sehr viel lieber.

Es kam häufig zum Streit, und da Francine sich schuldig fühlte, gab sie sich noch mehr Mühe, rechtzeitig zum Abendessen zu Hause zu sein, was bedeutete, dass sie den Rest des Abends in ihrem Arbeitszimmer verbrachte, um die verbliebenen Arbeiten zu erledigen. Sie zwang sich außerdem, Greg öfter auf dem Boot Gesellschaft zu leisten. Das ging so lange, bis Greg eines Tages zu Francine hinüberschaute und sah, dass sie am Abendbrottisch eingenickt war.

So weit war es also schon gekommen. Greg und Francine hingen beide noch so sehr an ihrem früheren Lebensstil, dass sich bislang keiner von ihnen mit ihrer neuen Realität zurechtgefunden hatte. Das gestanden sie nun endlich sich selbst und auch dem anderen ein und kamen zu dem Schluss, dass sie den neuen Gegebenheiten flexibel begegnen und ihre Beziehung neu verhandeln mussten, anstatt krampfhaft zu versuchen, die neuen Teile in die alte Form zu pressen.

Veränderungen sind nichts Vorübergehendes. Man geht nicht durch sie hindurch und kehrt dann zur Normalität zurück. Was bisher normal war, hat sich geändert, ob geringfügig oder radikal, und Sie müssen versuchen, die neuen Elemente in Ihr gemeinsames Leben einzupassen, damit es wieder störungsfrei verläuft.

### *Der Veränderungsprozess*

Veränderungen treten in ganz unterschiedlicher Form auf. Sie können einen der beiden Partner treffen, wenn dieser beispielsweise seine Arbeit verliert oder ernsthaft erkrankt. Sie können aber auch Sie beide gemeinsam betreffen, wenn Sie zum Beispiel umziehen oder ein Kind bekommen. Oder vielleicht müssen Sie sich damit auseinander setzen, dass einer von Ihnen sich persönlich oder spirituell weiterentwickelt und zum Beispiel beschließt, noch einmal die Schulbank zu drücken, seine Lebensphilosophie zu ändern oder eine andere Religion anzunehmen. Unabhängig davon, aus welcher Richtung die Veränderung kommt und wer sie herbeigeführt hat, ist es Ihre gemeinsame Aufgabe, das dadurch entstandene Chaos wieder zu ordnen und neue Spielregeln für Ihre Beziehung auszuhandeln.

Kurt Lewin, einer der Väter der Organisationsentwicklung, hat ein Modell für Veränderungen entworfen, das aus drei Teilen besteht: Vereisung, Auftauen und erneute Vereisung. Der erste Teil, die Vereisung, symbolisiert den Zustand vor der Veränderung. Der Status quo ist festgelegt, alles erscheint vorhersehbar, vertraut, erprobt, stabil und sicher. Beide Partner wissen genau, was von jedem Einzelnen erwartet wird, wie die Dynamik zwischen ihnen funktioniert und wie ihr gemeinsames Leben störungsfrei verlaufen kann. Im Allgemeinen wird zur Bezeichnung dieser Phase das Wort »normal« verwendet, weil Normen etabliert und verfestigt wurden.

Die zweite Phase des Veränderungsprozesses ist das Auftauen, auch Schmelzstadium genannt. Jetzt ereignet sich das Lebensbeben, und die Einzelteile Ihres gemeinsamen Lebens fliegen in alle Richtungen davon. Das Leben wird unvorhersehbar, ungewohnt, unklar, unsicher und gerät außer Kontrolle. In der Folge erscheint es Ihnen zerrissen, unorganisiert und beängstigend. Die Druckwellen lassen Ihr gemeinsames Fundament erzittern, und die Handläufe, an denen Sie sich bislang festgehalten haben, sind nicht mehr vorhanden. Das Ausmaß des Chaos steht in direktem Verhältnis zu der Schwere der Erschütterung.

Die dritte Phase des Veränderungsprozesses ist die erneute Vereisung. Sie haben bereits neue Normen etabliert und fangen an, die durch das Lebensbeben entstandenen Schäden zu reparieren und neue Handläufe zu installieren, an denen Sie sich künftig festhalten können. Sie bekommen wieder festen Boden unter die Füße, weil Sie erneut das Gefühl haben, alles sei vertraut, vorhersagbar und kontrollierbar.

### Die Schmelzphase überstehen

Die erste Phase, der gefrorene Zustand, stellt keine große Herausforderung dar, weil alles so ist, wie es immer war. Man braucht kein großes Durchhaltevermögen oder keine besondere Kreativität, um mit dem Status quo zurechtzukommen. In der Auftauphase beginnt dann jedoch alles zu zerfließen, und man muss richtig anfangen zu arbeiten. Wenn die Dinge sich zu verändern beginnen, wird alles, was Sie beide bis dahin gelernt haben, auf die Probe gestellt.

Um den Schmelzprozess gemeinsam bewältigen zu können, sind zwei Schritte erforderlich: Offenbarung und Neuverhandlung. Der erste Schritt, das Offenbaren, bedeutet für Sie und Ihren Partner, dass Sie sich zusammensetzen und sich gegenseitig erzählen, wie es in Ihnen aussieht. Sie müssen klar und ehrlich besprechen, was sich geändert und welche Auswirkungen die Veränderung auf Sie hat. Francine und Greg zum Beispiel – das Paar, das Flexibilität lernen musste – konnten so lange nicht mit der Veränderung zurechtkommen, bis sie sich ganz offen und ehrlich eingestanden, was zwischen ihnen ablief und wie sich jeder Einzelne dabei fühlte. Als Francine zugab, dass sie völlig erschöpft sei, und Greg bekannte, dass er sich vernachlässigt fühle, nahmen die einzelnen Puzzleteile langsam klare Konturen an. Nun konnten sie zum zweiten Schritt übergehen: die Teile durch die Wiederaufnahme von Verhandlungen zu einem neuen Bild zusammensetzen.

Neuverhandlungen unterscheiden sich im Grunde nicht von regulären Verhandlungen, Sie müssen lediglich bereit sein, von den alten Vereinbarungen abzulassen, um Neuregelungen zu ermöglichen, die Sie beide akzeptieren können. Sie müssen die Situation analysieren, alle Elemente vor Ihnen beiden ausbreiten und dann gemeinsam eine neue Strategie entwerfen, die Ihrer beider Handschrift trägt.

Durch Offenbaren und Neuverhandeln können Sie mit Ihrem Partner zusammen den Schmelzprozess überstehen und neue

Muster erarbeiten. Es mag etwas Geduld erfordern, aber am Ende werden Ihnen die neuen Normen genauso vertraut und passend vorkommen wie die alten. Doch Sie können fast sicher sein, dass sich schon bald nach Etablierung der neuen Normen das nächste Lebensbeben ereignet, so dass Sie wieder alles neu ordnen und festlegen müssen. Veränderung ist eine Konstante, mit der wir umgehen lernen müssen, denn sie ist Teil unseres Wachstumsprozesses.

### *Eine Überlebensgeschichte*

Ross und Meredith wünschten sich seit langem vergeblich ein Kind. Nach jahrelangen Tests und Experimenten konnten die Ärzte bei beiden keine medizinische Ursache feststellen. Da die beiden aber unbedingt Eltern werden wollten, entschlossen sie sich schließlich zu einer Adoption.

Sie adoptierten ein süßes Baby und nannten es Joy, um auszudrücken, wie viel Freude dieses kleine Mädchen in ihrer beider Leben gebracht hatte. Doch wie alle Babys beglückte Joy ihre Eltern auch mit einem Riesenchaos. Sie stellte deren Leben völlig auf den Kopf. Ross und Meredith versuchten, das Ganze mit Humor zu nehmen, und mussten lernen, mit der zusätzlichen Belastung, den Windeln und den nächtlichen Fütterungen fertig zu werden. Der Familienzuwachs war eine Veränderung, an die sie sich erst einmal gewöhnen mussten. Kaum schien es so, als hätten sie alles unter Kontrolle, da stellte Meredith fest, dass sie

schwanger war – mit Zwillingen! Der Adoptionsberater war
nicht sehr überrascht von der Neuigkeit, denn Ross und Meredith stellten in dieser Hinsicht offensichtlich keinen Einzelfall
dar.

In der Lebensplanung von Ross und Meredith waren niemals
drei Kinder vorgesehen gewesen, schon gar nicht drei Kinder, die
alle gleichzeitig in den Windeln lagen. Wie sollten sie sich um
drei Babys kümmern? Wie konnten sie ihr Einkommen sichern,
wenn einer von ihnen zu Hause bleiben musste, um die Kinder zu
versorgen? *Wo hatten sie nur diesen verdammten Schnuller hingelegt?*
Ihr Leben, ihr Heim, ihre Finanzen, ihre Zeiteinteilung und ihre
Gefühle waren ein einziges heilloses Durcheinander.

Ross und Meredith befanden sich mitten im Schmelzprozess.
Sie wussten, dass sie jetzt zusammenhalten mussten, um den
Übergang vom Vertrauten ins Ungewohnte zu schaffen. Sie setz-
ten sich an ihren Küchentisch und besprachen sämtliche Gedanken, Gefühle und Sorgen, die ihnen zu diesem Thema durch
den Kopf gingen. Dann listeten sie alle Elemente auf, die nach
Anpassung verlangten, und versuchten zu planen, was sie brauchen würden, um die nächsten Monate zu überstehen. Unter
Anwendung all ihrer Kommunikations- und Verhandlungs-
künste entwickelten sie veränderte Spielregeln, nach denen die
neue Phase ihres Lebens so glatt wie möglich würde ablaufen
können.

Mittlerweile sind die Zwillinge auf der Welt, und Meredith und
Ross setzen ihre neuen Muster aktiv in die Tat um. Jeder Tag ist

eine Herausforderung für sie, aber sie treten ihr gelassen entgegen, denn sie wissen, dass ihr neuer Rahmen aus fröhlichem Chaos und Ungewissheit besteht.

## GEMEINSAM DURCH DICK UND DÜNN

Sie bilden mit Ihrem Partner ein Team, worunter zu verstehen ist, dass Sie beide zusammenarbeiten und sich beim Tanz der Veränderung im Gleichschritt bewegen. Sie sind wie ein Tandem. Wo der eine schwach ist, kann der andere stark sein; wenn der eine verwundet ist, kann der andere für Heilung sorgen; wenn der eine zweifelt, kann der andere den Glauben wiederherstellen. Der ganz natürliche Takt des »du-ich-wir« bestimmt den Rhythmus des Tanzes. Wenn Sie Veränderungen aus dem Gleichgewicht werfen, bringt die Einhaltung des Rhythmus Ihre Beziehung wieder in einen harmonischen Fluss.

### *Mit den Härten des Lebens zurechtkommen*

Leider gibt es Dinge, die einfach passieren. Sie oder Ihren Partner können ganz unerwartete Schicksalsschläge treffen, mit denen Sie irgendwie zurechtkommen müssen. Angesichts derartiger Prüfungen haben Paare nur zwei Möglichkeiten: zusammenrücken oder auseinander driften. Zusammenrücken bedeutet, dass Sie als Team zusammenarbeiten, Ihre Gedanken und Gefühle besprechen und eine Strategie zur Bewältigung der Situation entwickeln. Auseinander driften bedeutet, dass jeder von Ihnen sich in sein Schneckenhaus zurückzieht und aus der »Wir«-Realität ausschert.

In Not- und Krisenzeiten stellt sich heraus, aus welchem Holz Sie und Ihr Partner geschnitzt sind, als Einzelpersonen und auch als Team. Da kann Panik in Form eines »Ich kann nicht« zum Vorschein kommen oder auch Egoismus, wenn beide Partner nur an sich selbst denken. Es kann aber auch sein, dass beide Partner ihre Widerstandskräfte mobilisieren, ihre Bindung vertiefen und so den steinigen Weg gemeinsam bewältigen.

Wenn Ihr Partner seine Arbeit verliert, werden Sie dann wegen des Einkommensverlustes in Panik ausbrechen, um bei ihm die gleiche Reaktion auszulösen? Werden Sie denken, das sei sein Problem, und ihn mit der Bewältigung allein lassen? Oder werden Sie ihn bei dieser Gelegenheit emotional stützen und ihm helfen, die verschiedenen Möglichkeiten auszuloten, die ihm in dieser Situation offenstehen? Oder umgekehrt, wenn Sie selbst Ihre Stelle verlieren, werden Sie dann panisch reagieren, sich immer tiefer in die »Ich kann nicht«-Spirale hineinschrauben, und somit unfähig sein, die notwendigen Schritte zu Ihrem gemeinsamen finanziellen Überleben zu tun? Werden Sie sich in Ihre eigene Welt zurückziehen und Ihren Partner ausschließen? Oder werden Sie sich Ihrem Partner öffnen und ihn um Unterstützung bitten? Die Bewältigungsmethode, die Sie wählen, gibt Auskunft darüber, wer Sie wirklich sind.

In Not- und Krisenzeiten sind Sie, unabhängig davon, welchen Wert das Lebensbeben auf der Richterskala erreicht, gefordert, sich mit Ihren Gefühlen und Ihrer Panik auseinander zu setzen und näher zusammenzurücken, damit Ihre Beziehung den Aufprall überlebt. Als bei Jill Brustkrebs festgestellt wurde, war ihre erste Reaktion, dass sie sich von ihrem Mann Anthony zurückzog. Obwohl die Ärzte ziemlich sicher waren, dass nach Entfernen des Tumors wieder alles in Ordnung sein würde, konnte Jill den Gedanken nicht ertragen, eine Brust zu verlieren und für ihren Ehemann körperlich nicht mehr vollständig zu sein. Deshalb zog sie sich von Anthony zurück.

Die Operation verlief erfolgreich, aber der emotionale Heilungsprozess dauerte noch sehr viel länger. Es kostete Anthony unglaublich viel Mühe und Geduld, Jill wieder in die Sicherheit ihres Vertrauensverhältnisses zurückzuholen. Es gab viele Tage, an denen er sich fragte, ob sie die Auswirkungen von Jills Operation überstehen würden, doch sein Glaube an die Beziehung war stärker, und er hielt durch. Es war sein fester Glaube, der Jill über den Berg brachte; sein Glaube machte es ihr schließlich möglich, sich ihm wieder zuzuwenden und sich von ihm stützen zu lassen.

Jill und Anthony machten eine wichtige Erfahrung: Wenn man in den Haarnadelkurven des Lebens zusammensteht, wird die Beziehung tiefer. Entfernt man sich hingegen voneinander, ist die Balance gefährdet. Man kann leicht vom Weg abkommen und in den Abgrund stürzen.

Das Schicksal hält ganz sicher Prüfungen, Tiefschläge und Krisen für Sie bereit, deshalb ist es das Beste, sie als Gelegenheit zur Stärkung Ihrer Bindung zu nutzen. Das Zusammenrücken in Krisensituationen ist der Wesenskern jeder Partnerschaft und das Sprungbrett in die höheren Ebenen der Intimität.

### *Geteilte Freude*

Wenn einem von Ihnen beiden etwas Wunderbares widerfährt, gehört die Freude darüber Ihnen beiden. Teamgeist bedeutet, dass Sie die Höhenflüge genauso miteinander absolvieren, wie Sie die Talsohlen gemeinsam durchschreiten. Die Freude über positive Veränderungen miteinander zu teilen ist ebenso wichtig wie das gegenseitige Stützen in schwierigen Situationen.

Manchmal sind positive Veränderungen genauso schwer zu verdauen wie negative. So waren beispielsweise Darci und Jack schon seit 17 Jahren zusammen, als Jacks Zeitungskolumne von einem nationalen Syndikat übernommen wurde. Bis dahin hatten sie nur bescheidene Erfolge gehabt und waren mit ihrem einfachen Leben ganz zufrieden gewesen. Doch nun wurde Jack über Nacht ein bekannter Mann; er trat schon bald als Gast in Talkshows auf und wurde im Abendprogramm der Fernsehanstalten interviewt. Seine Fangemeinde wuchs von Tag zu Tag, und da neben der Verfasserzeile auch ein Foto von ihm abgebildet war, erkannten ihn die Leute nun auch auf der Straße.

Jacks Karrieresprung war natürlich eine willkommene Veränderung, aber es war eben eine Veränderung und musste auch als solche behandelt werden. Jack und Darci mussten gemeinsam analysieren, was diese Veränderung für sie beide bedeutete, nicht nur finanziell, sondern auch was die Auswirkungen auf ihre gemeinsame Zeit, auf ihre Privatsphäre und auf die Dynamik ihrer Beziehung anging. Sie mussten sich offen und ehrlich eingestehen, dass sich Jacks Verfügbarkeit geändert hatte, und ihre Beziehung darauf einstellen, damit Darci nicht das Gefühl bekam, von seinem Erfolg ausgeschlossen zu sein oder auf der Strecke zu bleiben. Obwohl die Schmelzphase den beiden größere finanzielle Freiheit und Jack persönliche Erfüllung bescherte, brachte sie doch auch Umwälzungen mit sich, die beachtet und sorgsam behandelt werden mussten.

Wenn Fortuna Ihnen wohlgesinnt ist, vergessen Sie nicht, Ihren Partner an Ihrer Erfahrung teilhaben zu lassen. Kommt Ihr Partner in den Genuss der positiven Veränderung, so müssen Sie sich daran anpassen und Raum für den neuen Wachstumsschub schaffen, gleichzeitig aber auch Platz für sich selbst behalten. Wenn Ihnen beiden als Paar etwas Wunderbares geschieht, müssen Sie die neuen Puzzleteile gemeinsam annehmen und die ganze Freude in Ihre gemeinsame Realität einbauen.

Wenn Sie den Jetztzustand Ihres Lebens für die Ewigkeit einfrieren könnten, käme das vielleicht Ihrem Hang zur Nostalgie entgegen, aber letztendlich würde die Stagnation anfangen, Sie zu langweilen. Erst die Veränderung macht das Leben interessant und ermöglicht den Menschen und ihren Beziehungen eine kontinuierliche Entwicklung.

Um Ihre Beziehung heil über die Höhen und Tiefen des Lebens zu bringen, müssen Sie sich so gut wie möglich auf Veränderungen vorbereiten. Sie können zwar die Lebensbeben, die sich auf Ihrem Weg ereignen werden, nicht antizipieren, doch Sie können sich gelassener in die Kurven legen, wenn Sie zuvor für ein starkes Fundament und einen effektiven Bewältigungsmechanismus gesorgt haben. Auf diese Weise werden Sie Veränderungen nicht so sehr als Besorgnis erregende Ereignisse, sondern eher als willkommene Gelegenheiten zur Entwicklung empfinden.

## SIE MÜSSEN IHRE BEZIEHUNG PFLEGEN, DAMIT SIE GEDEIHT

♥

*Halten Sie Ihren Partner in Ehren,*
*und Ihre Beziehung wird blühen.*

Eine Beziehung ist wie ein Garten. Wenn man sich liebevoll und aufmerksam um seinen Garten kümmert und ihn gut in Ordnung hält, wird er prachtvoll gedeihen. Lässt man ihm viel Wasser und Sonnenschein zukommen, werden die Sämlinge zu starken, gesunden Pflanzen heranwachsen. Vernachlässigt man ihn jedoch und hofft einfach nur das Beste, wird er schon bald von Unkraut überwuchert sein. Tritt man auf den Pflanzen herum und reißt ihre Blätter ab, verweigert man ihnen Liebe und Nährstoffe, so werden sie verwelken und absterben.

Wenn Sie Ihre Beziehung schätzen und respektieren, wird sie stark bleiben. Wenn Sie ihr Zeit, Aufmerksamkeit und Mühe widmen, wird sie mit jedem Tag weiter wachsen. Halten Sie sie jedoch für selbstverständlich und meinen, sie würde einfach immer so weiterlaufen wie bisher, dann kann es durchaus passieren, dass sie verwelkt und stirbt.

Man ist so leicht versucht, eine Liebesbeziehung als Selbstverständlichkeit zu betrachten. Wenn der »anstrengende Teil« erledigt ist, d. h. die Liebe gefunden und die Beziehung etabliert ist, erklären sich viele Leute für »untergebracht« und wenden ihre Aufmerksamkeit anderen Dingen zu; ein Punkt mehr, der von der Liste der noch zu erledigenden Dinge gestrichen werden kann. Doch eine Beziehung ist eine zarte Pflanze, die sich ständig weiterentwickelt und Nahrung braucht, um zu überleben; sie hat gewisse Grundbedürfnisse. Wenn die erste Erntesaison vorüber ist, muss sie weiterhin mit Liebe, Fürsorge und Respekt gepflegt werden, um auch in den Folgejahren blühen zu können.

Die Beziehung zwischen Ihrem Partner und Ihnen wird dadurch erhalten, dass Sie Ihre innere Bindung pflegen. Dieses Band muss jeden Tag aufs Neue gefestigt werden, um stark zu bleiben. Ein Termin pro Jahr, zum Beispiel der Geburtstag oder der Hochzeitstag, ist nicht ausreichend; die Beziehungspflege muss für Sie so selbstverständlich werden wie das Aufwachen am Morgen und das Zähne putzen. Es ist einfach, den Zauber der Liebe zu verspüren, wenn die Beziehung noch ganz frisch ist, die

Leidenschaft überschäumt und die Emotionen nur so strömen. Die wahre Kunst besteht aber darin, diesen Zauber durch tägliche Pflege und Zuwendung zu erhalten.

Beziehungspflege steht und fällt damit, dass Sie Ihren Geliebten wie einen kostbaren Schatz behandeln. Den Partner wie einen Schatz zu behandeln bedeutet, dass er Ihnen lieb und teuer ist. Es bedeutet, dass Sie all seine wunderbaren Eigenschaften zu schätzen wissen und ihm so oft wie möglich zu verstehen geben, wie wichtig und besonders er für Sie ist. Durch eine solche Würdigung demonstrieren Sie Ihrem Partner direkt oder indirekt, dass er der Mensch ist, der Ihnen immer noch Herzklopfen und Magenflattern verursacht. Sie zeigen ihm, dass er dazu beiträgt, Ihr Leben zu verschönern.

## WIRKLICH DA SEIN

Laut Woody Allen besteht das Leben zu 90 Prozent daraus, einfach nur da zu sein. Doch »einfach nur da sein« ist nicht genug, wenn es um eine Liebesbeziehung geht. Es gibt einen großen Unterschied zwischen da sein und *da sein*. Da sein bedeutet, dass man in physischer Form anwesend und verfügbar bist. *Da sein* bedeutet, dass man nicht nur körperlich, sondern auch mit Herz, Seele und Verstand anwesend ist. Es bedeutet, dass man eine aktive Beziehung zu seinem Partner unterhält und dass man in seiner Gesamtheit präsent ist.

Bei vielen Paaren, die ich in meiner Beratungspraxis kennen gelernt habe, rührten die Schwierigkeiten daher, dass einer der Partner abgestumpft war, sich zurückgezogen hatte und den anderen nicht mehr schätzte – manchmal galt das auch für beide. Das passiert, wenn irgendetwas einem oder auch beiden Partnern die Lust und Energie raubt, eine authentische und gedeihliche Beziehung aufrechtzuerhalten. Es kann unterdrückter Groll, eine nie verziehene Verletzung, ein Nachlassen der körperlichen Lust, Faulheit oder auch einfach die Belastung durch den Alltag sein, die dazu führt, dass jeder sich in sein eigenes Schneckenhaus zurückzieht. Hinzu kommt die zur Gewohnheit gewordene Vernachlässigung der Beziehung, und schon haben sich die beiden meilenweit voneinander entfernt. Die Kluft zwischen ihnen vergrößert sich mit jeder verpassten Gelegenheit, wieder miteinander in Kontakt zu treten – wenn der eine nach Hause kommt und keinen Wert darauf legt, den anderen zu umarmen, wenn beide in ihrem eigenen Haus aneinander vorbeigehen und dem anderen nicht die geringste Aufmerksamkeit schenken, wenn sie aufhören, sich gegenseitig ihre Gefühle zu offenbaren, oder wenn sie so sehr mit Alltagsdingen beschäftigt sind, dass keine Zeit mehr für ein lebendiges Sexualleben bleibt. Am Ende wachen sie auf und stellen fest, dass sie innerhalb ihrer Beziehung emotional isoliert sind.

Wenn Sie von der Rundum-Präsenz zum »Einfach-nur-dasein« überwechseln, entfernen Sie sich von dem ursprünglichen »Wir«, das Sie mit Ihrem Partner gebildet hatten. Sie ziehen sich aus der Verbindung zurück, verfallen wieder in das »Ich«-Stadium und ziehen einen unüberwindbaren Zaun um sich herum. Sie schließen Ihren Partner aus Ihrer Realität aus, und Ihre Beziehung leidet.

Der Ausweg aus dieser Sackgasse führt über das Zurückspulen des Videobandes in Ihrem Kopf. Um Ihre trägen grauen Zellen zu reaktivieren, müssen Sie sich die Zeiten ins Gedächtnis zurückrufen, als Sie und Ihr Partner noch voll und ganz füreinander da waren. Wenn Sie sich an das Gefühl erinnern, das Sie in diesen kostbaren Momenten empfunden haben, als Sie noch wirklich mit Herz, Körper und Seele für den anderen *da waren*, wird Ihre temporäre Amnesie verschwinden, um der Rundum-Präsenz wieder Platz zu machen.

### Wiedererwachen

Joseph und Vera waren seit 22 Jahren miteinander verheiratet, als Vera mich aufsuchte. Sie war unglücklich, weil Joseph, wie sie es beschrieb, während der letzten zehn Jahren ihrer Ehe »emotional abwesend« gewesen war. Er wollte anscheinend nicht von seiner Einzelkämpfer-Routine ablassen, zur Arbeit zu gehen, wieder nach Hause zu kommen und sich dann Abend für Abend mit der Fernbedienung in der Hand auf dem Sofa niederzulassen. Vera hatte auf verschiedene Weise versucht, an ihn heranzukommen, aber offensichtlich konnte sie Joseph nicht klar machen, wie weit sie sich schon voneinander entfernt hatten.

Ich forderte Vera auf, sich an eine Gelegenheit zu erinnern, als
Joseph vollkommen präsent gewesen war. Sie erzählte mir sofort
von einem wunderbaren Urlaub, den sie einige Jahre zuvor auf
einer Insel miteinander verbracht hatten. Ich schlug ihr vor, nach
Hause zu gehen, den Fernseher auszuschalten und Joseph durch
die lebhafte Beschreibung schöner Details an diese Reise zu erinnern – wie sich die sanfte Brise auf ihrer Haut anfühlte, wie der
Mond aussah, das herrliche Essen am Meer, wie verliebt sie waren –, um seine eigene Erinnerung an diesen Urlaub wieder zu
aktivieren. Durch die Gegenüberstellung dieser lebendigen und
kostbaren Erinnerung mit dem Jetztzustand würde Joseph vielleicht erkennen können, wie weit er sich von seiner Geliebten entfernt hatte.

Vera ging nach Hause, setzte sich neben Joseph und fragte ihn,
ob sie in der nächsten Werbepause miteinander sprechen könnten. Er nickte zustimmend. Als die Werbung anfing, bat sie
Joseph, den Ton abzustellen und sie anzuschauen. Dann fragte
sie ihn: »Wie geht es dir?« Joe antwortete wie üblich »gut«, doch
dieses Mal fragte Vera gleich darauf: »Erinnerst du dich noch an
unseren Urlaub auf der Insel vor zwei Jahren? Erinnerst du dich
daran, wie sich der Wind anfühlte und wie wir am Strand Picknick gemacht haben? Weißt du noch, wie wir Piña Colada ge-
trunken haben und wie herrlich wir geschlafen haben? Erinnerst
du dich, wie wir beide uns miteinander gefühlt haben?« Joseph
antwortete, dass er sich natürlich daran erinnere. Daraufhin
sagte Vera: »So möchte ich mich gern wieder fühlen – und ich

denke, wir könnten es schaffen –, aber ich muss wissen, ob du es auch willst.«

Es funktionierte. Joseph verstand, was Vera meinte, als sie ihm erklärte, sie fühle sich weit weg von ihm. Sie stimmten überein, dass sie neue wertvolle Erinnerungen schaffen mussten, damit Joseph ihre Liebesbeziehung nicht wieder aus den Augen verlor.

## CHECK-UP FÜR DIE BEZIEHUNG

Oft sind Paare von der Bewältigung ihres Alltags – Arbeit, Einkäufe, Stress, Kinder, Hobbys – so sehr in Anspruch genommen, dass sie vergessen, ihre Beziehung zu pflegen. Es gibt unendlich viel zu tun, und wenn die alltäglichen Belange die gesamte Freizeit verschlingen, gehen die Menschen oft nicht mehr bewusst mit ihrem Leben um und lassen sich entweder treiben oder kämpfen rund um die Uhr. Sie verwenden so viel Zeit und Mühe darauf, bei diesem ständigen Jonglieren alle Teller in der Luft zu halten, dass Beziehungspflege ihnen als das Letzte erscheint, wofür sie Zeit erübrigen könnten. Doch ein Moment der Vernachlässigung wird zu Stunden, Stunden werden zu Tagen, Tage zu Monaten, und ehe sie überhaupt gemerkt haben, wie viel Zeit schon vergangen ist, haben sie sich meilenweit voneinander entfernt.

Dinge ändern sich, Menschen ändern sich und Stimmungen ändern sich. Es wäre dumm zu glauben, dass die Dinge heute oder in einem Monat noch genau so sein könnten wie in der letzten Woche. Veränderung ist die Norm, deshalb ist es wichtig, in regelmäßigen Abständen gemeinsam zu überprüfen, wo jeder Einzelne steht und wie es um die Beziehung bestellt ist. Ein solches Check-up reißt einen aus seiner Unbewusstheit heraus und ruft einem die ursprüngliche Verbindung zu seinem Liebespartner ins Gedächtnis zurück.

Das Check-up mit dem Partner ist wie die Inspektion bei einem Auto. Wenn Ihr Wagen eine bestimmte Anzahl von Kilometern gefahren ist, bringen Sie ihn in die Werkstatt, um die Bremsen, die Zündkerzen, das Öl, den Filter und den Motor überprüfen zu lassen, damit Sie sicher sein können, dass alles ordentlich läuft. Funktioniert irgendetwas nicht so, wie es sollte, wird der Fehler ausfindig gemacht und behoben.

Bei einem Beziehungscheck-up wird die Bindung inspiziert. Wenn Partner eine solche Überprüfung durchführen, bedeutet das, sie nehmen sich ganz bewusst Zeit, um miteinander in Verbindung zu treten. Sind sie glücklich? Haben sie das Problem mit der Arbeit gelöst? Wie fühlt sich jeder in seiner Haut? Sie teilen die Freuden, Leiden, Herausforderungen, Erfolge, Anstrengungen und Siege, die sich im Leben jedes einzelnen von Ihnen ereignet haben, miteinander. Sie erfahren von den Sorgen Ihres Partners und teilen ihm die Ihren mit. Sie setzen sich gegenseitig davon in Kenntnis, wo Ihre derzeitigen Prioritäten angesiedelt sind und was sich, innerlich wie äußerlich, geändert hat, seitdem Sie sich das letzte Mal zusammengesetzt haben. Ein Check-up bedeutet im Wesentlichen, dass Sie inmitten Ihres geschäftigen Alltags innehalten, um Ihren Partner ganz ernsthaft zu fragen »Wie geht es *dir*?« und bei der Antwort auch wirklich hinzuhören.

Bei einem Check-up fühlen Sie den Puls Ihrer Beziehung. Es ist wichtig, dass Sie beide Ihre Gedanken und Gefühle zum Status quo Ihrer Partnerschaft austauschen, damit Sie miteinander in Verbindung bleiben. Werden Ihre Erwartungen erfüllt? Gibt es irgendwelche Steine in Ihren Körben, die entfernt werden müssen? Fühlen Sie sich sicher? Respektiert? Als Selbstverständlichkeit betrachtet? Wollen Sie irgendetwas in Ihrem Umgang miteinander ändern? Um die Authentizität einer Beziehung zu erhalten, ist es notwendig, immer wieder zu verweilen und zu fragen »Wie geht es *uns*?« Es sei darauf hingewiesen, dass »gut« in diesem Fall keine akzeptable Antwort ist.

### *Tägliche Check-ups*

Es gibt zwei verschiedene Arten von Check-up – die tägliche Instandsetzung und den offiziell anberaumten Inspektionstermin. Beim täglichen Check-up halten Sie beide bei dem, was Sie gerade tun, einfach inne, auch wenn es nur für einen kurzen Moment ist, und richten Ihre Aufmerksamkeit aufeinander. Sie drücken ganz bewusst auf »Pause« und nehmen sich einen Moment Zeit, um herauszufinden, was der Partner fühlt, wie sein Tag verläuft und was ihm durch den Kopf geht.

Vor Jahren war es in den Familien üblich, Tag für Tag beim Abendessen zusammenzusitzen, sich das Neueste vom Tage zu erzählen und zu erfahren, was sich im Leben jedes einzelnen Familienmitglieds tat. Generationen von Paaren hielten diesen Austausch für einen wichtigen Bestandteil des Tages. Daher war es für viele Paare gar nicht notwendig, ein spezielles Check-up-System einzurichten, denn der Austausch fand fast jeden Abend automatisch beim Abendbrot statt. Doch die Zeiten haben sich geändert, und wir brauchen neue Check-up-Mechanismen.

Jedes Paar hat seine eigenen Rhythmen und Gewohnheiten. Sidney und Jeri beispielsweise gehen werktags jeden Morgen zusammen ins Fitness-Studio. Larry und Clay telefonieren tagsüber miteinander, um sich Neuigkeiten, Änderungen oder andere interessante Dinge mitzuteilen. John und Camaryn gehen jeden Mittwochabend zusammen essen.

Was würde Ihnen und Ihrem Partner am besten passen? Wollen Sie sich immer einen Moment Zeit nehmen, bevor Sie abends zu Bett gehen, um sich über Neuigkeiten, Pläne, Gedanken, Gefühle, Sorgen und Erfolgserlebnisse auszutauschen? Würden Sie sich gern einmal pro Woche zum Mittagessen treffen? Vielleicht ist es Ihnen lieber, morgens zusammen Kaffee zu trinken oder zusammen zur Arbeit zu fahren. Jede Zeit, jeder Ort und jede Methode, die Ihnen gefällt, ist zulässig; wichtig ist nur, dass Sie etwas finden, was Ihnen beiden zusagt, und dass Sie dann auch dabei bleiben. Der kleine Aufwand an Zeit und Mühe ist eine Investition, die goldene Früchte trägt.

## *Offizielle Check-ups*

Ein offizielles Partnerschafts-Check-up ist ein geplantes Treffen, bei dem vergangene, gegenwärtige und zukünftige Angelegenheiten angesprochen und bearbeitet werden. Bei diesen Zusammenkünften können die Partner sich über ihr physisches und emotionales Wohlbefinden austauschen; sie können über ihre Probleme sprechen, über das, was sie lernen, was ihnen gelungen ist oder was sie gerade ausprobieren. Sie können einander berichten, wo sie nicht weiterkommen, und um Unterstützung jedweder Art bitten. Wenn der persönliche Teil abgeschlossen ist, können sie zu ihrer Beziehung übergehen.

Beide Partner haben die Gelegenheit, ehrlich zu sagen, wie sie die Beziehung sehen. Dazu gehören sowohl die guten als auch die schlechten Aspekte – mit anderen Worten, was läuft und was nicht läuft. Das Check-up löst eventuell vorhandene Vermutungen auf und bringt einen mit dem Partner wieder auf eine Linie.

Sie fragen sich vielleicht, warum diese Inspektionen so zeremoniell verlaufen müssen. In erster Linie deshalb, weil Ihre Check-ups an Glaubwürdigkeit und Bedeutung gewinnen, wenn Sie sie zu einem offiziellen Ereignis machen. Ist die Begegnung nicht alltäglich, sondern etwas Besonderes, bringen beide Partner den notwendigen Ernst mit und wenden sowohl Zeit als auch geistige Energie auf, um sich darauf vorzubereiten. Offizielle Check-ups können enorm hilfreich sein, um Ihre Beziehung den aktuellen Gegebenheiten anzupassen und Ihnen beiden das Gefühl von Wertschätzung zu vermitteln.

Bei der Diskussion über Ihre Beziehung könnten Sie zum Beispiel die folgenden Punkte ansprechen:

1. Allgemeiner Eindruck von der Beziehung:
   a. Werden Ihre Bedürfnisse erfüllt?
   b. Können Sie ohne Scheu über alles sprechen und Ihre Wünsche vorbringen?
   c. Haben Sie das Gefühl, dass der andere Ihnen zuhört?
   d. Fühlen Sie sich ermutigt und in Ihrem Wachstumsprozess gefördert?
2. Der Entscheidungsprozess:
   a. Fallen die Entscheidungen zur beidseitigen Zufriedenheit aus?
   b. Haben Sie genug Zeit zum Diskutieren, Abwägen und Nachdenken?
   c. Haben Sie das Gefühl, dass Ihre Gedanken und Gefühle ernst genommen werden?
   d. Werden die Entscheidungen im Geiste der Kooperation getroffen?
3. Kommunikation:
   a. Trauen Sie sich, frei heraus zu sagen, was Sie fühlen?
   b. Hören Sie sich wirklich gegenseitig zu?
   c. Fühlen Sie sich ermutigt, Ihre Ansichten zu äußern?
   d. Fühlen Sie sich in all Ihren Träumen und Zielen unterstützt?

4. Rollen und Zuständigkeiten:
   a. Haben Sie das Gefühl, dass die Aufgabenteilung funktioniert?
   b. Haben Sie das Gefühl, dass jeder seinen Teil übernimmt?
   c. Haben Sie das Gefühl, dass die Aufgabenverteilung fair ist?
   d. Möchten Sie irgendetwas ändern?
5. Freizeitgestaltung:
   a. Haben Sie das Gefühl, dass Sie genug Zeit miteinander verbringen?
   b. Brauchen Sie vielleicht mehr Zeit für sich allein?
   c. Wollen Sie vielleicht etwas Neues ausprobieren?
6. Planung, Zeiteinteilung und Logistik:
   a. Haben Sie irgendwelche Probleme mit der Zeiteinteilung?
   b. Sind die finanziellen Vereinbarungen fair?
   c. Hat jeder von Ihnen genug Zeit, alles zu tun, was er tun möchte?

Zu einem offiziellen Check-up gehört ein gewisses Maß an Respekt. Deshalb ist es wichtig, dass Sie sich beide genug Zeit dafür nehmen und Ihr Gespräch in einer passenden Atmosphäre führen. Die beabsichtigte Feinabstimmung zwischen Ihnen lässt sich schlecht verwirklichen, wenn Sie derlei wichtige Dinge mitten in der Küche diskutieren, während das Telefon klingelt, die Kinder schreien und die Backofenuhr summt. Ebenso wenig förderlich ist es, das Gespräch zu führen, wenn Sie und vielleicht auch Ihr Partner gestresst sind oder über etwas ganz anderes nachdenken.

Die Zeit und der Ort müssen Ihnen beiden passen. Suchen Sie sich eine Umgebung, in der Sie sich ganz allein unterhalten können, und wählen Sie eine Zeit, in der Sie beide entspannt sind und sich aufeinander konzentrieren können. Am besten ist es, wenn Sie über Ihre Fragen und Antworten schon vorher ein wenig nachdenken können, damit Sie gut vorbereitet sind und nichts vergessen. Geeignete Gelegenheiten sind beispielsweise lange Autofahrten, Strandwanderungen oder Spaziergänge im Park.

Sie müssen gemeinsam mit Ihrem Partner entscheiden, wie oft und wie offiziell Sie den Puls Ihrer Beziehung fühlen wollen oder müssen. Es ist voll und ganz Ihnen beiden überlassen, wann und wo Sie pausieren und eine Bestandsaufnahme Ihrer Partnerschaft durchführen wollen.


## POSITIVE UND NEGATIVE AUFMERKSAMKEIT

Zu Beginn einer jeden Beziehung ist der Austausch zwischen den Partnern warmherzig, liebevoll und zärtlich. Süße Liebesworte fließen vollkommen mühelos:

»Du hast schöne Augen.«

»Blau steht dir fantastisch.«

»Es macht so viel Spaß, mit dir ins Fitness-Studio zu gehen.«

»Du machst die besten Omeletts!«

Diese Sätze sind ehrlich gemeint und kommen bei beiden Partnern wahrhaft von Herzen. Jedes Mal wenn ein Mensch dem anderen positive Aufmerksamkeit widmet, blüht der Empfänger auf wie eine Blume im Sonnenschein.

Anerkennung erzeugt mehr Anerkennung, die Erwiderung fällt ebenso bewundernd aus, und der Empfänger überschüttet nun seinerseits den Geber wieder mit Liebe. Positive Aufmerksamkeit ist ansteckend und setzt eine Aufwärtsspirale in Gang. Das ist natürlich der Flitterwochenzustand.

Irgendwann werden dann aber die rosa Brillen abgesetzt, und die Realität hält Einzug. Beide Partner zeigen sich nicht mehr durchgängig von ihrer »besten Seite«, lassen in ihren Bemühungen nach und präsentieren sich weniger perfekt und glanzvoll. Aus dem »Au, fein« wird plötzlich ein »Oh, nein«, und beide fangen an zu realisieren, dass der andere, den sie bislang für perfekt und absolut großartig hielten, auch seine Mängel hat. Jeder fängt an, diese Schwachpunkte mit kritischen Augen zu betrachten und den anderen darauf aufmerksam zu machen; es könnte ja sein, dass der Partner selbst sich seiner Fehler gar nicht bewusst ist. Der Strom von positiver Anerkennung und Aufmerksamkeit wird langsam von etwas bissigeren oder kritischeren Bemerkungen durchsetzt. Wie aus dem Nichts schleichen sich Kritik, Sarkasmus und Gereiztheit in den Austausch ein:

»Du hast die Zahnpastatube schon wieder offen gelassen.«

»Kannst du dein Durcheinander nicht mal aufräumen?«

»Kannst du nicht *ein Mal* das Auto volltanken, bevor du es mir zurückgibst?«

»Der Pullover ist dir zu klein.«

Die Toleranz nimmt ab, und Äußerungen der Enttäuschung und Verärgerung ersetzen die einst so süßen Worte. Die Flitterwochen sind vorbei.

Was ist passiert? Was hat sich geändert? Ganz einfach, die positive Aufmerksamkeit hat sich in negative verwandelt. Die Partner richten ihre Energien nach wie vor aufeinander, nur dass jetzt weniger freundliche Worte gewechselt werden und der Austausch einen feindlichen Unterton bekommen hat. Die Aufwärtsspirale hat sich umgedreht und degeneriert zu einer abwärts gerichteten Korkenzieherspirale: Kritik, Verteidigung, Gegenangriff und so weiter, bis die Partner die einst für so wertvoll gehaltenen Teile des anderen nicht mehr sehen können. Das ist mit Sicherheit nicht die gedeihlichste Art, miteinander umzugehen, aber leider die häufigste.

### Vom Negativen zurück zum Positiven

Wenn Sie wollen, dass Ihre Beziehung floriert, müssen Sie sich wieder darin üben, Ihr Augenmerk auf die Vorzüge Ihres Partners und nicht auf seine Mängel zu richten. Sie müssen zu der Vorstellung zurückfinden, dass Ihr Partner, *genau so wie er ist*, perfekt ist. So haben Sie schließlich auch empfunden, als Sie ihm zum ersten Mal begegnet sind. Denken Sie an diese Zeit zurück und prägen Sie sich fest in Ihre Gedanken ein, wie Sie Ihren Partner am Anfang gesehen haben, als Ihnen alles, was er tat, akzeptabel, ja sogar wunderbar erschien. Das bedeutet nicht, dass Sie die Seiten an Ihrem Partner, die Ihnen nicht gefallen, übersehen sollen; aber Sie sollten, genau so wie Sie es in Ihrer Anfangszeit getan haben, Ihre Aufmerksamkeit auf das richten, was Sie an ihm *mögen*, und nicht an den Dingen kleben bleiben, die Sie *nicht mögen*.

Diese Geisteshaltung müssen Sie genau so in Ihrem Kopf verankern, wie Sie auch daran denken, regelmäßig die Blumen zu gießen. Dazu müssen Sie sich wieder in Erinnerung rufen, warum Sie sich ursprünglich für diese Partnerschaft entschieden haben, aus welchen Gründen Sie Ihren Liebsten vor allem ausgewählt haben und welche Eigenschaften dazu geführt haben, dass Sie sich in eben diese Person verliebt haben. Ein junger Mann, den ich kenne, hat einen älteren Freund, der ihm geraten hat, in den Momenten, in denen er seine Frau besonders liebt, innezuhalten und eine Liste der Eigenschaften anzufertigen, die er an ihr schätzt. So hat er dann, immer wenn sie ihn nervt, ärgert oder enttäuscht, eine Liste zur Hand, die ihm seine wahren Gefühle in Erinnerung ruft.

Um eine negative Korkenzieherspirale wieder in eine positive Aufwärtsspirale zu verwandeln, ist es notwendig, dass einer der beiden Partner aus dem Teufelskreis ausbricht und den Energiefluss ändert. Einer muss sich besinnen, sich ganz bewusst wieder in Erinnerung rufen, was er an seinem Partner liebt, die-

ses Bild fest in seinem Kopf verankern und sich dann dafür entscheiden, seine Aufmerksamkeit lieber auf diese Aspekte zu richten, anstatt sich mit den Dingen zu beschäftigen, die er nicht
liebt. Dann kann die Aufmerksamkeit wieder von Kritik auf
Anerkennung umschwenken. Da Anerkennung ein positives
Echo hervorruft, bestehen gute Chancen, dass der Partner auch
freundlich reagiert und die Spirale sich wieder in die richtige
Richtung dreht.

*Eine Beispielspirale*

Carey und Andy lernten sich kennen und fingen quasi sofort eine
Beziehung miteinander an. Sie waren begeistert voneinander
und schrieben sich während der Flitterwochen-Phase kleine Zettelchen mit Liebesbeteuerungen, die sie in der Manteltasche des
anderen versteckten. Es war ein endloser Strom von Komplimenten hin und zurück, und die positiven Eigenschaften des anderen
wurden fast ständig erwähnt. Carey liebte die Art, wie Andy sich
ausdrückte, und Andy liebte Careys Art, ihm intensiv zuzuhören.
Carey gefiel es, wie Andy sich kleidete, und Andy liebte Careys
blonde Locken. Die Liste war lang, und keiner der beiden scheute
sich, möglichst oft daraus zu zitieren.

Sechs Monate nachdem sie sich kennen gelernt hatten, zogen
sie zusammen. Andy fühlte sich so wohl mit Carey, dass er sein
Vorzeigebenehmen ein wenig lockerte und alles ein wenig sorg-
loser anging. Er ließ halbvolle Kaffeebecher auf dem Couchtisch

stehen, nasse Handtücher auf dem Bett liegen und vergaß seine Schuhe vor der Treppe. Carey war entsetzt, diese »Fehler« zu entdecken, und machte Andy sofort darauf aufmerksam, weil sie annahm, dass ihm seine Gedankenlosigkeit gar nicht bewusst sei.

Andy betrachtete diese Belehrung als willkommene Gelegenheit, Carey endlich einmal mitzuteilen, wie sehr es ihn ärgerte, wenn wichtige Telefonnachrichten vergessen wurden. Er fügte noch hinzu, dass es ihm sehr lieb wäre, wenn die Telefonleitung abends wenigstens einmal für zehn Minuten frei wäre, damit er ein paar Anrufe erledigen könne. Es war zwar nicht unbedingt eine scharfe Auseinandersetzung, doch der Ton schwenkte ganz unmerklich von liebevoll-anerkennend auf missbilligend-kritisch um.

Dieser Wortwechsel öffnete Tür und Tor für spitze Bemerkungen und noch kritischere Äußerungen in den darauf folgenden Wochen. Carey beklagte sich noch vehementer über Andys Gewohnheiten und fing an, ihn zu beleidigen. Andy teilte Carey mit, dass er keine Unterhaltungen schätze, wenn er gerade fernsehe. Der Startschuss war gefallen, das Rennen hatte begonnen, und plötzlich drehte die Spirale sich noch einmal ein ganzes Stück abwärts in Richtung herbe Kritik.

Es war Carey, die mich schließlich aufsuchte. Carey war unglücklich mit ihrer Beziehung und suchte nach einer Lösung. Ich erklärte ihr, dass einer von ihnen bereit sein müsse, das Blatt zu wenden. Ich fragte, ob sie beide gewillt seien, sich auf die Vorzüge des anderen zu konzentrieren, anstatt immer weiter auf den Fehlern herumzureiten. Ich betonte noch einmal, dass der Wille dazu unbedingt vorhanden sein müsse und dass jeder von ihnen die Spirale wieder in eine Aufwärtsbewegung versetzen könne, indem er sich für Kommunikation statt Konfrontation entscheide. Carey wollte es versuchen.

Als Andy ihr den nächsten emotionalen Hieb versetzte, indem er anmerkte, sie habe eine Geschäftsrechnung verloren, weil es ihr an der notwendigen Motivation fehle, behielt Carey die Worte, die ihr bereits auf der Zunge lagen, für sich, atmete einmal tief durch und besann sich auf ihren Vorsatz, die Situation zu ändern. Carey wusste, dass es nicht so weiter gehen konnte wie bisher, und versuchte deshalb, die negative Spirale umzudrehen, indem sie von Kritik wieder auf Anerkennung umschwenkte.

Carey begann damit, dass sie Andy mitteilte, seine letzte Äußerung habe ihre Gefühle verletzt (Umschwenken von Kritik auf Gefühl). Dann erklärte sie Andy, dass sie nicht länger auf der Basis von Kritik und Vergeltung miteinander umgehen könnten, weil die Beziehung ihnen beiden viel zu wertvoll sei und keiner dem anderen weh tun wolle. Dadurch dass sie über Gefühle sprach anstatt zu kritisieren, war Carey in der Lage, Andy zu entwaffnen und einen authentischeren Dialog darüber zu eröffnen, was zwischen ihnen beiden vor sich ging.

## GEBEN UND NEHMEN

Die Wertschätzung für den Liebespartner wird durchströmt von der Energie des Gebens. Durch Geben manifestieren Sie Ihre Gefühle in konkreter Form. Ihr Partner kommt in den Genuss Ihrer Großzügigkeit, Zärtlichkeit und Hingabe. Dem Partner etwas zu geben bedeutet Liebe zu geben.

### *Arten des Gebens*

Die meisten Leute denken beim Thema Geben zuerst an Geschenke. Aus ihrer Kindheit sind viele Menschen darauf programmiert zu glauben, Liebe drücke sich in Form von hübschen Paketen mit dicken Schleifen aus. Natürlich sind Geschenke ein wichtiger Ausdruck des Gebens, aber sie stellen bei weitem nicht die einzige Möglichkeit dar.

Sie können Ihrem Partner Ihre Zeit, Ihre Aufmerksamkeit oder Ihre Energie geben – lauter unermesslich wertvolle Geschenke. Das größte Geschenk, das Sie Ihrem Partner machen können, lässt sich in keinem Geschäft der Welt kaufen: Sie selbst. Ihm unaufgefordert zu helfen, weil er viel zu tun hat oder ihm anzubieten, ihn zu einem Zahnarzttermin zu begleiten, vor dem er Angst hat, sind kostbare Akte des Gebens, die ihm das Gefühl vermitteln können, wirklich geliebt zu werden. Meine Freundin Debra bekam neulich von ihrem Freund Steven das Angebot, er werde das ganze Wochenende lang auf ihren Hund aufpassen, damit sie ungestört an einem wichtigen Projekt arbeiten könne. Das war ein Akt des Gebens, der ihr mehr bedeutete als irgendwelche Blumen, Süßigkeiten oder Schmuckstücke. Nur weil sich etwas nicht in Mark und Pfennig umrechnen lässt, ist es noch lange nicht weniger wert. Im Gegenteil, es sind diese nicht messbaren Dinge, die als unbezahlbar empfunden werden.

Wünsche zu erfüllen ist die süßeste Art, dem Partner etwas zu geben. Die Wünsche des Partners Realität werden zu lassen, bringt einen Hauch von Zauberei in Ihre Verbindung. Stellen Sie Fragen zu den Wünschen, Träumen und Zielen Ihres Geliebten. Es gibt unabhängig vom Umfang Ihres Budgets immer Möglichkeiten, Wünsche wahr werden zu lassen. Wenn er sagt, er träume davon, nach Afrika zu reisen, lässt vielleicht eine Videocassette oder eine Collage von *National Geographic* sein Gesicht vor Freude erstrahlen. Wenn er sich nach einem Urlaub sehnt, genügt für den Moment vielleicht auch ein Miniurlaub in einer Saunalandschaft oder ein langes entspannendes Mittagessen. Es kommt darauf an, aufmerksam zuzuhören, wenn der Partner einen Wunsch äußert und kreative Wege zu seiner Erfüllung zu finden.

Schließlich kann das Geben auch in ganz einfachen Akten der Fürsorglichkeit zum Ausdruck kommen. Ihrem Partner die Füße oder die Schultern zu massieren, wenn er verspannt ist, ihn zu fragen, wie sein Tag verlaufen ist und bei der Antwort wirklich hinzuhören, ihm Hühnersuppe zu bringen, wenn er krank ist, ihm die Hand zu halten, wenn er Angst hat, seinen

Kummer mit ihm zu teilen, all das sind kleine Akte des Gebens, die den Unterschied zwischen einer funktionierenden und einer blühenden Beziehung ausmachen können. Vergessen Sie nicht, geteilte Freude ist doppelte Freude, geteiltes Leid ist halbes Leid.

### Gegenseitigkeit

Irgendjemand muss das letzte Stück Torte bekommen. Wenn Sie beide auf den letzten Bissen schielen und denken, Sie sollten ihn zuerst schnappen, unterstellen Sie beide, dass Ihr Partner nicht an Ihre Bedürfnisse und Wünsche denkt, sondern nur an seine eigenen. Sie sind beide im »Nehmen«-Modus gefangen. Wenn hingegen jeder von Ihnen an den anderen denkt, dann werden Sie beide dem anderen das Stück anbieten – ein Zeichen dafür, dass Sie beide Anhänger des »Geben«-Modus seid. Vielleicht nimmt einer von Ihnen das Angebot an, oder Sie teilen den letzten Bissen, damit Sie beide noch einen letzten Genuss haben. Wie auch immer – wichtig ist die Einstellung zum Partner, damit jeder von Ihnen immerwährend das Gefühl haben kann, seinen gerechten Anteil zu bekommen.

Natürlich ist das Ganze ein Kreislauf, der vom Wechsel lebt. Im Idealfall funktioniert der Zyklus gleichmäßig und problemlos, und beide Partner fühlen sich gleich geliebt, erhört, geschätzt, respektiert und beachtet. Das Verhältnis von Geben und Nehmen ist ausgeglichen.

Wird der Kreislauf jedoch unterbrochen und das Verhältnis von Geben und Nehmen verschoben, wird sich einer der Partner – oder werden sich auch beide – betrogen fühlen und verärgert reagieren. Einer hört auf, so viel zu geben wie bisher, und der andere zieht sich als Reaktion darauf ebenfalls zurück. Plötzlich geht es in der Partnerschaft weniger um Geben und Nehmen, sondern vielmehr um Nehmen und Nehmen. Wenn aber zwei Leute nur noch nehmen und keiner mehr gibt, ist der Brunnen der Liebe schnell versiegt.

Wenn die Wechselseitigkeit nicht gegeben ist, entwickeln beide Partner im Unterbewusstsein unsichtbare Aufrechnungsbögen. Jeder fängt an, Buch zu führen, wer was tut, wer wem was gibt und wer wem einen Gefallen, Zeit, Aufmerksamkeit, Zuneigung oder sonst etwas schuldet. Wenn die Situation eskaliert und nicht besprochen wird, verschlimmert sie sich bei jedem Austausch, und es kommt zu Verärgerung. Die Verärgerung wächst sich zum Ressentiment aus, und Ressentiments verursachen, wie wir wissen, Probleme.

Um ein solches Szenario zu vermeiden, müssen Ungleichgewichte im Verhältnis von Geben und Nehmen sofort festgestellt, angesprochen und behoben werden. Das kann durch klare Kommunikation und Verhandlungen geschehen, so dass beide Partner wieder das Gefühl bekommen, gleich wichtig zu sein.

## *Was das Wechselspiel gefährdet*

Das Verhältnis von Geben und Nehmen kann auf vier verschieden Arten aus dem Gleichgewicht geraten:

1. Wenn einer zu wenig gibt.
2. Wenn einer zu viel nimmt.
3. Wenn einer zu wenig nimmt.
4. Wenn einer zu viel gibt.

Am häufigsten kommt es wegen der erstgenannten Dynamik zu Beschwerden – wenn einer von beiden zu wenig gibt. Sehr häufig hat eine Person Erwartungen, die nicht erfüllt werden, und nimmt es dem Partner dann übel, dass er von ihm nicht bekommt, was er braucht oder gern hätte. Das kann dazu führen, dass die Person sich betrogen oder als Selbstverständlichkeit betrachtet fühlt, und schon hängt der Haussegen schief. Wenn Ihr Partner Ihrer Ansicht nach zu wenig gibt, müssen Sie das Thema direkt ansprechen und ein neues Abkommen zur beiderseitigen Zufriedenheit aushandeln, das die Balance wiederherstellt.

Bei diesem Szenario kann die Anleitung zur effektiven Kommunikation (Regel Fünf) sehr hilfreich sein. Sie fangen damit an, dass Sie sich klar machen, was genau Sie von Ihrem Partner eigentlich wollen. Einfach nur zu sagen, dass Sie »mehr« wollen, ist nicht aussagekräftig genug; Sie müssen ihm eindeutig erklären, wovon Sie »mehr« wollen. Wenn Ihr Partner Ihnen derzeit nicht zukommen lässt, was Sie wollen oder brauchen, liegt es vielleicht daran, dass er weder weiß, was es ist, noch wie er es Ihnen geben soll. Je mehr Sie ihm helfen, etwas über Sie zu erfahren, und ihm mitteilen, wie er Ihnen geben kann, was Sie wollen oder brauchen, desto glücklicher werden Sie beide sein.

Gleich darauf folgt, für gewöhnlich als Tandempartner des Zu-wenig-Gebens, das Zu-viel-Nehmen. Wer mehr nimmt, als ihm zusteht, saugt seinen Partner aus und verschlimmert das Ungleichgewicht zwischen Geben und Nehmen im Allgemeinen noch dadurch, dass er seine eigenen Ressourcen nicht zur Verfügung stellt, damit der Partner wieder auftanken kann. Wenn Ihr Partner zu viel von Ihnen nimmt, ohne dafür etwas zurückzugeben, sammeln sich auf Ihrem inneren Aufrechnungsbogen Ressentiments an. Sie müssen sie zur Sprache bringen und beseitigen, bevor sie größer werden und Ihren Toleranzrahmen sprengen.

Es kann aber ebenso gut auch passieren, dass sich das Gleichgewicht verschiebt, weil einer der Partner zu viel gibt oder zu wenig nimmt. In diese Falle geraten viele Menschen nur allzu leicht, weil diese Variante so wunderbar uneigennützig erscheint. Das Wort »Nehmen« hat mittlerweile einen negativen Beigeschmack bekommen, als hätte es etwas mit Gier zu tun. Doch in Beziehungen bedeutet es eigentlich nur, freudig entgegenzunehmen, was der Partner zu geben hat.

Zu einem Ungleichgewicht kann es kommen, wenn einer der Partner sich weigert, aus der Geberrolle in die Empfängerrolle zu schlüpfen. Diese Menschen sagen oft, sie handelten aus Liebe oder Großzügigkeit, was sicherlich auch meistens der Fall ist. Doch die Auswirkungen ihrer Handlungsweise sind nicht unbedingt positiv. Indem sie sich weigern, zu empfangen, blockieren sie den natürlichen Fluss von Geben und Nehmen, was zur Entstehung der unsichtbaren Aufrechnungsbögen in den Köpfen beider Partner führt.

So überhäufte beispielsweise Daniel seine Partnerin Lynn mit teuren Geschenken und außerordentlich großzügigen Hilfsangeboten. Er ging mit ihr einkaufen und kaufte ihr Designer-Kleidung, außerdem verwöhnte er sie mit Gefälligkeiten wie der Erledigung ihrer Autoinspektion. Wenn Lynn ihm ihrerseits Geschenke anbot – materieller oder immaterieller Art –, wies Daniel diese freundlich zurück und meinte, das einzige Geschenk, das er sich wünsche, sei ihr Glück.

Aber Lynn war nicht glücklich, denn sie plagte sich mit Schuldgefühlen herum. Sie konnte nicht umhin, alles, was er für sie tat, innerlich aufzulisten, und glaubte, dass er bewusst oder unbewusst das gleiche täte. Dadurch dass er ihre Angebote ablehnte, sorgte er für ein Ungleichgewicht; der Fluss von Geben und Nehmen war unterbrochen. Außerdem versagte Daniel Lynn die Freude, die der Akt des Gebens an den Liebespartner mit sich bringt.

Zu-viel-Geben und Zu-wenig-Nehmen können die Beziehung ebenso schädigen wie Zu-viel-Nehmen und Zu-wenig-Geben. In jedem Fall gerät das Gleichgewicht aus den Fugen. Der einzig sichere Weg, den Fluss von Geben und Nehmen aufrechtzuerhalten, besteht darin, dass man seinem Partner aus vollem Herzen und ohne Notizblock gibt, seinem Partner aber gleichzeitig auch zugesteht, ebenso zu handeln. Es gibt keine Bonuspunkte, wenn einer mehr gibt oder weniger nimmt; der einzige Bonus, den man erlangen kann, ist der, dass sich beide gleichermaßen anerkannt, verwöhnt und geschätzt fühlen.

## FÜRSORGLICHKEIT ALS LEBENSEINSTELLUNG

In der Grundschule, die ich als Kind besuchte, wurde in den Zeugnissen auch »Rücksichtnahme auf andere« beurteilt. Damals konnte ich überhaupt nicht verstehen, warum die Sorge um das Wohl eines anderen außer mir selbst etwas Wertvolles oder ein Grund für gute Noten sein sollte. Es erschien mir richtig, mich ausschließlich darum zu kümmern, wie ich mich fühlte, welches Buch ich lesen wollte oder mit welchem Spielzeug ich spielen konnte. Nur Interesse an mir selbst zu haben erschien mir durchaus akzeptabel.

Als Erwachsene ist mir klar geworden, wie wichtig die Sorge um das Wohl anderer ist, nur dass ich es jetzt »Fürsorglichkeit« nenne. Ich denke, ich habe erst richtig begriffen, was Fürsorglichkeit bedeutet, als ich Mutter wurde. Die Sorge um mich selbst wurde ersetzt durch eine tiefe Sorge um mein Kind. Meine Tochter ist jederzeit in meinem Bewusstsein. Auch wenn ich nicht direkt etwas mit ihr oder für sie tue, ist sie unterbewusst immer bei mir. Von dem Moment ihrer Geburt an galt mein primäres Interesse ihrem Wohlergehen.

Fürsorglichkeit ist die höchste und reinste Form der Aufmerksamkeit, die man einem Menschen schenken kann. Sie besitzt eine ganz spezielle Art von Energie, die wie ein Schutzengel über das Wohlergehen anderer wacht. Fürsorglichkeit ist beseelt von Großzügigkeit und Wohlwollen und kennt keine Grenzen. Sie ist selbstlos, umsorgend und engagiert, ohne aufdringlich oder belastend zu sein. Im Grunde genommen bedeutet Fürsorglichkeit nichts anderes, als dass man sein Herz öffnet und zu einem anderen Menschen wirklich *gut* ist.

### Aufmerksamkeit im täglichen Leben

Aufmerksamkeit zeigt dem Partner, dass man um sein Wohl besorgt ist, dass er einem wichtig ist und dass man in Gedanken bei ihm ist. Es bedeutet, dass man ganz bewusst und vorsätzlich Dinge tut, die von Liebe zeugen. Man antizipiert, was der Partner mögen, wollen oder brauchen könnte, und versucht dann sein Bestes, es zu ermöglichen.

Aufmerksamkeit zeigt sich meist in kleinen Dingen. Nicht umsonst sagt man »Es sind die kleinen Dinge, die zählen«. Das Leben besteht hauptsächlich aus einer Aneinanderreihung von Details, und wenn Sie Zeit und Mühe darauf verwenden, Ihrem Partner einige dieser Abschnitte ein wenig zu versüßen, umsorgen Sie ihn in einer Weise, die sein Leben ganz einfach deshalb besser macht, weil es Sie darin gibt und Sie ihm Aufmerksamkeit schenken.

Es gibt viele Möglichkeiten, Aufmerksamkeit zu zeigen. Tun Sie einfach unaufgefordert kleine Dinge. Reichen Sie Ihrem Partner ein frisches Handtuch, wenn er aus der Dusche kommt, bringen Sie seine Lieblingshose zum Schneider, um einen neuen Reißverschluss einnähen zu lassen, oder kaufen Sie ihm ein neues Stück von seiner Lieblingsseife, wenn das alte zu Ende geht. Diese kleinen Gefälligkeiten geben Ihrem Partner zu verstehen, dass er auf Ihrer Prioritätenliste ganz oben rangiert und dass sein Wohlergehen und Glück Ihnen am Herzen liegen.

Als Donna beispielsweise an einem verregneten Sonntag von Melancholie heimgesucht wurde, ging Matt in eine Videothek und besorgte ein paar schöne alte Filme. Diese einfache Aktion berührte ihr Herz, schuf ein Band zwischen den Partnern und verschönerte ihnen den Abend.

Aufmerksamkeiten müssen nicht immer romantischer Natur sein, können es aber sein, wenn Sie einen Sinn dafür haben. Als ich vor kurzem auf Geschäftsreise war, musste ich meinen Mann bitten, mir per Nachtpost einige Computerkabel nachzuschicken. Das tat er auch, aber er hatte der Sendung auch noch einen handschriftlichen Zettel beigelegt: »Ich vermisse Dich, ich denke an Dich, und ich kann es kaum erwarten, dass Du wieder nach Hause kommst.« Es war gut, dass er mir die Kabel geschickt hatte, aber dieser kleine Zettel hatte das Paket für mich zu etwas ganz Besonderem gemacht.

Kleben Sie doch einfach mal Post-it-Zettel an den Badezimmerspiegel, auf denen Sie Ihre Gefühle zum Ausdruck bringen: »Das ist das Gesicht, das ich liebe.« »Du bedeutest mir sehr viel.« »Ich finde Dich sehr sexy!« Sie können kleine Zettelchen an ganz unerwarteten Orten platzieren – in der Sockenschublade, in einer Manteltasche, im Kühlschrank. Diese kleinen Notizen sollen ein Lächeln auf das Gesicht Ihres Partners zaubern, ihm ein erkennendes Lachen entlocken, sein Herz öffnen und ihm das Gefühl vermitteln, etwas Besonderes zu sein.

Manchmal kommen Aufmerksamkeiten am besten an, wenn sie insgeheim geschehen – ich nenne das »Elfentum«. Elfentum bedeutet, dass Sie, genau wie die Elfen in den Sagen, Ihre Freude daran haben, anderen ganz still und heimlich Gutes zu tun und Freude zu bereiten, ohne dafür Beachtung haben zu wollen. Wenn Sie sich Ihrem Geliebten gegenüber wie ein Elfe verhalten, suchen Sie nach Möglichkeiten, versteckte Dinge zu tun, die ihn zum Lächeln, Lachen oder Zwinkern bringen. So könnten Sie zum Beispiel das Abonnement für seine Lieblingszeitschrift verlängern oder Geld in seine abgelaufene Parkuhr stecken.

Aufmerksamkeit ist kein Gen, das dem einen angeboren ist und dem anderen nicht. Manche Menschen mögen einen leichteren Zugang dazu haben als andere, aber jeder kann lernen, aufmerksam zu sein. Alles, was man dazu braucht, ist Bewusstsein, den Willen, seinen Liebespartner glücklich zu machen, und ein wenig Kreativität.

### Den Partner respektieren

Respekt bedeutet, einen anderen Menschen zu ehren und zu achten. Wenn Sie Ihren Partner in Ehren halten, nehmen Sie seinen Standpunkt ernst; Sie hören ihm zu; Sie beachten seine Gefühle. Sie behandeln seine Liebe mit Würde.

Respekt vor Ihrem Partner wird Sie hoffentlich davor bewahren, Ihren Frust oder andere negative persönliche Gefühle an ihm abzulassen. Ihr Partner ist Ihr Geliebter, nicht Ihr Punchingball. Natürlich kann er sich um Sie kümmern, Sie unterstützen und für Sie da sein, wenn Sie Ihren Gefühlen Luft machen müssen, aber es ist *nicht* sein Daseinszweck, die Hauptlast dieser Gefühle zu tragen. Am Ende eines harten Tages nach Hause zu kommen und den Partner anzuschnauzen, zeugt von mangelndem Respekt ihm gegenüber. Vergessen Sie nicht: Ihr Partner ist Ihr Verbündeter, nicht Ihr Feind, und so sollten Sie ihn auch behandeln.

Die Art, wie Sie mit Ihrem Partner sprechen, spiegelt den Respekt wider, den Sie für ihn empfinden. Keinen anderen Menschen, den Sie achten, würden Sie mit sarkastischen oder demütigenden Äußerungen traktieren, weil das vollkommen unangebracht wäre. Eine scharfe Zunge kann Ihren Partner mehr schmerzen als eine körperliche Wunde. Achten Sie auf Ihren Tonfall, wenn Sie mit Ihrem Geliebten sprechen, denn er verdient den gleichen Respekt wie jeder andere Mensch, den Sie in Ehren halten.

Wie Sie Ihren Partner in Anwesenheit anderer behandeln, ist ein weiterer Gradmesser für Ihren Respekt. Bei Menschen, die Sie achten, kämen Sie mit Sicherheit gar nicht erst auf die Idee, sie herabzuwürdigen. Sie würden sie vor anderen weder korrigieren noch ermahnen oder sie vielleicht in ihrem Redefluss unterbrechen, denn das würde bedeuten, dass Sie sich nicht für das interessieren, was sie zu sagen haben.

Vor nicht allzu langer Zeit ging ich mit einem Paar zum Essen und musste voller Entsetzen mitanhören, wie der Mann seiner Frau jedes Mal das Wort abschnitt, wenn sie versuchte, ihre Meinung zu äußern. Jedes Mal wenn er das tat, konnte ich sie kleiner werden sehen. Er hatte eindeutig keinen Respekt vor ihren Gedanken und Ansichten.

Wenn Sie gemeinsam mit Ihrem Partner in die Welt hinausgehen, ist es Ihrer beider Pflicht, des anderen bester Botschafter zu sein. Wenn zum Beispiel David seine Partnerin Lane geschäftlich begleitet, achtet er sehr darauf, Lane zuliebe einen guten Eindruck zu machen. Da er Lane respektiert, ist es für ihn selbstverständlich, sich wie ein Verbündeter und Mitstreiter zu benehmen.

Den Partner zu respektieren bedeutet auch, für ihn Partei zu ergreifen, wenn seine Handlungen oder Motive einmal zweifelhaft erscheinen sollten. Den anderen sofort an den Pranger zu stellen ist ein Zeichen für mangelndes Vertrauen, und Vertrauen geht Hand in Hand mit Respekt. Respekt bedeutet, dass man an die Unschuld seines Partners glaubt, bis seine Schuld bewiesen ist, und dass man bis zum Ausgang des Prozesses auf seiner Seite steht.

Respekt führt dazu, dass beide Partner sich von ihrer besten Seite zeigen. Beide fühlen sich durch die Wertschätzung des Partners erhaben, was wiederum beide dazu inspiriert, Gleiches mit Gleichem zu vergelten. Wenn zwei Menschen sich gegenseitig respektieren, wird das individuelle Selbstwertgefühl beider gestärkt und die Beziehung gefestigt.

Wie Sie Ihren Geliebten behandeln und wie Ihr Geliebter Sie behandelt, entscheidet letztendlich über die Qualität Ihrer Partnerschaft. Sich gegenseitig Aufmerksamkeit zu schenken, für ein Gleichgewicht von Geben und Nehmen zu sorgen, einander Fürsorglichkeit angedeihen zu lassen, all das sind Wege, dem Partner Ehre zu erweisen und die Beziehung gesund und kräftig zu erhalten. Passen Sie auf Ihre Beziehung und auf Ihren Weggefährten auf, denn sie sind fantastische Wunder, die Ihre Zeit, Liebe, Aufmerksamkeit, Energie und Anstrengung erfordern, um zu gedeihen, genau wie ein wunderschöner Garten.

---

# ERNEUERUNG IST DER SCHLÜSSEL ZUR LANGLEBIGKEIT

♥

*Um auf Dauer glücklich zu sein, müssen Sie Ihre Beziehung
frisch und lebendig erhalten.*

Seit Jahrhunderten ist die Menschheit auf der Suche nach dem
Schlüssel zur Unsterblichkeit. Wir umrunden den Globus, um
die Quelle der ewigen Jugend zu finden, und entwickeln unzählige Lotionen, Zaubertränke und Theorien, aber ewiges Leben
haben wir noch immer nicht erlangt.

Die Riesenschildkröten hingegen – seit Urzeiten unsere schweig-
samen Mitbewohner auf dieser Erde – regenerieren und erneuern
sich bereits seit Tausenden von Jahren. Wenn sie ein Bein verlieren, wächst es nach. Wenn ihr Panzer beschädigt wird, bessert er
sich selbst wieder aus. So leben die Schildkröten immer weiter

und sterben anscheinend nur vorzeitig, wenn sie räuberischen Menschen in die Hände fallen. Sie haben entdeckt, dass das Geheimnis der Langlebigkeit in der Erneuerung liegt.

Genau so verhält es sich auch mit der Liebe. Das wahre Geheimnis der Dauerhaftigkeit einer Beziehung liegt in der Fähigkeit, die Liebe immer wieder zu erneuern und die Partnerschaft frisch und dynamisch zu erhalten. Wenn ein Teil Ihrer Beziehung verloren gegangen ist, müssen Sie ihn zurückholen. Wenn Teile beschädigt sind, müssen Sie sie reparieren. Wenn Sie in der Lage sind, Ihrer Beziehung immer wieder neues Leben einzuflößen, halten Sie den Schlüssel zum ewigen Glück in der Hand.

## DIE FRISCHE ERHALTEN

Eine der am häufigsten gestellten Fragen in Langzeitbeziehungen lautet: »Wo ist der Zauber geblieben?« Der ursprüngliche Liebesfunken kann mit der Zeit ein wenig an Glanz verlieren, weshalb die Partner sich dann wehmütig nach den Zeiten zurücksehnen, als die Anziehungskraft noch intensiv, der Partner noch vorrangig und die gemeinsame Begeisterung für die Beziehung noch lebendig war. Die Paare fragen sich, was sie wohl tun müssten, um die Beziehung wieder mit der gleichen Energie, dem gleichen Feuer und der gleichen Spannung zu erfüllen, die einst für Antrieb sorgten. Die Antwort ist ganz einfach: Einer Beziehung muss ständig neue und frische Energie zugeführt werden. Wie? Durch spontane Aktionen, durch die Wiederentdeckung des Lachens, durch einen gemeinsamen Neuanfang, durch gemeinsames Schaffen.

### *Spontaneität*

Spontaneität ist das wesentliche Element der Lebendigkeit. Sie ist *per definitionem* unvorhersagbar, unkontrollierbar und überraschend. Routine ist vorhersagbar und vertraut; um das Stimulans Ihrer Beziehung zu erhalten, brauchen Sie Verspieltheit, Spaß, Kreativität und Lust auf Überraschungen.

Denken Sie einmal an die Momente in Ihrem Leben zurück, die ganz spontan waren. Was passierte da? Der analytische, vernünftige, logische Teil von Ihnen war ausgeschaltet, und Sie haben etwas Impulsives, Dummes, Verrücktes, ja vielleicht sogar Albernes getan, aber das Gefühl dabei war wunderbar. Und genau dieses Gefühl ist ein hervorragendes Mittel, um Ihre Partnerschaft aus ihrem Dornröschenschlaf zu reißen.

Vor ein paar Jahren sagte mein Mann zu mir: »Diesen Freitag fahren wir beide zusammen weg. Halte dich um 16 Uhr an der Haustür bereit. Ich werde alles einpacken, was du brauchst; du hast nichts weiter zu tun, als rechtzeitig da zu sein.« Ich war total verwirrt. Es war weder mein Geburtstag noch Weihnachten, noch Valentinstag. Wir hatten keinen Feiertag, kein verlängertes Wochenende, und so weit ich wusste, gab es auch nichts Besonders zu feiern. Er weigerte sich, mir mehr zu verraten, weshalb ich den Rest der Woche damit zubrachte, über das Ziel, die Reiseorganisation und die Wetterverhältnisse nachzudenken; ich fragte mich, ob er wirklich in der Lage sein würde, für mich zu packen. Mitte der Woche konnte ich es vor Aufregung und Spannung kaum noch aushalten.

Am Freitag stand ich pünktlich an der Tür bereit. Wir stiegen ins Auto und fuhren zum Burbank Airport. Als er mich zu dem Schalter führte, an dem Las Vegas angeschrieben stand, wusste ich: Er hatte einen Wochenendausflug in die Stadt der Lichter geplant! Nachdem wir unser Hotelzimmer bezogen hatten, führte er mich, wieder ohne irgendetwas zu verraten, durch die Lobby in den Vorführungssaal, wo er zwei Plätze in der ersten Reihe für eine Vorstellung mit meiner Lieblingskomikerin reserviert hatte. Das war eine der lustigsten Überraschungen, die er sich je für mich ausgedacht hat. Es macht mich immer noch froh und verschafft mir ein ganz besonderes Gefühl, wenn ich heute an dieses Erlebnis zurückdenke.

Spontaneität kann sich in den verschiedensten Formen äußern. Sie kann als wunderbare Überraschung von einem der Partner ausgehen, wie es bei mir war, oder auch dadurch zustande kommen, dass Sie gemeinsam beschließen, einfach loszuziehen und *etwas zu machen*. Die Aktion kann auch ganz schlicht und ergreifend so aussehen, dass Sie gemeinsam im Park spazieren gehen und plötzlich beschließen, Karussell zu fahren, oder dass Sie sich schick anziehen und tanzen gehen oder ins Auto steigen und aufs Land hinausfahren. Umfang und Reichweite der Aktion spielen keine Rolle. Wichtig ist nur, dass Sie sich einen Ruck geben, aus der Alltagsroutine ausbrechen und einfach zusammen Spaß haben. Schließlich ist es der Spaß, der dafür sorgt, dass Beziehungen prickelnd bleiben.

## *Lachen*

Lachen ist eine der reinsten Freuden im Leben und eine der schönsten Sachen, die Sie gemeinsam genießen können. Es kann Ihren Geist beleben, Ihre Stimmung aufhellen und Ihr Herz erwärmen. Wenn zwei Menschen das Geschenk des Lachens miteinander teilen, wird das Leben zu einem wundervollen und freudigen Fest. Ihre Seelen verbinden sich, weil sie lachend ihr Leben genießen. Wieder einmal gemeinsam zu lachen gibt dem Geist der Freude Auftrieb, der Sie zu Anfang Ihrer Beziehung miteinander verbunden hat. Schaffen Sie in Ihrem Alltag so oft wie möglich Platz für Humor. Halten Sie ihre Ohren und Herzen offen, um die komischen Momente des Lebens einzufangen, oder besinnen Sie sich auf Situationen und Begebenheiten, die Sie in der Vergangenheit zum Lachen gebracht haben. Ich kenne ein Paar, das Slapstick-Filme liebt. Immer wenn die beiden das Gefühl haben, sie könnten ein wenig Aufmunterung gebrauchen, leihen sie sich einen solchen Film aus und verbringen den Abend gemeinsam gackernd vor dem Bildschirm. Pam und Louis – ein anderes Paar – können sich immer vor Lachen nicht mehr halten, wenn sie gemeinsam Inline-Skating machen, weil Louis sich alles andere als elegant dabei anstellt. Derlei Aktionen erhalten das Prickeln und die Lebendigkeit einer Beziehung. Die Momente, in denen Sie gemeinsam lächeln oder sich vor Lachen ausschütten, bringen Sie und Ihren Gefährten auf Ihrem doch manchmal recht holprigen Weg wieder in Kontakt mit der Quelle Ihres Glücks, was Ihrer Beziehung neuen Schwung verleiht.

Bei Menschen, die sich auf der Suche nach ihrem Idealpartner befinden, rangiert Sinn für Humor häufig ganz oben auf der Liste der Grundvoraussetzungen. Das liegt daran, dass es als etwas ganz Besonderes empfunden wird, gemeinsam lachen zu können. Wenn Sie und Ihr Partner dieselben Dinge lustig finden, liegen die kindlichen Teile Ihrer Persönlichkeiten auf einer Linie. Die Freude, die Sie zu Anfang Ihrer Beziehung verspürt haben, als Sie beide an derselben Stelle im Film gelacht haben oder denselben dummen Witz lustig fanden, können Sie jederzeit wieder beleben, indem Sie auch jetzt wieder gemeinsam lachen. Das wird Sie immer wieder erfrischen und erneuern.

### Die Realität neu definieren

Marty und Ronnie gestalten ihr Leben in ganz besonderer Weise. Er ist Zahnarzt und sie ist Beraterin. Alle zehn Jahre nehmen sie sich ein Jahr frei und kreieren ein Abenteuer. Sie lassen ihre Berufstätigkeit im Jahr neun auslaufen, überweisen ihre Patienten und Kunden an kompetente Partner und widmen sich ein

Jahr lang dem Abenteuer. Um die Energie ihrer Beziehung zu erhalten, definieren sie ihre Realität alle zehn Jahre wieder neu.

Wir verwenden so viel Zeit darauf, uns ein komfortables Leben aufzubauen, dass uns der Gedanke daran, alles zu ändern, wenn es gerade eingerichtet ist, unvorstellbar erscheint. Doch es ist genau dieses Verschieben der Puzzleteile, das Ihnen und Ihrem Partner die Spannung der Entscheidung erhält und Ihnen die wunderbare Möglichkeit eröffnet, Ihr Leben immer wieder neu zu gestalten.

### Die Lebensumstände verändern

Hal und Myra lebten seit ihrer Heirat vor 34 Jahren in Boston. Hal hatte sich als Managementberater im Teilruhestand bequem eingerichtet, Myra hatte jahrelang eine Tagesstätte geleitet. Sie lebten so dahin, nicht unbedingt nebeneinander her, aber vollauf begeistert von ihrer Ehe waren sie auch nicht. Alles war, wie sie beide es mit einem Achselzucken beschrieben, »o. k.«.

Es war Myra, die als Erste auf die Idee kam, ihre Lebensumstände zu verändern, um ihre Ehe wiederzubeleben. Sie erinnerte sich, dass sie ihre glücklichste Zeit miteinander hatten, als sie damals nach Boston gezogen waren – eine neue Stadt für sie beide. Sie hatten sich ein Heim geschaffen, neue Freundschaften geschlossen und sich gemeinsam ein neues Leben eingerichtet. Wenn es ein Mal geklappt hatte, warum sollte es dann nicht ein zweites Mal funktionieren? Da ihre Kinder bereits erwachsen

waren und an anderen Orten wohnten, machte sie Hal den Vorschlag, das Haus zu verkaufen und nach Arizona umzuziehen.
Der Urlaub, den sie dort einst verbracht hatten, war ihnen in
bester Erinnerung geblieben, und da Hal seinen Job eigentlich
von überall her ausüben konnte, gab es für einen Umzug keinerlei Entfernungsgrenze.

Hal war anfänglich dagegen. Er fühlte sich wohl dort, wo er
war, und behauptete, er sei schon »zu alt«, um noch einmal von
vorn anzufangen. Doch Myra ließ nicht locker, und schließlich
konnte sich auch Hal mit der Idee seiner Frau anfreunden. Sie
hatten nun bereits seit so vielen Jahren dasselbe Leben geführt,
dass er nichts anderes als »o. k.« mehr empfinden konnte. Da er
erst 55 war, rechnete er sich aus, dass er vielleicht noch 30 Jahre
oder mehr zu leben hatte, und er wollte auf keinen Fall 30 Jahre
lang ein Leben führen, das nur »o. k.« war. Er erklärte sich mit
dem Umzug einverstanden.

Hal und Myra waren plötzlich wieder wie Kinder. Sie hatten
ihren Spaß daran, das Haus leer zu räumen, und verliebten sich
wieder neu ineinander, als ihnen beim Packen die Anschaf-
fungen und Erinnerungen all der vergangenen Jahre erneut in
die Hände fielen. Sie verstauten alles in ihrem Auto und fuhren
über Land zu ihrem neuen Heim, nicht ohne unterwegs bei
den verschiedensten Sehenswürdigkeiten Halt zu machen,
die ihnen bislang vollkommen unbekannt gewesen waren. Als
sie in Arizona ankamen und ihr neues, leeres Haus darauf
warten sahen, dass sie dort neue Erinnerungen schaffen wür-

den, wussten sie, dass sie die richtige Entscheidung getroffen hatten.

Manchmal muss man Dinge durcheinander schütteln, damit sie spannend bleiben. Wenn es Ihnen zu drastisch erscheint, Ihre Siebensachen zu packen und einfach woanders hinzugehen, gibt es noch jede Menge andere Möglichkeiten, Ihr gemeinsames Leben umzugestalten. Besuchen Sie gemeinsam einen Kochkurs für exotische Küche oder nehmen Sie Kontakt zu neuen Menschen auf. Verändern Sie die Einrichtung Ihres Hauses, vielleicht schmeißen Sie bei der Gelegenheit alte, kaputte Sachen weg und stürzen sich in das Abenteuer, neue Stücke ausfindig zu machen, die Ihrem Leben einen anderen Akzent verleihen. Verändern Sie Ihren Tagesablauf: Wenn Sie normalerweise jeder mit dem eigenen Auto zur Arbeit fahren, nehmen Sie sich am Morgen ein bisschen mehr Zeit, damit Sie zusammen fahren können. Auch wenn Sie meinen, Sie könnten es nicht, machen Sie eine Reise irgendwohin, wo Sie schon immer hinwollten. Tauschen Sie eine Woche lang die Rollen und Aufgaben. Versuchen Sie alles und jedes; es gibt keine Grenzen, wenn es darum geht, Ihr Leben mit neuer Dynamik zu erfüllen und frischen Wind in Ihre Beziehung zu bringen.

### *Gemeinsam kreativ werden*

Gemeinsames kreatives Handeln liegt immer dann vor, wenn zwei Menschen ihre Schöpferkraft, ihre Energie und ihren Enthusiasmus einsetzen, um etwas Neues zu erschaffen. Dabei spielt es eigentlich keine Rolle, was sie gemeinsam kreieren; wichtig ist nur, dass ihr gemeinsames Produkt ihr inneres Band nach außen hin sichtbar werden lässt. Dabei kann es sich ebenso um ein Kind handeln wie um ein Unternehmen, ein Haus, einen Garten, eine Veranstaltung, ein neues Fahrzeug, eine künstlerische Tätigkeit oder eine Reise – alles, was sie dazu anregt, ihre Energien und Ressourcen zu vereinen, um etwas Bestimmtes auf die Beine zu stellen.

Gemeinsames Schaffen ist der ultimative Ausdruck Ihres Engagements für die Beziehung, denn die Produkte Ihrer Schöpferkraft helfen Ihnen beim Aufbau Ihrer gemeinsamen Zukunft. Für eine dauerhafte Beziehung ist es nicht ausreichend, dass sich die Leben zweier Menschen am Rande berühren. Gillian und Marcus zum Beispiel lebten in getrennten Wohnungen und fuhren mit ihren eigenen Wagen, die sie sich selbst ausgesucht hatten. Jeder war zwar interessiert an den persönlichen Projekten des anderen, aber keiner von beiden arbeitete aktiv darauf hin, gemeinsame »Wir«-Projekte ins Leben zu rufen. Das mag eine vollkommen legitime und befriedigende Art des Zusammenlebens für sie sein, aber sie verbauen sich die Chancen auf eine dauerhafte Verbindung, weil sie die Investition in eine gemeinsame Zukunft vernachlässigen.

Als Katherine und Bernard hingegen zusammenzogen, beschlossen sie ganz bewusst, sich ein gemeinsames Heim zu schaffen und nicht nur zusammen zu wohnen. Der Aufbau eines gemeinsamen Haushalts brachte sie einander näher, denn sie lernten, zusammenzuarbeiten, zu verhandeln und sich als Paar nach außen darzustellen. Ihr Heim wurde zu einem »Wir«-Projekt und ist jetzt ein gemeinsames Symbol des neuen Lebens, das sie miteinander erschaffen haben. Natürlich ist ihr Domizil keine Garantie dafür, dass sie zusammenbleiben, doch es stärkt die Bande zwischen ihnen, weil ihr »Wir« aktiv bleibt.

Im Laufe Ihrer Beziehung wird es für Sie und Ihren Partner immer wieder erforderlich sein, Ihre Kräfte zu vereinen und gemeinsame Ziele zu formulieren und zu erreichen, um Ihr gemeinsames Leben zu gestalten. In vielen Langzeitbeziehungen arbeiten die Paare zusammen, um einige oder auch alle Grundlagen zu schaffen: Haus, Kinder, gemeinsame finanzielle Reserven. Diese Projekte sind sichtbarer Ausdruck – ja sogar Symbol – für ihre Verbindung. Damit die Spannung aber nicht nachlässt, müssen Sie auch nach Schaffung der Grundlagen weiterhin als Tandem Gemeinsames kreieren.

Allein der schöpferische Prozess erfüllt Ihre Seele schon wieder mit Leben. Ihre Fantasie wird angeregt, und der Geist der Lebendigkeit durchströmt Ihr Wesen. Kreativität macht Sie zum Magier und trägt Sie über gewohnte Grenzen hinaus. Was könnte es da Besseres geben, als diesen wundervollen Prozess mit dem Liebespartner gemeinsam zu erleben?

Legen Sie zusammen einen Garten an. Kaufen Sie sich einen Hund. Suchen und erstehen Sie gemeinsam ein Auto. Bauen Sie ein Haus. Planen Sie eine Reise. Was auch immer Sie als gemein-

sames Projekt auswählen, die Investition an Zeit und Energie ist
goldrichtig, um Sie an Ihre Seelenverbindung zu erinnern und
Ihre Beziehung mit neuem Leben zu füllen.


## DER KNISTERFAKTOR

Der Anblick Ihres Liebespartners kann Ihnen einen Adrenalin-
stoß durch den Körper jagen. Die Elektrizität, die den Funken
zwischen zwei Menschen entzündet, nenne ich den »Knisterfaktor«. Zum Knistern kommt es, wenn die Chemie zwischen zwei
Personen den Herzschlag beschleunigt, das Blut schneller fließen lässt und die Rezeptoren des Körpers auf Alarm einstellt.
Dieses Gefühl intensiver Lebendigkeit und Vitalität nennt man
Betörung, Verzauberung oder Leidenschaft. Das Gefühl ist
magnetisch und hypnotisch und kann genau so süchtig machen
wie die stärkste Droge.

Wenn ein Paar seit vielen Jahren zusammen ist, kann sich das
Knistern verlieren. Vertrautheit, Vorhersagbarkeit und Routine
mögen ein Gefühl von Stabilität, Sicherheit und Permanenz
erzeugen, zum Entzünden von Funken eignen sie sich jedoch
nicht. Im Laufe der Zeit kommen Sie vielleicht so weit, dass
Ihnen Ihr Partner genau so vertraut und bequem erscheint wie
Ihre alte Jeans, und alte Jeans entzünden höchst selten feurige
Leidenschaft. Was können Sie also tun, wenn es sich anscheinend ausgeknistert hat?

### *Auf der Suche nach dem Knistern*

Manche Leute sagen: »*When you're hot, you're hot; when you're not, you're not*« (»Wenn du heiß bist, bist du heiß; wenn du's nicht bist, bist du's nicht«). Sie sind Anhänger der fatalistischen Auffassung, dass sich Leidenschaft nicht beeinflussen lässt, wodurch der Knisterfaktor in die Hände des Zufalls gelegt wird. Doch die Tatsache, dass die Funken vielleicht an Leuchtkraft verloren haben, bedeutet noch lange nicht, dass sie erloschen sind. Die Fatalisten übersehen nämlich vollkommen, dass das Knistern Ausdruck einer Temperatur ist, die im Inneren entsteht – nicht irgendwo außerhalb. Ihr Partner und Sie haben es in der Hand, den Funken wieder zu entzünden.

Vielleicht bewegen Sie sich in ausgefahrenen Gleisen und haben sich in Ihrer Routine bequem eingerichtet. Vielleicht haben Sie sich schon lange nicht mehr die Mühe gemacht, sich schön anzuziehen, oder vielleicht haben Beruf und die Alltagspflichten Sie mittlerweile völlig vereinnahmt. Es ist so einfach, sich von der Bequemlichkeit einlullen zu lassen und sich nicht darum zu bemühen, die Lust aneinander lebendig zu halten.

Ein einmal entstandenes Knistern erhält sich aber nicht von selbst. Wenn Sie je ein Lagerfeuer entfacht haben, wissen Sie, dass Sie dazu Anzündmaterial benötigen und einen Funken, der Feuer fängt. Ist das Feuer dann entfacht, müssen Sie dickere Stöcke und Scheite nachlegen, damit es größer wird. Wenn das Feuer abstirbt, müssen Sie der Glut Luft zufächeln, um die

Flamme wieder zu entfachen. Wenn Sie die Glut belüften, führen Sie ihr damit den Sauerstoff zu, den jedes Feuer braucht, um weiterzubrennen. Die Wiederbelebung einer Beziehung verläuft nach dem gleichen Prinzip wie das Wiederanfachen der Glut; der Sauerstoff ist in diesem Fall die Mühe, die man darauf verwendet, der Beziehung ihren Reiz zu erhalten.

Das Knistern verlöscht zumeist nicht innerhalb eines Augenblicks. Es ist eher ein langsames Vergehen, eine subtile Erosion der körperlichen Anziehungskraft, die Ihre Beziehung zu Anfang elektrisiert hat. Diese subtile Erosion untergräbt für gewöhnlich die sexuelle Energie, was am Ende dazu führen kann, dass manche Paare Wochen, Monate, ja sogar Jahre ohne einen Augenblick der Leidenschaft verbringen. Wenn der Sex schwindet, verliert Ihre Beziehung den körperlichen Teil, was zur Folge haben kann, dass außerhalb der Beziehung nach Befriedigung gesucht wird. Zu Affären kommt es, weil einer der Partner oder auch beide dem anderen keine Aufmerksamkeit mehr schenken und keine Energie mehr darauf verwenden, das Feuer am Leben zu erhalten. Wenn niemand der Flamme Luft zufächelt, wird sie mit Sicherheit verlöschen.

### Wiederentfachen der Flamme

Den Funken wieder zu entzünden, wenn das Feuer erst einmal erkaltet ist, mag schwierig sein, aber es ist nicht unmöglich. Wenn Ihre Beziehung eine ernsthafte Wiederbelebungsmaßnahme braucht, müssen Sie sich als Erstes fragen, ob Sie die Verantwortung dafür tatsächlich aus den Händen des Schicksals reißen und alles in Ihrer Macht Stehende tun wollen, um den Zauber zurückzubringen. Der schwierigste Teil des Prozesses besteht wahrscheinlich in der Kraftanstrengung, die Sie aufbringen müssen, um Ihre Beziehung aus ihrer Malaise zu schütteln. Es ist nur allzu verführerisch, in dem Kokon der gegenwärtigen Realität zu verharren. Doch wenn Sie entfernte Erinnerungen an Ihre einstige Leidenschaft und Sehnsucht in sich rumoren fühlen und dieses Feuer wirklich von ganzem Herzen wieder entzünden *wollen*, haben Sie Ihren Kokon schon aufgebrochen und sind bereit zu handeln.

Als Erstes müssen Sie gedanklich bis zu dem Moment zurückgehen, als die Dinge anfingen sich zu ändern. Wann war das Knistern zwischen Ihnen und Ihrem Partner zuletzt spürbar? Sie müssen die Süße dieser Erinnerung physisch, mental und emotional noch einmal durchleben und sich die Gefühle der Leidenschaft ins Gedächtnis zurückrufen, um die Glut *in sich* wieder zu entfachen. Graben Sie die Erinnerung an die Magie jener Zeit aus Ihren inneren Tiefen wieder aus und lassen Sie sich wie ehedem davon bezaubern. Das ursprüngliche Feuer ist nicht erloschen; es schlummert nur im Verborgenen und wartet darauf, von Ihnen aus seinem Dornröschenschlaf gerissen zu werden.

Ist das Feuer erst einmal wieder in Ihnen erwacht, können Sie es auch in Ihrer Beziehung erneut entfachen. Mit der süßen Erinnerung an vergangene Leidenschaften im Kopf müssen Sie die

Kluft zwischen damals und heute überbrücken. Ja, aber *wie*, fragen Sie sich. Wie lässt sich dieser tiefe Spalt schließen? Indem Sie den in Ihnen wieder entzündeten Funken auf Ihren Partner übertragen, um auch seine schlummernde Glut wieder zu erwecken.

Fangen Sie mit winzigen ersten Schritten an, sich Ihrem Partner wieder anzunähern. Vielleicht könnten Sie ihn wieder einmal ganz offiziell zum Essen einladen – ganz gemütlich mit Wein und Kerzenlicht –, oder vorschlagen, gemeinsam etwas zu tun, was Ihnen beiden Spaß macht. Sie können einen schönen Liebesfilm aus der Videothek besorgen, Ihrem Partner eine unerwartete Massage anbieten oder einfach mehr Wert darauf legen, für Ihren Partner verführerisch auszusehen und zu duften. Indem Sie Ihrem Partner die Hand reichen, geben Sie ihm einen Anstoß, Ihnen auf halber Strecke entgegenzukommen.

Wenn Ihr Partner nicht sofort darauf anspringt, machen Sie sich keine Sorgen; wahrscheinlich haben Sie ihn einfach zu sehr überrascht. Es kann durchaus ein bisschen dauern, aber was einst da war, wird auch wiederkommen, wenn Sie in Ihren Bemühungen, das Feuer wieder zu entfachen, nicht nachlassen. Wenn ein Lagerfeuer ausgeht, werfen Sie dann die Hände in die Luft und sagen: »Es ist aus, es hat keinen Zweck, das können wir gleich vergessen«? Nicht wenn Sie es weiterhin warm haben wollen! Sie sammeln Zweige und neue Holzscheite und fangen noch einmal von vorn an, bis die Flamme wieder lodert.

*Den Zauber zurückholen*

Nach achtjährigem Zusammenleben waren Emma und Tim in eine bequeme Routine verfallen. Sie ging fünf Tage die Woche zur Arbeit, er arbeitete vormittags zu Hause und kümmerte sich nachmittags um ihre beiden Kinder. Sie bereiteten abwechselnd das Abendessen zu und verbrachten ihre Abende mit den Kindern, machten Spiele, lasen Geschichten vor oder schauten Filme an. Wenn sie die Kinder dann zu Bett gebracht hatten, waren sie beide so erschöpft, dass sie sofort einschliefen, ohne sich Zeit für ihre Beziehung genommen zu haben.

Am Wochenende wurden Besorgungen gemacht, Tim ging Golf spielen, Emma kümmerte sich um ihren Garten, und außerdem mussten die Kinder noch zu diversen Aktivitäten chauffiert werden. Wenn Emma und Tim dann samstagsabends einmal Zeit für sich hatten, verbrachten sie den Abend zwar gemeinsam, aber getrennt voneinander – sie auf ihrem Ende des Sofas mit einer Zeitschrift vor der Nase oder am Telefon, er auf seinem Ende vor dem Fernseher. Sie waren, nach eigenem Dafürhalten, glücklich, doch Emma war sich vage der Tatsache bewusst, dass ein lebendiger Teil ihrer Beziehung unter der Geschäftigkeit des Alltags begraben lag.

Eines Abends, als sie gerade das Essen zubereitete, ließ sie ihren Blick über den Tisch wandern und schaute Tim an – sie schaute ihn richtig an, so als sähe sie ihn zum ersten Mal. Plötzlich erinnerte sie sich, wie sie sich in der Anfangszeit ihrer Ehe gefühlt hatte, als sie regelmäßig in ein schönes Hotel zum Tan-

zen gegangen waren. Sie erinnerte sich, wie herrlich Tim geduftet
hatte, wenn er sie an sich zog, und wie erregend das Gefühl gewesen war, von ihm umarmt zu werden, sich im Takt der Musik zu
wiegen und die Körper rhythmisch zu bewegen. In dem Moment
stieß ihr jüngstes Kind seinen Orangensaft um, und Emma
wurde aus ihrer Träumerei gerissen. Doch ein Rest der wieder
erwachten Erinnerung blieb haften, und Emma lächelte, als sie
ihren Plan fasste.

Am nächsten Tag ging Emma auf Tim zu – die Erinnerung
vom Vortag hatte sie nicht mehr losgelassen – und fragte ihn, ob
er für Samstagabend nicht einen Babysitter bestellen wolle, um
mit ihr tanzen zu gehen. Tim war erst einmal völlig überrascht
und fand gleich mehrere Gründe dafür, warum es vollkommen
unmöglich sei. Im Fernsehen wurde ein Spiel übertragen, das er
sehen wollte, Babysitter waren teuer, und außerdem musste er
am Sonntagmorgen früh aufstehen. Doch Emma ließ nicht
locker und erinnerte Tim freundlich daran, wie lange sie schon
nichts Besonderes mehr zusammen unternommen hatten. Tim
schaute seine Frau an und sah das Glitzern in ihren Augen; er verstand, was Emma beabsichtigte, und lächelte, als er sagte: »Aber
natürlich, Schatz.«

Emma und Tim putzten sich heraus und gingen tanzen. Es war
eine ganze Weile her, dass sie so richtig zusammen ausgegangen
waren, doch in dem Moment, als sie die Tanzfläche betraten, fingen die Funken wieder an zu fliegen. Als sie sich in die Augen
schauten, wussten sie beide, dass der Zauber wieder da war.

## WUNDEN HEILEN

Es wird Zeiten geben, in denen Ihr Partner Sie enttäuscht, Sie im Stich lässt, Ihre Gefühle verletzt oder Ihr Vertrauen missbraucht. Was dann? Wie können Sie die Verbindung wieder aufnehmen, wenn Ihr Herz und Ihre Seele von genau der Person gekränkt oder verletzt wurden, die versprochen hatte, Ihnen nie etwas zuleide zu tun?

In solchen Zeiten müssen Sie zur Heilung bereit sein; Sie müssen den Mut und das Vertrauen aufbringen, die Beziehung wiederherzustellen, zu erneuern und wieder von vorn zu beginnen. Das Geheimnis der Erneuerung liegt in der Fähigkeit, zu vergeben, loszulassen und immer wieder von vorn anzufangen. Diese Aufgabe zählt sicherlich zu den schwierigsten, denen Sie sich im Laufe Ihrer Beziehung zu stellen haben, doch wenn Sie als authentisches Paar weiterbestehen wollen, gibt es für Sie keine Alternative.

### *Wunden heilen, die Sie geschlagen haben*

Selbst in den besten Beziehungen kommt es zu Missverständnissen und verletzten Gefühlen. Enttäuschungen, unerfüllte Erwartungen, gebrochene Vereinbarungen und Pflichtvergessenheit kommen im Leben nun einmal vor, und selbst wenn sie unabsichtlich geschehen, sind die Auswirkungen deshalb nicht weniger schmerzhaft. Wenn zerstörtes Gewebe zwischen zwei Personen geflickt werden muss, ist als Grundvoraussetzung für den Heilungsprozess echtes Mitgefühl für den verletzten Partner vonnöten.

Wir streben danach, uns dem Partner von unserer besten Seite zu zeigen, doch wenn wir dieses Ziel verfehlen – was uns als Menschen zwangsläufig von Zeit zu Zeit passiert –, kommt es zu Enttäuschungen. Wie Sie mit den verletzten Gefühlen umgehen, die Sie mit oder ohne Absicht verursacht haben, ist einer der Schlüssel zur Aufrechterhaltung der Authentizität in Ihrer Beziehung.

Das Beste, was Sie in dieser Situation für Ihren Partner tun können, ist, die Verantwortung für Ihr Handeln zu übernehmen. Wenn Sie sich weigern, zuzugeben, dass Sie die Gefühle Ihres Partners oder seinen Stolz verletzt haben, verschlimmern Sie das Unrecht noch zusätzlich durch die Beleidigung, ihm nicht den Respekt zu zollen, den er verdient hätte.

Francis und Katie waren mit ein paar Freunden zum Essen, als das Thema Kochen aufkam. Katie hatte von jeher Probleme mit ihrem Gewicht, weshalb sie versuchte, möglichst gesund und fettarm zu kochen. Die Stimmung beim Essen war ausgelassen, und Francis merkte gar nicht, dass er seine Partnerin verletzte, als er scherzhaft bemerkte, er würde wohl erst Gourmet-Mahlzeiten vorgesetzt bekommen, wenn Katie endlich ihre zehn Pfund abgenommen habe. »Das bedeutet«, sagte er zwinkernd, »dass ich nicht so bald Delikatessen serviert bekommen werde.«

Katie war peinlich berührt, ebenso wie die anderen Leute am Tisch. Francis hatte den Spaß zu weit getrieben und Katies

Gefühle verletzt. Auf dem Nachhauseweg stellte Katie Francis zur Rede. Francis fing sofort an, sich zu verteidigen, und anstatt sich zu dem Schaden zu bekennen, den er dem Selbstwertgefühl seiner Geliebten zugefügt hatte, wandte er ein, sie nehme seine Worte einfach immer viel zu ernst. Da wurde Katie noch böser, weil er seinen Fehler nicht einmal zugeben und um Entschuldigung dafür bitten konnte, dass er sie verletzt hatte.

Abgesehen von der Übernahme der Verantwortung für die Schäden, die Sie verursacht haben, ist das Zweitbeste, was Sie Ihrem Liebespartner anbieten können, eine aufrichtige Entschuldigung, die wirklich von Herzen kommt, mitsamt einer wohlüberlegten Erklärung, was Sie zu Ihrer Handlungsweise bewogen hat. Ein ehrlich gemeintes »Tut mir Leid« kann viel zur Heilung von verletzten Gefühlen beitragen.

*Sagen Sie diese Worte nicht, wenn es Ihnen damit nicht wirklich ernst ist!* Sie bereiten Ihrem Partner nur noch größere Pein, wenn Sie ihn mit hohlen Bekenntnissen abspeisen wollen. »Es tut mir Leid« bedeutet, dass Sie aufrichtig bedauern, was Sie getan haben, und dass Sie es unter den gleichen Voraussetzungen nicht wieder tun würden. Wenn Sie nicht tatsächlich so empfinden, sollten Sie anstatt falsche Gemeinplätze anzubieten, lieber Ihre Kommunikationskünste einsetzen, um Ihre Sichtweise darzulegen und das Problem aufzuarbeiten. Ihr Partner wird Ihre Offenheit weit mehr begrüßen als eine unaufrichtige Entschuldigung.

## *Vergebung*

Es heißt »Irren ist menschlich, vergeben ist göttlich«. Der Akt der Vergebung verlangt von Ihnen, dass Sie über Ihre negativen menschlichen Gefühle hinauswachsen und sich von ihnen lösen, um Ihren Weg zurück zur spirituellen Quelle Ihres Wesen zu finden. Sicherlich keine leichte Aufgabe, aber in der Arena der Liebe eine sehr notwendige.

Es wird Zeiten geben, in denen Sie oder Ihr Partner etwas tun, was den anderen ärgert oder verletzt; Sie sind beide Menschen, und als Menschen haben wir alle unsere Lektionen zu lernen. Sei es eine unüberlegte Handlung, eine gebrochene Vereinbarung oder eine Missachtung der gemeinsamen Werte: Wie Sie damit umgehen, entscheidet darüber, ob Ihre Beziehung auf dem Weg der Authentizität bleibt oder vom Kurs abkommt. In solchen Momenten stehen Sie vor der Wahl: die negativen Gefühle beibehalten, indem Sie Ihren Groll weiterpflegen und einen Keil zwischen sich und Ihren Partner treiben, oder die Negativgefühle loslassen, indem Sie vergeben. Vergebung bringt Sie wieder miteinander in Verbindung und gibt Ihrer Beziehung immer wieder die Chance, sich zu regenerieren. Dadurch dass Sie Ihrem Partner verzeihen, kitten Sie den Riss zwischen Ihnen und halten Ihre Beziehung intakt.

Wunden, die ein Mensch von seinem Liebespartner zugefügt bekommt, sind besonders schmerzvoll, da Liebesbeziehungen ja gerade darauf basieren, dass die Partner sich aufeinander verlassen können und ehrerbietig und liebevoll miteinander umgehen. Die der Verbindung zugrunde liegenden Gefühle lassen einen jede Verletzung intensiver empfinden, weshalb die Wunden dann auch schwerer zu heilen sind.

Der Vergebungsprozess umfasst zwei Ebenen: die aus der Verletzung resultierenden Gedanken und die Gefühle. Die Gedanken und die Gefühle sind miteinander verwoben; sie sind in einer Spirale aus Wahrnehmung und Reaktion miteinander verbunden. Ihre Gedanken bewerten die Situation und fassen sie in Begriffe, mit denen Sie umgehen können. Sie sind das Echo in Ihrem Kopf, wenn Sie sich fragen, ob sich die Fortsetzung der Beziehung noch lohnt, oder wenn Sie entscheiden, dass das Geschehene unfair war und nicht im Bereich dessen lag, was Sie mit Ihrem Partner vereinbart hatten.

Gefühle hingegen lassen sich nicht in Worte fassen. Die nicht greifbaren, unstrukturierten Emotionen entstehen in Reaktion auf Ihre Gedanken. Sie empfinden Wut oder Ärger, fühlen sich betrogen oder emotional verlassen. Gefühle sind die irrationalen, instinktiven Reaktionen, die von Ihrem emotionalen Wesenskern ausgesandt werden.

Die Gedanken verlaufen so, dass Sie sich die Tatsachen vor Augen führen und versuchen zu verstehen, was Ihren Partner dazu bewogen haben könnte, in dieser Weise zu handeln. Vielleicht müssen Sie Ihren Partner bitten, Ihnen seine Sicht der Dinge darzulegen, damit seine Handlungen für Sie einen Sinn ergeben. Bevor der Verstand bereit ist, vollkommen zu verzeihen, sucht er nach offenkundigen Beweisen, dass das Unrecht nicht noch einmal geschehen wird. Wenn Ihr Verstand überzeugt ist, dass sich der Verstoß Ihres Partners nicht wiederholen wird, sind Sie schon auf halbem Wege.

Mentale Vergebung beinhaltet einen Abwägungsprozess. Sie müssen sich verstandesmäßig darüber klar werden, ob es sich lohnt, weitere Energie darauf zu verwenden, an Ihrem Groll festzuhalten, oder ob Ihr Partner und Sie nicht besser bedient wären, wenn Sie davon ablassen würden. Sie müssen die Genugtuung, die Sie aus Ihrer selbstgerechten Position ziehen, gegen die Last aufwiegen, an Ihrem Ärger festhalten zu müssen. Wenn Sie zu dem Schluss kommen, dass es sich nicht länger lohnt, Ihre kostbare Zeit und Energie darauf zu verwenden, den Groll mit sich herumzutragen und Ihren Partner zu bestrafen, sind Sie in der Lage, sich im Kopf vollkommen von der Sache zu lösen.

Wenn es darum geht, größere Vergehen gefühlsmäßig zu verzeihen, ist die Sache ein wenig schwieriger, weil Gefühle weder linear noch logisch sind. Wenn Sie sich enttäuscht, im Stich gelassen oder verletzt fühlen, müssen Sie die Gefühle zuerst einmal voll durchleben, sie ausdrücken und sich dann von ihnen lösen, um sie wirklich zu heilen. Indem Sie Ihren Gefühlen Luft machen, können Sie die Verletzung verarbeiten und sie auf diese Weise aus Ihrem System hinausbefördern. Je schwerwiegender das Vergehen, desto mehr Zeit benötigen Sie für die Heilung.

Letztendlich resultiert die Bereitschaft zur Vergebung daraus, dass man in der Lage ist, seine Wahrnehmung zu ändern und seinen Partner als Menschen zu sehen, der Schwächen hat, die verziehen werden müssen, so wie Sie es bei Irrtümern Ihrerseits auch erwarten würden. Dieses innere Umschwenken bringt Sie in die Bereiche des Göttlichen.

Verzeihen ist nicht einfach. Das alte Sprichwort »Die Zeit heilt alle Wunden« ist zwar richtig, aber zur Heilung ist es ebenso notwendig, dass man die Reparaturarbeiten an seinem Inneren vornimmt. Unabhängig davon, ob es sich um ein kleines oder großes Vergehen handelt, wird die Zeit allein den Riss nicht flicken; man muss aktiv daran arbeiten, den Schmerz oder Ärger loszulassen.

### *Eine kleine Lektion in Vergebung: Stu und Amelia*

Stu hatte einen großartigen Tag. Er kam mit seiner Arbeit gut voran und hatte gerade damit begonnen, einen Vertrag aufzusetzen, als Amelia anrief. Sie ihrerseits hatte einen frustrierenden Tag und fing an, ihre Gefühle an ihm auszulassen. Sie brach einen Streit über irgendetwas Unbedeutendes vom Zaun, und plötzlich war Stus »Hoch« zerplatzt; der harmonische Fluss seines Tages war durch Amelias Anruf zerstört worden.

Stu legte das Telefon auf und nahm es Amelia übel, dass sie ihm die Stimmung vermiest hatte, insbesondere weil sie wusste, dass er in den letzten Wochen Schweres durchgemacht hatte und dringend seinen Rhythmus wieder finden musste. Er ärgerte sich darüber, dass sie keinerlei Rücksicht auf seine Bedürfnisse genommen hatte, und teilte ihr dies später am Abend auch mit. Sie stritten sich ein bisschen, doch am Ende entschuldigte sich Amelia aufrichtig und versicherte Stu, dass sie bestimmt nicht die Absicht gehabt habe, ihm seinen Tag kaputt zu machen.

Um von Ärger auf Vergebung umschwenken zu können, musste Stu verstehen, was Amelia zu ihrer Handlungsweise bewogen hatte. Sie erklärte ihm, dass sie einfach nicht nachgedacht habe, bevor sie ihn anrief, und versprach ihm, sich das nächste Mal besser zu überlegen, ob sie ihn bei der Arbeit mit schlechten Nachrichten behelligen müsse. Als Stu sich in Amelia hineinversetzte und nachvollzog, wie sie zu ihrer Handlungsweise gekommen war, begriff er, dass es sich hier um eine unwichtige Sache handelte und dass sie nicht die Absicht gehabt hatte, ihn in irgendeiner Weise unglücklich zu machen. Daraufhin war er in der Lage, sich davon zu lösen, indem er die Angelegenheit gedanklich unter »unwichtig« einsortierte. Er verzieh Amelia auf der Stelle, und sie konnten weiter voranschreiten.

### *Eine große Lektion in Vergebung: Wally und Amber*

Wally, von Beruf Komiker, brachte Schwung in jede Party. Sein überschwänglicher Sinn für Humor machte ihn bei jedermann beliebt. Amber hingegen war ruhig und eher introvertiert. Trotz der offenkundigen Unterschiede zwischen ihren beiden Persönlichkeiten fühlte sich Wally zu Ambers mysteriösem Wesen hingezogen, und Amber hatte ihre Freude an Wallys Fähigkeit, sie zum Lachen zu bringen. Sie verliebten sich fast augenblicklich ineinander, und ihre Beziehung entwickelte sich zu einer tiefen und bedeutungsvollen Partnerschaft.

Eines Abends waren sie auf einer Party, und als Amber sich gerade einen Drink holte, sah sie aus dem Augenwinkel, wie eine Rothaarige wollüstig ihre Arme um Wally schlang und sich an ihn schmiegte. Von der anderen Seite des Raumes her beobachtete sie, dass er die Rothaarige zu kennen schien und sich ihren Avancen nicht widersetzte. Amber war geschockt und wurde ganz krank bei dem Gedanken, was das bedeuten konnte. Da sie keine Szene machen wollte, ging sie ganz ruhig zu Wally hinüber und sagte: »Ich gehe. Wenn du Wert darauf legst, mich zu begleiten, dann tu es jetzt.« Wally war total überrascht, erfasste aber den Ernst der Lage und begriff, dass es wohl besser war, Amber zu begleiten.

Amber sagte kein Wort, bis sie bei Wallys Haus ankamen. Dann begann die Konfrontation. Es stellte sich heraus, dass Wally die Rothaarige kennen gelernt hatte, als er auf Tournee gewesen war. Es war ihm damals harmlos erschienen, und er hatte nie die Notwendigkeit verspürt, Amber von dem Zusammentreffen zu erzählen, weil es ja auch einmalig gewesen war. Amber fühlte sich betrogen, enttäuscht und aus der Geborgenheit ihrer Liebesverbindung gerissen. Sie konnte kaum glauben, dass Wally zu einem solchen Benehmen fähig war, und zweifelte ernsthaft an ihrer Menschenkenntnis. Sie hatte immer geglaubt, Wally sei nicht so ein unsteter Typ, und diese plötzliche Wendung ließ sie ganz schwindelig werden.

Wally entschuldigte sich von ganzem Herzen und versprach ihr, alles in seiner Macht Stehende zu tun, um den Schaden wieder gutzumachen. Er beteuerte ihr, dass er nur sie liebe, dass er es furchtbar bereue, ihr weh getan zu haben, und dass er so etwas nie wieder tun werde. In den nächsten Wochen gab er sich die größte Mühe, Amber zu zeigen, wie viel sie ihm wert war und wie sehr er sein Handeln bedauerte.

Nun war Amber am Ball. Um Wally verzeihen zu können, musste sie erst einmal das Tal der Tränen durchqueren und den Verarbeitungsprozess zu Ende führen. Sie gestand sich zu, alle Emotionen, die in ihr hochkamen, voll zu durchleben und auszudrücken, damit diese den Weg aus ihr herausfinden konnten. Wenn ihr danach war, ließ sie ihren Gefühlen freien Lauf, sie tobte und schrie und beförderte ihre Gefühle auf jede nur erdenkliche Weise nach außen, um sich von ihnen lösen zu können.

Während des Heilungsprozesses musste Amber aber auch ebenso viel gedankliche Arbeit leisten, um herauszufinden, ob es für sie überhaupt in Betracht kam, Wally zu verzeihen. Schließlich gelangte sie rational zu der Einsicht, dass Wally kein Monster war, sondern nur ein Mann, der einen Fehler begangen hatte. Die Beziehung war ihr so viel wert, dass sie beschloss, auf Kurs zu bleiben und ihre Energie lieber darauf zu verwenden, Wally zu verzeihen, als an ihrem rechthaberischen Ärger festzuhalten und sie beide weiterhin zu bestrafen. Sie entschied sich für die Vergebung, obwohl es ihr nicht leicht fiel;

doch letztendlich löste sie sich von ihrem Groll und kehrte zu Wally zurück, so dass sie ihre Beziehung gemeinsam wieder aufbauen konnten.

### *Gebrochenes Vertrauen reparieren*

Vertrauen ist die Grundlage jeder authentischen Verbindung. Ohne Vertrauen ist das Fundament auf Treibsand gebaut, und die Beziehung wird schnell in den darunter liegenden Tiefen versinken.

Ist das Vertrauen gebrochen, so muss es repariert werden. Wenn zu viel Zeit vergeht, ohne dass man den Schaden behebt, wird die Wunde immer heimtückischer. Zur Wiederherstellung von Vertrauen ist tiefe Reue und eine erweiterte Form des Verzeihens erforderlich – und beides ist nicht einfach. Es kann demütigend sein, nach einem Fehltritt Reue zu zeigen, und es kann nahezu unmöglich erscheinen, einen Betrug zu verzeihen. Doch alle Paare, die den Weg der Authentizität verfolgen, müssen über kurz oder lang auch die Fortgeschrittenen-Lektionen lernen. Daran führt kein Weg vorbei.

Wenn Sie Ihre Beziehung durch einen Vertrauensbruch beschädigt haben, müssen Sie über aufrichtige Entschuldigungen hinaus für Wiedergutmachung sorgen. Sie sind verpflichtet, Ihren Fehler auszubügeln und das Vertrauen Ihres Partners zurückzugewinnen. Wiedergutmachung bedeutet, dass man seinem Partner auf jede nur erdenkliche Weise beweist und demonstriert, dass man bereit ist, alles in seiner Macht Stehende zu tun, um den verursachten Schaden zu beheben.

Bobby konnte seiner Frau Margie kaum in die Augen schauen, als er ihr gestand, dass er einen großen Teil ihrer Ersparnisse verspielt hatte. Sie war entsetzt und fühlte sich furchtbar betrogen, weil Bobby das finanzielle Wohlergehen ihrer Familie derart mit Füßen getreten hatte. Bobby fühlte sich schrecklich und begann, nachdem er sich zu seinem Handeln bekannt und sich von ganzem Herzen dafür entschuldigt hatte, für Wiedergutmachung zu sorgen. Er verkaufte seinen geliebten Oldtimer und investierte das Geld in hochverzinsliche Investmentfonds. Er kündigte seine Mitgliedschaft im lokalen Sportverein, wo er bislang jedes Wochenende Tennis gespielt hatte, und machte stattdessen samstags und sonntags Überstunden in seiner Kanzlei, um das Geld, das er verloren hatte, wieder zu beschaffen. Außerdem ging er jeden Dienstagabend zu den Treffen der Anonymen Spieler.

Schließlich verzieh Margie ihm, was er getan hatte. Als sie sah, mit welcher Entschlossenheit er für Wiedergutmachung sorgte, war ihr Vertrauen in Bobbys Engagement für die Familie wiederhergestellt, und schon bald fing sie sogar an, ihn in seinen Bemühungen um ein gesteigertes Einkommen zu unterstützen, indem sie ihr künstlerisches Talent zu barer Münze machte. Als Bobby sah, wie Margie lächelte und ihm zuzwinkerte, als sie ihr erstes Bild verkaufte, konnte er auch endlich sich selbst völlig verzeihen, weil er wusste, dass sie wieder ein Team waren.

Der Partner, der das Fundament der Beziehung ins Wanken gebracht hat, ist derjenige, der den Schaden auch wieder gutmachen muss. Wenn Sie es waren, der das Vertrauen Ihres Partners gebrochen hat, dann müssen Sie auch dafür sorgen, dass Sie dieses Vertrauen zurückgewinnen. Ihr Partner muss daran arbeiten, Ihnen vergeben zu können, aber letztendlich sind es Ihre Handlungen, die darüber entscheiden, ob Ihre Beziehung wieder aufgebaut oder zerstört wird.

Vertrauen wiederherzustellen ist ein schwieriger Prozess, der Zeit, Engagement und Glauben erfordert. Doch kein Schaden ist irreparabel, wenn beide Partner willens sind, die Scherben des zerbrochenen Vertrauens wieder zusammenzukleben und sich dem anderen wieder mit dem Herzen zu öffnen.

## RITUALE UND FESTE:
## ERINNERUNGEN SCHAFFEN UND ZELEBRIEREN

Das Ritualisieren bestimmter Ereignisse bedeutet, dass man sich selbst und die verbindenden kostbaren Momente ernst nimmt. Es bedeutet, dass man bereit ist zu sagen: »Dies ist ein Moment, dem wir Ehre und eine ganz besondere Bedeutung beimessen wollen.« Es bedeutet, dass man dem Ereignis Zeit und besondere Aufmerksamkeit widmet und sich ins Gedächtnis einprägt, dass etwas Besonderes geschieht. Durch das Kreieren bestimmter Rituale zur Erinnerung an die gemeinsamen wichtigen Momente

und Jahrestage legt man ein Erinnerungsalbum der Beziehung
an, das den Partner und einen selbst beim Durchblättern immer
wieder neu miteinander verbindet.

Der Sinn von Hochzeitszeremonien besteht darin, das Band
zwischen zwei Partnern zu segnen und eine Markierung zu
schaffen, die besagt: »Hier hat es begonnen.« Jeder darauf folgende Hochzeitstag wird dem Paar seine Entscheidung für diesen Bund wieder ins Gedächtnis rufen. Sie und Ihr Liebster können sich diese Dynamik zunutze machen, ob Sie nun verheiratet
sind oder nicht, indem Sie all die wichtigen Momente und Erinnerungen auf Ihrem gemeinsamen Weg ritualisieren und zelebrieren.

Rituale werden nach Plan und mit Liebe zum Detail durchge-
führt. Ein Ritual kann eine Zusammenkunft oder eine Party
sein. Man kann Brot brechen, Geschenke öffnen oder spezielle
Kerzen anzünden. Manchmal kann es auch spiritueller zugehen,
wenn es sich um ein religiöses Ereignis oder eine heilige Zeremo-
nie handelt. Es steht Ihnen und Ihrem Partner vollkommen frei,
die Rituale so zu zelebrieren, wie es Ihnen beiden gefällt.

Jeff und Laura zum Beispiel gehen jedes Jahr wieder zu dem
Filmfestival, auf dem sie sich kennen gelernt haben, um sich an
ihre Anfangszeiten zu erinnern. Alison und Jeff, die sich einst in
den Bergen kennen lernten, gehen im Frühjahr immer Ski fahren, um so ihre Liebe zur Natur, zum Sport und zu romantischen
Abenden im Schnee aufzufrischen. Johnny und Robin gehen in
ihr Lieblings-Sushi-Restaurant, um die Erinnerung daran wach-

zuhalten, dass sie sich vor Jahren in Japan kennen lernten. Alle drei Paare haben einen Weg gefunden, sich an ihre erste Begegnung zu erinnern, und erhalten ihre Beziehung auf diese Weise lebendig.

Zeit ist vergänglich. Ein Moment ist jetzt da, und einen Augenblick später ist er schon vorbei. Den Lauf der Zeit kann man nicht ändern, aber man kann Erinnerungen schaffen, die einem ein Leben lang erhalten bleiben. Leben Sie Ihr Leben voll und ganz in der Gegenwart; kreieren Sie gemeinsame Erinnerungen und Rituale, so dass Sie in Zukunft darauf zurückgreifen können.

Vergessen Sie nicht zu feiern. Zelebrieren Sie die einfachen Dinge: die Tatsache, dass Sie beide leben, dass Sie sich gefunden haben, dass Sie mit all dem gesegnet sind, was Sie haben. Zelebrieren Sie jeden Tag das Wunder Ihrer Liebe und kreieren Sie kleine Rituale, um die ganz besondere Liebe zwischen Ihnen beiden zu würdigen: ein Kuss, bevor Sie abends einschlafen, ein spezieller Trinkspruch, den Sie aufeinander ausbringen, ein geheimes Code-Wort, das nur Ihnen beiden etwas sagt. Fangen Sie heute an und machen Sie jeden Tag, den Sie zusammen verbringen, zu einem Tag, an dem Sie sich zu Ihrer Liebe bekennen und Ihren Bund bekräftigen.

Ewiges Glück ist kein statischer Seinszustand. Märchen wollen uns immer weismachen, die Liebespaare träten in einen dauerhaften Glückszustand ein, sobald sie sich gefunden hätten, um dann für alle Zeiten so weiterzuleben. Ich habe noch nie von einem Märchen gehört, das die Wahrheit authentischer Liebe enthüllt hätte – dass sie nämlich ständig neue Energie zugeführt bekommen muss, um sich selbst zu erhalten.

Leider werfen nur allzu viele Menschen ihre Beziehung weg, sobald sie ihren ersten Glanz verloren hat. Dabei braucht sie wie eine wertvolle antike Lampe nur ein wenig Politur, etwas Einfallsreichtum und Engagement, um wieder in altem Glanz zu erstrahlen. Die Beziehung wegzuwerfen, ohne auch nur versucht zu haben, sie wieder aufzufrischen, kann sich als kostspieliger Fehler herausstellen. Genau wie die bereits erwähnte Lampe gewinnt auch eine Beziehung mit zunehmendem Alter an Glanz hinzu, wenn man ständig dafür sorgt, dass ihre Schönheit erhalten bleibt. Hat man erst einmal die eigentliche Schönheit seiner Partnerschaft entdeckt, wird sie zu einem unschätzbaren Wertobjekt, das einem auf Jahre hinaus Freude bereitet.

## Regel 10

### SIE WERDEN ALL DIES VERGESSEN, WENN SIE SICH VERLIEBEN

♥

*Die Regeln sind Ihnen bekannt.*
*Sie müssen sich ihrer nur auch erinnern,*
*wenn Sie die Liebe verzaubert.*

In Shakespeares *Ein Sommernachtstraum* betupft ein schelmischer Elf die Augen der im Wald schlafenden Menschen mit dem Nektar magischer Blumen, so dass die nichts ahnenden Sterblichen sich hoffnungslos verlieben, als sie wieder erwachen. Es folgen Beteuerungen unendlicher Liebe und närrische Demonstrationen innigster Anbetung.

Das wahre Leben ist gar nicht so viel anders als das Leben in diesem Fantasiewald. Der Zauber der ersten Verliebtheit kann berauschend wirken, und unser Blick kann sich so vernebeln, dass wir nur noch erkennen können, wie großartig die von uns angebetete Person ist. Unsere Herzen füllen sich mit Wärme und Zärtlichkeit, während Hochstimmung durch unsere Venen fließt. Die Macht der Liebe erfüllt unser Wesen und erhebt uns in einen Zustand faszinierender Ekstase.

Verliebte haben oft das Gefühl, von einer Zauberwolke umhüllt zu sein. Die Luft ist plötzlich viel frischer, die Blumen duften lieblicher, das Essen schmeckt besser, und die Sterne am Nachthimmel leuchten heller. Man fühlt sich leicht und überlegen, als würde man durchs Leben schweben; die Probleme und Aufgaben erscheinen einem plötzlich unbedeutend und leicht zu bewältigen. Der Körper fühlt sich lebendig an, die Haut kribbelt, und man erwacht am Morgen mit einem Lächeln auf dem Gesicht. Man befindet sich im Schwebezustand höchster Glückseligkeit.

Liebe ist ein Gefühl, das aus dem natürlichsten und ursprünglichsten Teil unseres Wesens entspringt. Aufbau und Unterhalt einer Beziehung hingegen müssen erlernt werden. Erst dieser Lernprozess macht es möglich, Liebe auszudrücken, zu kultivieren und zu erhalten. Die Beziehung ist das Schiff, das die kostbare Fracht der Liebe durch die Zeit trägt.

Die zehn Regeln dieses Buches, die wir eigentlich alle kennen, bilden die Grundlage für eine authentische Beziehung. Man darf sie eben nur nicht im Jubel und Trubel der Liebe vergessen. Wenn Sie sich an diese universellen Wahrheiten halten, hat Ihre Liebe beste Chancen, zu gedeihen und Ihre Beziehung hervorragende Erfolgsaussichten.

## VORÜBERGEHENDER GEDÄCHTNISSCHWUND

Wahrscheinlich erkennen Sie die Gültigkeit der zehn Regeln durchaus an, doch wenn Sie sich dann verlieben, vergessen Sie einen großen Teil dessen, was Sie bislang gewusst haben. Liebe tendiert dazu, die meisten rationalen, logischen und vernünftigen Gedankenmuster auszuschalten.

Schauen wir uns zum Beispiel Olivia an. Als sie Kevin kennen lernte, verliebte sie sich bis über beide Ohren in seinen jungenhaften Charme. Er war witzig, betete Olivia an und verwöhnte sie mit Geschenken, wundervollen Liebesbriefen und unendlichen Komplimenten. Das einzige Problem war, dass Kevin 2000 Meilen entfernt von Olivia wohnte.

Olivia war so hingerissen von ihrer neuen Liebe, dass sie den Einwänden und Warnungen ihrer Freunde und Familie zum Trotz bereits drei Monate später ihren Job kündigte, ihre Wohnung aufgab und in die Stadt umzog, in der Kevin lebte. Sie glaubten beide, die Kraft ihrer Liebe würde die Negativaspekte einer solch großen Lebensumstellung kompensieren. Doch schon wenige Wochen nach ihrer Ankunft schlich sich die Realität in die Ritzen zwischen den Liebesbriefen und der Anbetung ein; plötzlich erwachte Olivia aus ihrer Träumerei und begriff die Ungeheuerlichkeit dessen, was sie getan hatte.

### *Die Macht der Liebe*

Die Liebe ist eine Art Elixier oder Aphrodisiakum, das uns aus der Realität ins Reich der Fantasie entführt. Sie wirkt wie eine Droge, die unseren Bewusstseinszustand verändert. Dieser berauschende Effekt wird von mehreren Faktoren verursacht: Erstens hat man das Gefühl, ein ganz außergewöhnlicher Mensch habe reges Interesse an einem. Ihr Elementarbedürfnis nach Liebe, Wertschätzung und Bewunderung wird erfüllt, was einige der Löcher in Ihrer Seele vorübergehend stopfen kann. Zweitens richtet eben diese Person einen Großteil oder sogar ihre gesamte Aufmerksamkeit auf Sie, was ein Gefühl von Euphorie auslösen kann. Drittens sieht es so aus, als könne Ihr Traum jetzt doch endlich wahr werden; das ewige Glück aus dem Märchen rückt in greifbare Nähe. Die aus diesem Glauben entstehende Hoffnung kann so stark sein, dass sie Sie für jede gegensätzliche Realität blind macht.

Der vierte und vielleicht einflussreichste Faktor ist die Signalwirkung auf Ihre Hormone, die dazu führt, dass die Chemie Ihres Körpers das Ruder übernimmt. Wenn Sie sich verlieben, wird PEA (*Phenylethylamin*) freigesetzt, wodurch Gefühle von Euphorie, Gelassenheit und Wohlbefinden ausgelöst werden. PEA findet sich im Übrigen auch in Schokolade, weshalb diese vielen Menschen als Seelentröster dient. Durch Ihren Körper kursierendes PEA kann Ihren Realitätssinn ausschalten, indem es Sie in einen natürlichen Rauschzustand versetzt.

Sexuelle Energie ist eine der mächtigsten Kräfte des Universums, und wenn sie Sie erst einmal im Griff hat, können Sie leicht das Gefühl bekommen, nichts anderes auf dieser Welt sei von Bedeutung, außer dass Ihr Geliebter seinen Körper an den Ihren presst.

Diese temporäre Amnesie kann dazu führen, dass man bei der Überführung seiner Liebesgefühle in eine authentische Partnerschaft rationale, objektive und vernünftige Gesichtspunkte ignoriert oder auch ganz vergisst. Von Leidenschaft und sexueller Anziehungskraft umnebelt lässt man sich dazu hinreißen, bestimmte Dinge falsch wahrzunehmen. Es kann sogar so weit kommen, dass man die Liebe zu sich selbst außer Acht lässt, weil man denkt: »Mein Liebespartner gibt mir all die Liebe, die ich brauche.« Mit großer Wahrscheinlichkeit werden Sie annehmen, bei Ihnen und Ihrem Partner sei alles anders und ganz besonders und Sie könnten die Phasen des Kennenlernens, der Evaluation und der Vertrauensbildung umgehen. Ihre intensive Verbindung erscheint Ihnen so kraftvoll und stabil, dass Sie glauben, Sie könnten sich ebenso gut auch sofort auf eine Beziehung einlassen. Dabei lässt man sich von Gedanken leiten wie »Das muss es einfach sein, wenn es sich so richtig anfühlt« oder »Das hier ist anders – niemand hat je eine solch tiefe Verbindung erlebt«.

Vielleicht messen Sie auch der Kommunikation keine Bedeutung bei, weil Sie glauben, Sie seien mit Ihrem Partner so seelenverwandt, dass Sie beide immer automatisch *wüssten*, was der andere denkt oder fühlt. Sie meinen vielleicht, Verhandlungen seien zwischen Ihnen und Ihrem Partner nicht notwendig, weil sich das alles ganz natürlich regele. Vielleicht stellen Sie sich auch vor, dass sich in Ihrer Beziehung nie etwas ändern wird, weil Sie sich sicher sind, dass Sie sich immer so schätzen werden, wie Sie es im Augenblick tun.

All diese Annahmen erscheinen Ihnen real, während Betörung und Leidenschaft Sie im Griff haben. Doch wenn die Patina der Perfektion verblasst, ist es wichtig, dass Sie sich an die Regeln zum Aufbau authentischer Partnerschaften erinnern. Zeit und Alltag werden Sie erkennen lassen, dass Ihre ursprünglichen Annahmen nichts anderes als vorübergehende Ausblendungen der Realität waren; das gibt Ihnen Gelegenheit, das Gleichgewicht zwischen blinder Begeisterung und Vernunft wiederherzustellen.

### *An die Regeln denken*

Sie sollten die Gefühle, die Ihre neue Liebe mit sich bringt, in jedem Fall auskosten, denn sonst entgeht Ihnen eines der wunderbarsten Vergnügen, die das Leben für Sie bereithält. Genießen Sie die Anfangszeit Ihrer Romanze, denn die besonderen Gefühle und kostbaren Erinnerungen, die in dieser Phase entstehen, bilden die Basis dessen, was später vielleicht einmal zu einer dauerhaften Verbindung heranreift. Schätzen und genießen Sie jeden süßen Augenblick.

Nur um eines sollten Sie sich trotz allem bemühen: inmitten der Euphorie die zehn Regeln nicht zu vergessen. Kosten Sie Ihre

Erfahrung aus, aber versuchen Sie, wenn möglich, die Regeln im Hinterkopf zu behalten, damit Sie einen Blick durch den Schleier Ihrer temporären Amnesie werfen können, bevor Sie den ersten Ansturm der Hormone oder Gefühle irrtümlicherweise für wahre Liebe halten.

Das wirksamste Mittel gegen die temporäre Amnesie besteht darin, dass Sie sich an all die Dinge erinnern, die Sie bereits wissen. Dass sie Ihnen im Moment nicht anwendbar oder notwendig erscheinen, bedeutet noch lange nicht, dass sie nicht mehr gültig oder weniger wahr wären. Ist ein Flugzeug, das sich Ihrem Blickfeld entzieht, weil es hinter einen Berg fliegt, verschwunden? Das Flugzeug existiert, *auch wenn Sie es nicht sehen können*. Wenn Sie den Wert der Regeln nicht erkennen können, bedeutet das lediglich, dass Sie auf diesem Auge vorübergehend erblindet sind.

Sie müssen sich klar machen, dass die Gefühle, die Sie im Überschwang der Verliebtheit empfinden, nicht unbedingt der objektiven Wahrheit entsprechen. Stellen Sie sich die Leidenschaft wie ein Fieber vor: Während Sie davon befallen sind, sehen, hören und fühlen Sie eventuell Dinge, die Ihnen sehr real erscheinen, tatsächlich aber nur eine Fiktion sind. Erst wenn das Fieber nachlässt, können Sie die Realität erkennen und Wahrheit von Halluzination unterscheiden. Genau wie das Fieber muss auch die Magie der Leidenschaft erst ein wenig vergehen, bevor Sie erkennen können, was real ist.

Erinnern Sie sich oft an die Regeln, auch – und besonders dann – wenn Sie denken, sie seien irrelevant oder träfen auf Ihre

Situation nicht zu. Nur so können Sie sicherstellen, dass die Beziehung, die Sie als Behausung für Ihre Liebe aufbauen, authentisch sein wird und auf Dauer bestehen kann.

## REAKTIONEN AUF DIE LIEBE

Jeder Mensch reagiert ganz persönlich und individuell auf die Kraft der Liebe. Die »Denker« registrieren vielleicht voller Verwunderung, wie Logik und Vernunft abhanden kommen, während sie im siebten Himmel schweben. »Gefühlsmenschen« sind von ihren Emotionen vielleicht so überwältigt, dass sie etwas wunderlich werden. Menschen mit Abgrenzungsproblemen können ihre Mitte verlieren und Schwierigkeiten damit haben, dem Partner gegenüber ihre Identität aufrechtzuerhalten. Wieder andere graben sich vielleicht so tief in ihre neue Realität hinein, dass sie die Verbindung zu den Ankern verlieren, die sie bislang in ihrem Leben verwurzelt haben. Liebe ist eine ungeheure Kraft, die den Menschen, den sie berührt, wie der Zaubersaft in Shakespeares Komödie verhexen kann.

### *Im Traumland*

Die Liebe kann von einem Augenblick zum anderen unser klares Denkvermögen durcheinander wirbeln. Verlockende Romantik und erregende Leidenschaft lassen nicht wenige intelligente und scheinbar vernünftige Menschen die Bodenhaftung verlieren. Sie schreiben plötzlich Sonette oder investieren ihr ganzes Gehalt in teure Geschenke für ihren Schatz. Sie starren verträumt aus dem Fenster, singen lauthals die Liebeslieder im Radio mit und benehmen sich wie dumme, liebestolle Teenager. Vernünftige Gedanken werden in den Wind geschlagen, und die Menschen stürmen getrieben von ihren Gefühlen und Hormonen blindlings voran.

Diese Träumerei kann zu Geistesabwesenheit führen. Die Fantasien und Gedanken drehen sich nur noch um die neue Liebe, und den Kleinigkeiten des Alltags wird keine Aufmerksamkeit mehr beigemessen. Als meine Freundin Kathy verliebt war, vergaß sie eine Zeit lang, die Lichter auszumachen, verlor ihre Autoschlüssel, ließ das Badewasser überlaufen und vergaß, die Handbremse zu ziehen. Andere drehen das Gas nicht ab, verlegen ihre Brieftasche oder lassen die Tür offen stehen.

Verliebtheit löst wunderbare Gefühle aus. Man muss nur aufpassen, dass man seinen Kopf nicht so sehr verliert, dass man sein Wohlbefinden oder sein Glück dabei gefährdet. Eine Spur Vernunft muss man sich bewahren, um sich vor möglichen Schäden physischer oder emotionaler Art zu schützen. Sie allein sind verantwortlich für Ihr Herz und Ihren Körper, und manchmal müssen Sie sich auch von Ihrem Kopf leiten lassen, um sicherzugehen, dass Ihr Allgemeinwohl erhalten bleibt.

## *Im Überschwang der Gefühle*

Wenn Ihre Gedanken und Handlungen mehr von der Leidenschaft als von der Vernunft gesteuert werden, haben Sie vielleicht das Gefühl, ein wenig das Gleichgewicht verloren zu haben. Manche Menschen werden dermaßen von ihren Gefühlen überwältigt, dass sie sich bei Handlungen ertappen, die sie unter normalen Umständen für verrückt gehalten hätten. Daher auch der Ausdruck »liebestoll«. In dem Film *Verrückt nach Mary* tun die Männer die absonderlichsten Dinge, nur um an Mary heranzukommen. Der eine versucht verzweifelt, einen Schuh von Cameron Diaz zu ergattern, ein anderer gibt sich als Pizzalieferant aus, um ihr nahe zu sein, und noch ein anderer spioniert die Beschreibung ihres Idealmannes aus, um dann als »perfekter Typ« aufzutreten.

Wenn Sie auf das Elixier der Liebe fixiert sind, kann das Verlangen nach der Aufmerksamkeit Ihres Liebsten manische Züge annehmen und zum Zwang werden. Derlei instabile Gefühle können sich einstellen, wenn Ihre überbordenden Emotionen Ihren gesunden Menschenverstand ausschalten. Sie haben das Gefühl, Sie *müssen* Ihren neuen Geliebten unbedingt sofort sehen; Sie müssen seinen Duft einatmen, die Musik seiner Stimme hören und sich in seiner Anwesenheit sonnen. Der Gedanke daran, ihm fern zu sein, und sei es auch nur für kurze Zeit, ist Ihnen unerträglich. Ihr Geliebter ist wie eine Droge für Sie.

Sich zu verlieben ist eine Mischung aus Wonnen und Qualen. Beschleunigter Herzschlag, Schlaflosigkeit, Konzentrationsschwierigkeiten, Fixierung auf das nächste Zusammentreffen mit der geliebten Person, all das hört sich nicht nach Glückseligkeit, sondern eher wie die Beschreibung einer Krankheit an. Leidenschaft kann süß und im nächsten Moment schon bitter sein, je nachdem wie sie wahrgenommen wird. Das intensive Sehnsuchtsgefühl, das Liebe hervorruft, kann sowohl ein Segen als auch eine Last sein.

Im Laufe der Zeit haben Poeten, Künstler und Liedtexter diverse Meisterwerke erschaffen, die sich mit der Intensität dieser Sehnsucht befassen. Das Beste, was man tun kann, wenn es einen selbst erwischt hat, ist, sich zu zentrieren, mit den Menschen, Orten und Ritualen verbunden zu bleiben, die einen bislang im Leben verankert haben, und sich nach Kräften zu bemühen, die Balance zwischen Kopfverlust und Gefühlsbefriedigung zu finden.


## DIE EIGENE IDENTITÄT BEWAHREN

Üblicherweise verlieren die Menschen vorübergehend ihr »Ich«-Bewusstsein, wenn sie ins Reich des »Wir« eintreten. Daran führt kaum ein Weg vorbei, weil man sich mit seinem Geliebten in einen Kokon einspinnt; man verwendet all seine Zeit und Aufmerksamkeit darauf, sich ineinander zu verstricken. Die Zeit ist angefüllt mit Aktivitäten und Verabredungen mit dieser neuen Person, und auch ein Großteil Ihrer Energie fließt ihr zu. Und all das ist am Anfang auch notwendig, um mit dem Aufbau des gemeinsamen »Wir« beginnen zu können.

Kompliziert wird es, wenn beide Beteiligten ihr »Ich«-Bewusstsein wiedergewinnen müssen, um auf Dauer ihren Beitrag zu dem größeren »Wir« leisten zu können. Der Reiz der völligen Verschmelzung kann hypnotisch wirken und dazu führen, dass Sie beide in Ihrer Verstrickung verharren. Doch damit das größere »Wir« weiterwachsen kann, müssen beide Personen ihre Grenzen definieren und ihr individuelles »Ich« kontinuierlich stärken.

### Die eigene Mitte nicht verlieren

Sophia war während ihrer College-Zeit mit drei Männern zusammen, die sich in Stil und Charakter voneinander unterschieden und auch verschiedenen Gesellschaftskreisen angehörten. Jim war Rugby-Spieler und trainierte in der Freizeit mit seinen Freunden im Fitness-Studio. Doug war ein gewissenhafter, konservativer Literaturstudent im ersten Semester, der den Großteil seiner Zeit auf seine Studien verwandte. Charlie war eher dem Vergnügen zugeneigt und arbeitete an der Bar vom Campuspub.

Und Sophia passte sich dem Stil, den Aktivitäten, den Hobbys und den Gewohnheiten des jeweiligen Mannes an. Als sie mit Jim zusammen war, trieb sie Sport und hielt sich viel im Fitness-Studio auf. Sie trug Sweat-Shirts und übte sich in Phrasen wie »Kohlehydrate laden« und »Gib mal einen aus«. Wäh-

rend ihrer Zeit mit Doug trug sie Khakis und Slippers und verbrachte unzählige Stunden in der Bibliothek. Mit Charlie machte
sie die Nächte durch, trank und tanzte. Ihre eigene Identität
machte jedes Mal, wenn sie einen neuen Freund hatte, eine Meta-
morphose durch.

Wie ein Chamäleon, das sich immer der Farbe seiner Umgebung anpasst, richtete Sophia sich nach ihrem jeweiligen Begleiter. Sie verschob mehrmals ihr Bezugsystem, so dass es zu dem
der Männer passte. Von außen sah es so aus, als wolle Sophia
unbedingt die Anerkennung ihres jeweiligen Partners erlangen.
Das mag auch durchaus der Fall gewesen sein, doch im Grunde
genommen war sie unfähig, ihre Mitte zu wahren und sich von
ihrer Umgebung abzuheben.

Wenn Sie zentriert bleiben, können Sie in einer »Wir«-Realität
Ihre Identität aufrechterhalten. Sie müssen sich daran erinnern,
was Ihre Einzigartigkeit ausmacht, damit Sie Ihrem Weg treu
bleiben können. Fragen Sie sich immer wieder »Wer bin ich in
Bezug zu dir?« und finden Sie eine klare Antwort. Natürlich wird
es manchmal notwendig und sogar wünschenswert sein, dass
man flexibel, entgegenkommend und anpassungsfähig ist, doch
Sie müssen sicherstellen, dass Sie sich dabei nicht allzu sehr ver-
biegen, denn das, was Sie zu verlieren haben, wenn Sie in dieser
Hinsicht nicht aufpassen, ist nichts Geringeres als Sie selbst.

### *Verankert bleiben*

Anker sind die Menschen, Orte und Gepflogenheiten, die Sie mit sich selbst und Ihrem Leben verbinden. Alles, was Sie Ihre Mitte wiederfinden lässt, sei es ein vertrauter Freund oder ein Familienmitglied, eine spezielle Umgebung oder ein bestimmtes Ritual, ist ein Anker. Anker geben Ihnen Bodenhaftung, indem Sie sich immer daran erinnern, wer Sie sind, was Ihnen wichtig ist und was Ihr wahres Wesen ausmacht.

Stellen Sie sich vor, Sie würden morgen früh aufwachen und hätten Ihr Gedächtnis verloren. Wie würden Sie die Lücken wieder schließen? Wie würden Sie sich daran erinnern, wer Sie sind, was Sie machen, was Sie mögen, was Sie wollen und was Ihnen am wichtigsten ist? Höchstwahrscheinlich würden Sie auf die Anker in Ihrem Leben zurückgreifen – Freunde, Familie, Erinnerungsstücke, alte Briefe, Sinneserfahrungen – in der Hoffnung, dass sie Ihre Gedächtnisblockade lösen oder Ihr Bewusstsein wachrütteln, damit Ihnen die Fakten und Daten wieder einfallen. Vielleicht wäre der Geruch von Vanille der Auslöser dafür, dass Sie sich an zu Hause und das damit verbundene Gefühl von Geborgenheit erinnern. Vielleicht würde ein Foto von Ihnen und Ihrem Ehepartner die Sensoren in Ihrem Gehirn aktivieren und die Erinnerung an eine Kreuzfahrt wachrufen, die Sie vor Jahren zusammen gemacht haben, oder vielleicht würde ein Gespräch mit einem alten Freund Sie wieder an Ihre wahren Prioritäten erinnern.

Die Aufrechterhaltung der Verbindung zu Ihren Ankern kann die metaphorische Amnesie, die durch Verliebtheit ausgelöst wird, lindern. Wenn Sie sich von Ihrem Wesenskern entfernt haben, können Ihre Anker Sie daran erinnern, wer Sie waren und was Ihnen wichtig war, bevor Sie sich in Ihrer neuen Liebe verloren. Natürlich werden Sie Wachstum und Veränderung erleben, wenn Sie sich in ein »Wir« einbringen. Doch es gibt einen Unterschied zwischen gesundem und ungesundem Verschmelzen. In einem gesunden Verschmelzungsprozess kann man sich ausweiten und sein »Ich« in das größere »Wir« einbringen. Eine ungesunde Verschmelzung liegt dann vor, wenn man sich von seinem Leben abkoppelt und sein »Ich« mitsamt seinen vertrauten Ankern vollkommen aufgibt.

### Die Gefahr der Abkopplung

Charlotte war 40 Jahre alt, geschieden und lebte in Idaho. Sie war unabhängig und wohlhabend, denn ihre Familie betrieb bereits seit Generationen erfolgreich Geschäfte. Sie reiste ins Ausland und lernte einen Griechen namens Dimitri kennen. Charlotte war hingerissen von Dimitris Charme, seiner Geschäftstüchtigkeit und seiner Ungezwungenheit. Er wurde zum Zentrum ihres Universums. Dimitri war ein sehr dominanter und beherrschender Mann, und während die Monate ihrer Beziehung dahingingen, überzeugte er Charlotte langsam davon, dass er auf alles die richtige Antwort habe und dass sie in allen Belangen einzig und allein auf ihn hören solle. Charlotte war so betört von Dimitiri, dass sie sich wie eine Stepford-Frau aus dem gleichnamigen Film benahm und all seinen Wünschen und Befehlen gehorchte. Er sagte ihr, wie sie ihr Geschäft führen und wie sie ihr Haar tragen solle, und zu guter Letzt holte sie immer erst seine Billigung und seinen Rat ein, bevor sie eine Entscheidung traf oder etwas unternahm. Sie gab viele ihrer persönlichen Lieblingsbeschäftigungen auf, einschließlich Opernbesuche (Dimitri mochte keine Musik), Reiten (nicht auf Dimitris Liste) und Mittagessen mit Freunden aus ihrer Kindheit (Dimtiri hielt das für Zeitverschwendung). Als ihre Freunde und Familienangehörigen aufgrund dieser Handlungsweise Alarm schlugen und sie warnten, dass Dimitiri vielleicht nicht unbedingt der geeignetste Partner für sie sei, erteilte sie ihnen eine Abfuhr und sagte nur: »Das könnt ihr eben nicht verstehen.« Sie war so sehr mit Dimitiri verschmolzen, dass sie sich seine Ansichten kritiklos zu eigen gemacht hatte und die Verbindung zu dem, was ihr vor seiner Zeit wichtig gewesen war, verloren hatte.

Jedes Mal wenn jemand aus ihrem engsten Kreis versuchte, ihr die willensstarke, unabhängige Charlotte von einst ins Gedächtnis zu rufen, erzählte Charlotte Dimitri davon, der dann behauptete, ihre Freunde und Familienangehörigen wollten nur ihren Wachstumsprozess behindern und seien eifersüchtig auf sie. Schließlich konnte er Charlotte davon überzeugen, dass es besser sei, sich von »diesen Einflüssen« freizumachen, weshalb sie die emotionale Verbindung zu ihren Ankern vollends kappte.

Nachdem Dimitri Charlotte von ihren Freunden und ihrer Familie getrennt hatte, zog er in die Vereinigten Staaten um und mischte sich in die Familiengeschäfte ein. Charlotte wurde schwanger und hoffte, mit dem Kind den Grundstein zu einer glücklichen Familie zu legen. Nach zwei Jahren hatte Dimitri das Geschäft ruiniert. Er verließ Charlotte und das Baby und kehrte nach Griechenland zurück.

Charlotte brauchte lang, um die Scherben ihres zerbrochenen Lebens wieder zusammenzusetzen. Abgesehen von dem finanziellen Schaden, den ihr Geschäft erlitten hatte, musste sie die emotionalen Brüche mit ihrer Familie und ihren Freunden reparieren. Sie musste sich selbst verzeihen, das Vertrauen in ihren inneren Radar wieder aufbauen und die Fähigkeit wiederherstellen, vernünftige Entscheidungen zu treffen. Erst Jahre später war sie in der Lage, zu reflektieren und zu verstehen, was wirklich passiert war; dann, im Nachhinein, konnte sie die Lehren aus diesem Kapitel ihres Lebens ziehen.

Charlottes tragische Geschichte ist leider kein Einzelfall. Es gibt Menschen auf dieser Welt, die wie Dimitiri als der sprichwörtliche Wolf im Schafspelz daherkommen. Wenn Sie Ihr inneres Wissen, Ihre Selbstbestimmung, Ihre Entscheidungsgewalt und sämtliche Anker über Bord werfen, werden die Probleme nicht lange auf sich warten lassen. Sie werden zum leichten Opfer für derartige Menschen, und die Wunden, die sie Ihnen zufügen, können emotional tödlich sein. Wenn Sie all Ihre Anker lichten und von sich werfen, treiben Sie einfach nur noch dahin,

ohne Radar, ohne Rettungsweste und ohne Sicherheitsmecha-
nismen.

Der Liebe anheim zu fallen kann eine der spannendsten und
wundervollsten Erfahrungen Ihres Lebens sein. Es kann Ihnen
aber auch enorme Probleme bereiten, denn die darin enthaltene
Komponente des »Fallens« stellt eine Bedrohung für Ihr Gleichgewicht dar. Halten Sie die Verbindung zu Ihren Ankern, vor allem
wenn Sie in die unbekannten Gewässer einer neuen Beziehung
aufbrechen. Die Anker werden Sie in dem verwurzelt halten, was
Sie wirklich sind, und Sie vor emotionalem Schiffbruch bewahren.

### *Dem Wesenskern treu bleiben*

Die beste Methode, Ihre Identität zu wahren und nicht aus der
Bahn zu geraten, wenn Sie dem Zauber der Liebe verfallen,
besteht darin, dass Sie sich an all das erinnern, was Sie in Regel
Eins gelernt haben. Wenn Sie Ihrem Wesenskern treu bleiben
und nicht aufhören, sich selbst zu respektieren und zu lieben,
räumen Sie sich selbst beste Chancen ein, dass aus der Schwindel
erregenden Ekstase der Liebe eine authentische und erfolgreiche
Beziehung erwächst.

Sie müssen zuerst einmal sich selbst lieben. Wenn Sie sich von
sich selbst umfassend geliebt fühlen, kommen Sie nicht in Versuchung, sich in einem anderen Menschen zu verlieren. Wenn Sie
in sich selbst ganz sind, werden Sie Ihr Zentrum aufrechterhalten. Wenn Sie sich in Ihrem inneren Wesenskern umsorgt und

respektiert fühlen, werden Sie unzweideutige Signale aussenden. Wenn Sie klare Kriterien dafür haben, wie Sie behandelt werden möchten, haben Sie einen Ballast, der Sie auf Kurs hält. Wenn Sie Respekt, Freundlichkeit, Fürsorglichkeit und Integrität verlangen, wird jedes anders geartete Verhalten Ihnen sofort verdächtig erscheinen. Wenn Sie akzeptieren, wer und was Sie sind, werden Sie Menschen, die Ihnen nicht die gleiche Wertschätzung entgegenbringen, sogleich erkennen. Wenn Sie von vertrauenswürdigen Menschen umgeben sind, die Ihnen die Wahrheit sagen, dann brauchen Sie diesen Ihren Ankern, die Sie in langen Jahren lieben und schätzen gelernt haben, nur aufmerksam zuzuhören. Wenn Sie fest in sich selbst verwurzelt sind, werden Sie niemals in eine Beziehung geraten, die Ihnen gefährlich werden könnte. Sie werden all diese Regeln zwar vergessen, wenn Sie sich verlieben, doch Sie können sich an sie erinnern und aus Ihrem Traumzustand erwachen, indem Sie sich darauf besinnen, wer Sie sind.

Die Regeln für authentische Beziehungen haben bereits Gültigkeit, seitdem die Liebe zum ersten Mal erblühte. Sie wurden nicht von mir erschaffen; ich habe sie nur für Sie zusammengefasst, um Ihr Wohlergehen und Glück zu fördern. Tief in Ihrer Psyche kennen Sie diese Regeln bereits. Sie müssen sich nur an sie erinnern, wenn die Elfen Ihnen Sternenstaub in die Augen streuen und Sie dem betörenden Zauber der Liebe verfallen.

Mögen Sie in der gesündesten aller Beziehungen lieben und geliebt werden, solange Sie es wünschen.

# Zusammenfassung

♥

*»Geliebt und verloren zu haben ist besser,*
*als gar nicht geliebt zu haben.«*
Alfred Lord Tennyson

Im Spiel der Liebe habe ich gewonnen und verloren. Ich habe gelernt, mich zu öffnen und erneut zu lieben, als ich dachte, ich könnte dies gar nicht mehr. Ich bin mit dem großen Glück gesegnet, eine authentische Liebe in meinem Leben zu haben.

Liebe, lieben, geliebt werden, Beziehungen aufbauen und authentische Partnerschaften unterhalten, all diese Dinge hat mir zu Hause oder in der Schule niemand beigebracht. Ich habe es in der Schule des Lebens gelernt. Ich lernte durch Versuch und Irrtum – ich machte Experimente und wuchs an dem Schmerz, den ein gebrochenes Herz und zerstörte Träume bereiten.

Ich lernte, wieder neu anzufangen, zu vertrauen und mich zu öffnen; ich lernte, daran zu glauben, dass die richtige Person, hoffentlich mein Seelengefährte, auftauchen und mein Partner werden würde, wenn ich das Modell der Liebe, die mir vorschwebte, durch die Liebe zu mir selbst vorgeben würde.

War es Glück, meine Ausdauer und Hartnäckigkeit oder göttliche Gnade? Vielleicht von allem ein bisschen. Ich fühlte in meinem Herzen, dass ich für eine Partnerschaft bestimmt war, deshalb wollte ich so lange suchen, bis ich den Richtigen gefunden hätte. Gleichzeitig arbeitete ich auch an mir selbst weiter, um meinen Idealpartner erkennen zu können, wenn er eines Tages vor mir stehen würde.

Mir wurde das große Glück zuteil, Michael kennen zu lernen, einen Mann, der stark genug ist, um sanft zu sein, und sanft genug, um stark zu sein. Er ist bereit zu führen und zu folgen, zu arbeiten und zu spielen, zu lachen und ernst zu sein, meinen Kummer und meine Freude zu teilen und auf der ganzen Reise meine Hand zu halten.

Lieben, verlieren, Lektionen lernen, erneut lieben, das war mein Weg. Ich öffne gern die Tür und zeige ihn Ihnen. Ich kann nicht sagen, dass die Reise einfach war, aber sie war es wert.

Ich danke Ihnen, dass Sie mir auf dem Weg zur authentischen Liebe gefolgt sind. Lieben Sie zuerst sich selbst; lernen Sie Ihre Liebeslektionen und schätzen Sie Ihren Partner in jedem kostbaren Moment, den Sie zusammen verbringen dürfen.

Dr. Chérie Carter-Scott

# Danksagung

Debra Goldstein, mein Alter ego, hat die ganze Zeit für Struktur, Kontinuität, Integrität und einen flüssigen Ablauf gesorgt.

Meine Lektorin Lauren Marino glaubte an dieses Buch und an mich und unterstützte mich durch Ratschläge, Anleitung und Feedback.

Lynn Stewart, meine Schwester und seit 25 Jahren meine Geschäftspartnerin, hat mich auf jedem Schritt meines Weges begleitet, meine Erinnerungen an frühere Workshops und deren TeilnehmerInnen aufgefrischt, Fallstudien hunderter Paare bereitgestellt, den Text kritisch unter die Lupe genommen und ihre Erfahrung als Paarberaterin eingebracht. Sie ist mir eine unendliche und immerwährende Hilfe.

Leah Nichols verwandte unzählige Stunden und viel Energie auf das Redigieren und Korrekturlesen.

Bill Shinker glaubte an mich, an meine Vision und Erfahrung und an die Botschaft der Spielregelbücher.

Bob Barnett und Jackie Davies sind meine Schutzengel, und ich bin ihnen von Herzen dankbar.

Meine lieben Freunde Bill Milham und Schwester Christine Bowman haben diesen Text sorgfältig Korrektur gelesen, um ihn in Bestform zu bringen. Eure Vorschläge waren mir sehr willkommen.

Judy Rossiter hat das Projekt und mich unterstützt, indem sie sich um die Workshops kümmerte, damit ich dieses Buch schreiben konnte.

Michael Pomije war und ist mein Geliebter und Seelengefährte und liefert als mein Lebenspartner den Beweis dafür, dass das Modell einer authentischen Beziehung im Alltag funktioniert.

Ein besonderer Dank gebührt Steven Krasner für all seine Liebe und Unterstützung.

Ich danke auch allen Paaren, die sich meiner Hilfe anvertrauten, indem sie mir ihre Geschichten, Probleme, Geheimnisse und die innere Dynamik ihrer Beziehungen offenbarten. Aus diesen Erfahrungen ist die Botschaft entstanden, die dieses Buch vermitteln möchte.

Mein Dank gilt auch all den Frauen und Männern, die mir beigebracht haben, was es heißt, authentisch zu sein. Danke für eure Lektionen über das Anknüpfen und Aufrechterhalten von Beziehungen. Ich danke euch für eure Geduld und Mühe in den ganzen Jahren.

Ich war eine gute Schülerin und habe gelernt, was ich konnte, so dass ich mein Wissen jetzt an andere weitergeben kann.